| 公安部首批特邀刑侦专家系列 |

中国神探
——共和国刑警崔道植

冯锐 著

群众出版社·北京

题　记

借用加西亚·马尔克斯《百年孤独》中那句经典表述——"生命中曾经有过的所有灿烂，终究都需用寂寞来偿还"，我们可以逆向思考，这样评价崔道植：生命中曾经有过的所有寂寞，最终都以灿烂来偿还。但是，崔道植的孤独不同于常人的孤独，崔道植的灿烂也不同于常人的灿烂。崔道植所经历的孤独、灿烂，与他骨子里的那份坚强与真诚有关，更与忠实的信仰和感恩之心紧密相连。所以，崔道植一直工作和生活在幸福里。

序

采写崔道植事迹，缘于参与《中国刑警》系列丛书的创作工作，从接到创作任务开始，再到一篇篇稿件完成，我始终被这次难忘的创作活动感动着。实事求是地说，这样的采访任务很光荣、很宝贵，同时也很艰难。难，是难在采访对象坚定的理想信念背后，都有一种谦虚精神，他们面对记者没有一丝表现欲望，而是少言寡语，极力回避自己所取得的成绩，就像我文稿里记录的那样，他们往往把所有的工作成绩归功于组织的培养和同事的共同努力。从这一点上来说，作为采访者，进一步加深了对采访对象的敬意，从他们身上，我更加懂得了什么是赤诚情怀，什么是赤子之心，什么是中国刑警的"职业理想"。

采访过程中，以公安部刑侦局刘杰、柳佳等年轻刑警为代表的很多人，时常会满怀深情地讲起乌国庆和崔道植的故事。崔道植系我所在的黑龙江省公安厅的老前辈，以往我只是碎片化地听到过他的一些故事，通过刘杰、柳佳等人的介绍，我内心产生了全面总结崔道植事迹的冲动。我认为，如果做好这件事，本书将有机会成为一部"刑侦史诗"。

秉承"高站位、求实效"的理念，为使崔道植先进事迹宣传工作取得重大突破，我积极奔走呼吁，广泛联系各大媒体，主动宣讲崔道植先进事迹，并提供了质量较高的宣传稿件。在此期间，新华社黑龙江分社政法记者梁书斌及人民公安报社内参部主任刘学刚，在事迹深度挖掘方面发挥了重要作用。新华社和人民公安报社相继刊发稿件后，取得的重大反响为全方位推广崔道植先进事迹奠定了扎实基础和舆论氛围。同时，《啄木鸟》杂志2019年第8期"共和国刑警"栏目刊发了我创作的中篇纪实作品

《没有门牌号的客栈——记公安部首批特邀刑侦专家崔道植》，这部作品也成为了后续宣传崔道植事迹的重要素材和文学驱动力。

"不忘初心、牢记使命"主题教育活动中，中宣部全面推动宣传崔道植先进事迹，国内200多家主流媒体短时间内齐聚哈尔滨，新华社、中新社、《人民日报》、《光明日报》、《法制日报》、《解放军报》、《人民公安报》、《南方都市报》、《新京报》，中央电视台《新闻联播》、澎湃新闻、环球网、新浪网、腾讯网、搜狐网、全国公安新媒体矩阵等，均在重要栏目、版面和黄金时段，对崔道植宝贵品格和敬业奉献的感人事迹进行了重点宣传报道。2019年7月，崔道植被中央退役军人事务工作领导小组授予"全国模范退役军人"称号。2019年9月，崔道植被人社部、公安部授予"全国公安系统一级英雄模范"称号；被中央宣传部等部门授予"最美奋斗者"称号。2019年12月，崔道植被中央组织部授予"全国离退休干部先进个人"称号。2021年6月29日，中共中央隆重举行庆祝中国共产党成立100周年"七一勋章"颁授仪式，中共中央总书记、国家主席、中央军委主席习近平亲自向崔道植同志颁授"七一勋章"。

记得最初采访崔道植的时候，他总是很忙，只能腾出有限的时间接受我的采访。后来，我想出了一个办法，那就是立足崔道植身边的朋友，从他们多年的观察、体验中，提炼、发现崔道植的闪光点以及他在系列疑难案件侦破过程中发挥的不可替代的作用。从某种程度上来说，我的采访活动，也成为了一次"案件侦破"活动。国宝级刑侦专家崔道植在诸多案件中发挥的关键作用，首先在他的朋友之间得到了相互印证。

在采访过程中，我更是有幸感受到了蕴含在中国刑警队伍当中的崇高信仰。一幅幅令人动容的画面，始终镌刻在我的脑海中。如崔道植在八十二岁高龄之时，独自乘坐火车赶赴甘肃白银，成功进行了一次指纹同一认定；时任公安部刑侦局副局长刘忠义在肝脏血管瘤手术后，仅仅休息了二十天，便以常人无法想象的毅力，继续投入到追捕周克华的工作中；公安部刑侦局年轻处长刘杰在山西绛县的一个早晨，看到路旁三朵小花便联想到自己经手的某起案件中的三个幼小冤魂，不由自主地流出泪水；贵州凯里爆炸案侦破期间，公安部刑侦局柳佳同志因为高强度工作突发神经性耳聋，至今未能痊愈……从中，我们可以感受到老中青三代中国刑警的血性与担当，以及他们对待刑侦事业的忘我深情。

我深深记得，无论是刑侦专家崔道植，还是每一位接受采访的刑警，面对刑侦装备的进步、刑侦能力的提升，都会显现出由衷的欣慰。忠诚履职，人民至上，为天地立心，为生民立命，正是因为胸怀这样的坚定信念，中国刑警才能与时代同步，并展现出卓越能力。疑难案件面前，他们总会充满必胜的信念，永不放弃地努力工作。

面对改革开放四十多年来中国刑侦事业的进步，再谦虚的中国刑警也难掩骄傲之情。采写这样一部长篇报告文学是对中国刑侦事业的一种记录和讲述，我们可以通过崔道植一个人的故事，去见证中国刑警的信仰与共和国刑事侦查事业的发展历程。

崔道植把最美的青春奉献给了公安刑侦事业，也正是因为有崔道植这样老一辈刑警的执著奉献和一代代接班人的传承，公安刑侦事业才会永葆青春……

目录 CONTENTS

引 子 ⋯⋯⋯⋯⋯⋯⋯⋯⋯⋯⋯⋯⋯⋯⋯⋯⋯⋯⋯⋯⋯ 1

第一章 "慌" ⋯⋯⋯⋯⋯⋯⋯⋯⋯⋯⋯⋯⋯⋯⋯⋯⋯⋯ 6

第二章 犯罪现场的"表情" ⋯⋯⋯⋯⋯⋯⋯⋯⋯⋯⋯ 20

第三章 博弈升级 ⋯⋯⋯⋯⋯⋯⋯⋯⋯⋯⋯⋯⋯⋯⋯ 33

第四章 时光记忆 ⋯⋯⋯⋯⋯⋯⋯⋯⋯⋯⋯⋯⋯⋯⋯ 52

第五章 特殊的较量 ⋯⋯⋯⋯⋯⋯⋯⋯⋯⋯⋯⋯⋯⋯ 66

第六章 技术+境界,激情澎湃的老刑侦 ⋯⋯⋯⋯⋯⋯ 76

第七章 信仰之力 ⋯⋯⋯⋯⋯⋯⋯⋯⋯⋯⋯⋯⋯⋯⋯ 89

第八章 "神"一样的存在 ⋯⋯⋯⋯⋯⋯⋯⋯⋯⋯⋯ 104

第九章 师徒接力对决周克华 ⋯⋯⋯⋯⋯⋯⋯⋯⋯⋯ 119

第十章 "实事求是"创造独有的传奇 ⋯⋯⋯⋯⋯⋯ 131

第十一章	四十年的互动	143
第十二章	对峙青纱帐	153
第十三章	硬骨与险滩	168
第十四章	马头琴低音和一碗白米饭	177
第十五章	警察家风	186
第十六章	父与子的故事	206
第十七章	闪电般的二十三年	221
第十八章	大雪无声	232
第十九章	生命的错觉	248
第二十章	坚强与真诚	257
第二十一章	革命人永远是年轻	265
后　记		273

引　子

八十七岁的崔道植沉浸在红色里。

走过红色的天安门城楼，走过红旗猎猎的天安门广场，走过人民大会堂的红毯。2021年6月29日，八十七岁的崔道植一路走着，目光如炬、腰杆笔直。他那银白头发一尘不染，身着橄榄绿警服，步履矫健。矫健的脚步，让所有人忽略他的年龄，在得知他已八十七岁高龄时，禁不住深深惊叹。八十七岁高龄，崔道植的状态，任谁看到，都会为之钦佩……

漫长而璀璨的生命时光里，崔道植一路走着，他见过各种各样的路，见过各种各样的颜色。目光如炬，腰杆笔直，始终是崔道植的典型特征；目光如炬，腰杆笔直，是妻子金玉伊看见他时的第一印象，也是三个儿子对父亲最为深刻的记忆；目光如炬，腰杆笔直，更是八十年前爷爷对童年崔道植的要求。

这一天，在中国共产党百年华诞到来之际，经中共中央批准，"七一勋章"颁授仪式在人民大会堂隆重举行。这一天，29名"七一勋章"获得者一路相伴，他们相聚在彼此熟悉的路上。他们曾走过很多不一样的路，他们又走出了一条共同的路。颁奖大厅里，满眼红色，庄严而神圣，29名"七一勋章"获得者被一种特殊温暖包围着。

此刻，八十七岁的崔道植，心中充满着希望和力量。

八十年前，同样的季节。七岁的崔道植穿着草鞋，穿过贫瘠的村庄，行走在稻田边缘，油绿油绿的稻谷已经开始灌浆，但在男孩眼中却满是绝望。油绿近在他眼前，他却又仿佛什么也看不到，他只是感觉周围的一切都是黑白色的。七岁了，正是充满希望的年龄，他却没有任何希望，也没想到未来会有一种红色光芒照耀在他稚嫩的脸庞。这样走着的时候，唯一给他温暖的，就是脚上的那双草鞋了。那是爷爷精心给他编制的草鞋。他穿草鞋所感受到的温暖，并不是草鞋本身带来的，而是当他穿着爷爷编制的草鞋时，无论走到哪里，心里都会感觉到自己和爷爷在一起，爷爷一直陪着他。

那时候的爷爷，在一片绿色的稻田里，坐在一块大石头上，把一锅又一锅的旱烟叶子压进烟袋锅，眉头紧锁间吞云吐雾。烟雾缭绕中，伴随着烟袋锅撞击石头的声音，一锅又一锅的烟灰被敲出去了，散落在那片稻田里。

那样一片稻田，并不是希望的田野。记得春天插秧的时候，年幼的崔道植光着脚丫，和爷爷一起在稻田的冷水里劳作。小脚丫踩在稻田水面下的泥土上，那种感觉软软的、柔柔的、凉凉的。和爷爷一起插秧，是他最快乐的事情了。每天插秧完毕，洁白的脚丫总是沾满泥土，爷爷便会躬身为他洗脚。爷爷会把他脚丫上的每一点儿泥土都彻底洗掉，然后一米八身高的爷爷会背着身材瘦小的他回家。一路走着，他会给爷爷背诵千字文、三字经。回到家时，他的脚丫已经很干爽，爷爷会直接把他扔到土炕上。接着，那个简陋的土房里，便会传来爷孙共同的笑声了。爸爸妈妈都已不在他身旁，只有爷爷和姐姐是他的亲人。别看他力气小，体形瘦弱，但他干起活儿来非常用心，力气虽然比不过大人，但干活儿的那种劲头儿，一点儿不比大人差。每当爷爷在稻田里看着他那干活儿的劲头儿，就会特别高兴，非常开心。那一刻，爷爷又总会转眼间伤感起来，爷爷老泪纵横的画面被永久刻在崔道植的心里。

爷爷的泪水滴落在稻田里，成为了滋养稻子的水分。爷孙的笑声记在崔道植的心里，也成为了滋养他成长的温馨记忆。崔道植七岁的时候，所生活的土地被侵略者占据。按照当时日本人的规矩，稻田里的每一粒大米都不允许中国人吃，稻田里的每一粒稻谷都要在秋天收获的时候缴纳给日本人。某个秋天，爷爷就曾因为偷偷留了一点儿稻米而遭到日本人毒打。那次毒打，他和姐姐都亲眼目睹了。那时，年幼的崔道植感到困惑：自己和姐姐常常都会产生一种因为饥饿而濒临昏死的感觉，日本人怎能因为一碗白米饭，竟用皮鞭抽打自己无比心爱的爷爷呢？

那一幕，至今镌刻在崔道植的脑海中。

在崔道植童年时，爷爷总是想办法让他牢牢记住一些事情。如果他记不住，如果他很淘气，就会被爷爷打手板。严重的时候，爷爷还会用柳条抽打他。崔道植记得，一位邻居对他们家有恩情，一年春节，爷爷让他正月初一去行礼拜年以示礼貌。结果，他忘记了爷爷的叮嘱。因为这件事，爷爷用一捆柳条使劲抽打他。那种疼痛记忆，崔道植牢牢记了下来。

"你心中，还有我这个爷爷吗？一个不懂得报恩的人，一个在恩情面前不懂得感恩的人，就是个畜生！"

爷爷的话，崔道植牢记在心里。爷爷的抽打，让八十年前的崔道植很害怕，八十年后却在他心中不断涌现出暖流。崔道植清晰记得，爷爷抽打他的那捆柳条，总共有十一根，被打折了四根。做错了事情，挨打是应该的。他向爷爷道歉，在心惊胆战中观察到了柳条的数量。在这样的情景中，崔道植依然保持着冷静以及发现细节的能力，也许这就是他日后成为中国传奇刑警的必备特质……

1945年，中国共产党解放这片土地的时候，昏暗的日子刹那间明亮了。崔道植不仅有白米饭吃了，有书读了，而且还感受到了许多温暖。那些温暖，与爷爷为他编织的那双草鞋有关，也与中国共产党有关。人生命运的转变，在他幼小的心中留下了不可磨灭的记忆。苦难与幸福的强烈对比，在崔道植心中形成了回报共产党的初心。这种初心，从产生那天开始便坚如磐石，成为他一生的坚守和生命力量的源泉。

那段特殊的历史时光，爷爷把身为家中独苗的崔道植，一次次送到共产党招兵的地方。爷爷一次次告诉他，要感谢共产党，要懂得感恩。爷爷的叮嘱，崔道植牢记了一生，也为此奔走了一生。而且从成为军人的那一刻开始，崔道植心中就始终保持着一种烈士情怀。所谓的烈士情怀，就是为了中国共产党的信仰，付出一切也在所不惜，哪怕是生命。

那段特殊的历史时光，懂得感恩的人，不仅仅是崔道植，还有他的童年玩伴。很多比他年龄大一些的童年玩伴，纷纷加入了中国共产党的军队。后来传来了许多童年玩伴血洒疆场的消息，但爷爷和崔道植依然执著地一次次来到招兵的地方。后来，如愿穿上军装的崔道植，每每看到五角星、党旗的时候，总会联想到那些童年好友的鲜血——那红红的颜色，在崔道植心中已经成为一团火。至此，崔道植与革命红结缘，也与这团火相融为一体。

火，为崔道植点燃了希望，成就了事业，淬炼了人生，锻造了永久的忠诚。

红色，代表了绝对而纯净的忠诚。多灾多难的土地，曾有多少仁人志士舍弃生存的希望，用鲜血捍卫了中华尊严！正是那一腔腔忠诚热血，让华夏民族焕发出勃勃生机。如果说忠诚是有颜色的，那一定是红色——革命红。

礼兵威武护送，"七一勋章"亮相！

浓浓的红色氛围，雄壮的《忠诚赞歌》旋律，中共中央总书记、国家主席、中央军委主席习近平为崔道植等 29 名"七一勋章"获得者颁授勋章并致重要讲话。

全场响起热烈的掌声。掌声中，涌动着坚定的信仰力量。

"一百年来，我们党矢志践行初心使命，团结带领人民开辟了伟大道路、建立了伟大功业、铸就了伟大精神、积累了宝贵经验，在中华民族发展史和人类社会进步史上写下了壮丽篇章。一百年来，一代又一代中国共产党人，为赢得民族独立和人民解放、实现国家富强和人民幸福，前仆后继、浴血奋战、艰苦奋斗、无私奉献，谱写了气吞山河的英雄壮歌。今天受到表彰的'七一勋章'获得者，就是各条战线党员中的杰出代表。在他们身上，生动体现了中国共产党人坚定信念、践行宗旨、拼搏奉献、廉洁奉公的高尚品质和崇高精神。"

"'七一勋章'获得者都来自人民、植根人民，是立足本职、默默奉献的平凡英雄。他们的事迹可学可做，他们的精神可追可及。他们用行动证明，只要坚定理想信念、坚定奋斗意志、坚定恒心韧劲，平常时候看得出来、关键时刻站得出来、危难关头豁得出来，每名党员都能够在民族复兴的伟业中为党和人民建功立业！"

荣耀，无上荣光。荣耀的背后，是 29 名荣获"七一勋章"的中国共产党党员，用生命与热血铸就的信仰故事。他们曾走过不一样的人生，他们又走出了共同的人生。

"七一勋章"是中国共产党党内最高荣誉，以朴素、庄重为主要设计理念，以红色、金色、白色为主色调，使用冷压成型、花丝镶嵌、彩丝织锦等工艺制作。章体采用党徽、五角星、旗帜、丰碑与光芒、向日葵、大山大河、如意祥云等元素。党徽体现党的领导和核心地位，五角星象征共产主义崇高理想与薪火相传，丰碑与光芒寓意党的辉煌历程与丰功伟绩，向日葵象征全党全国紧密团结在党中央周围，大山大河体现党员的理想和追求，如意祥云寓意祖国繁荣昌盛、和谐发展，旗帜寓意在党的领导下，为实现革命理想而永远奋斗。有别于国家勋章和国家荣誉称号奖章的金属章链，"七一勋章"使用织物绶带，采用向日葵、光芒、星光等元素，寓意在党的阳光沐浴下，勋章获得者一心向党，全心全意为人民服务，不忘初心、牢记使命、砥砺前行。

生于1934年的崔道植，作为全国政法战线唯一获此殊荣的著名刑侦专家，退休前系黑龙江省公安厅刑事技术处正处级侦查员。透过奖章，透过荣誉，人们看到的是崔道植步履矫健，以及八十七岁高龄依然思维敏捷、精神矍铄的神态。数十年来，崔道植作为一名有着绝对纯洁信仰的中国共产党党员，始终怀着一种"烈士情怀"。换句话说，就是崔道植始终处于一种不怕吃苦、不怕牺牲的精神状态。崔道植的信仰，与他特殊的人生经历及懂得感恩的初心密切相关。

忠诚，在崔道植身上的体现，是一种情感，是一种赤子深爱着、依赖着母亲的情感！自从成为一名中国共产党党员开始，崔道植总是保持着一种豁出一切的冲锋状态，他要把自己的生命与热血全部献给党、献给祖国。从十三岁手握红缨枪的儿童团长，到年近九旬依然忘我工作的共和国第一代老刑侦，崔道植信念不改、初心不忘、情怀依旧。早年参加人民志愿军，他明知童年好友牺牲在战场上，依然坚持入伍，又在入伍后一次次递交请战书。后来加入公安队伍，他一直秉持严格甚至苛刻的工作标准，一路迎难而上、向险而行。退休后，他热情依然高涨、斗志更加昂扬，八十七岁高龄还能九天九夜连续奋战，大案要案面前攻坚克难、无坚不摧。

纵观崔道植的奋斗历程，我们可以看到，一份坚定的信仰，必定与一颗真诚的感恩之心紧密相连。一个人在信仰的道路上能走多远，一定与他的感恩之心有关。数十年来，崔道植把执著坚守、无私奉献融入到工作生活中，给出了一个完美的"信仰"答案——绝对忠诚、绝对纯洁、绝对可靠。在幸福中奋斗，在奋斗中幸福。这是崔道植的生命状态，也应该是新时代每一名共产党员的生命状态。

让我们一起感受崔道植的生命状态吧……

第一章 "慌"

八十年前，绿油油的玉米地里，一个六岁男孩儿慌张着奔走、追赶……妈妈的身影若隐若现，男孩儿听到妈妈身体与叶子摩擦时发出的呼啦啦的声响，男孩儿也听到自己身体与叶子摩擦时发出的呼啦啦的声响。

男孩儿最初记得的，是玉米地里的满眼绿色和呼啦啦的声响，还有绿色中飘忽不定的刺眼阳光。那段记忆对于男孩儿来说有着难以名状的恐惧，这种恐惧让他永久难忘，难以释怀。

追逐妈妈的时候，男孩儿是满眼泪水的。男孩儿尽量不让那些泪水遮住双眼，因为泪水会让他看不清那些绿油油的叶子，看不清妈妈忽隐忽现的身影。男孩儿用他那一双因为频繁擦拭泪水而湿漉漉的小手一次次拨开叶子，泪水便在他拨开叶子的时候，自然而然地存留在叶面上，如同露水浸润着那些绿叶。

事实上，这些绿油油的叶子已经被前面妈妈的泪水浸润了一次，男孩儿仅仅是重复了一次。那一年夏天，玉米地里的玉米茁壮成长，男孩儿一次次注视着那片玉米地发呆。那时的他还不懂得，或许是他们母子的泪水滋润着叶子，进而让那玉米茁壮成长。秋天的时候，爷爷煮玉米粥时加入了豆子，男孩儿吃得异常香甜，他一生牢记着这种味道，也牢记着自己喝粥的时候望着光秃秃的玉米地。秋日里已经光秃秃的玉米地，什么也没有了，就像母亲消失的身影……

八十年来，似乎只有母亲消失的场景是让自己困惑的，他也始终琢磨着但从未向任何人提起。其中一些细节，他回忆了八十年才想起来一点点端倪，比如他记得自己呼喊着，追啊追，妈妈几次走出了玉米地，又折返回来，他也跟着走出又折返。就是这样的几次折返，一直模糊地存在于他的记忆里，但也仅仅是存在着，在此后一段很长的人生岁月里，并没有成为他分析妈妈去向的依据，直到八十年后，耄耋之年的他猛然间意识到，妈妈的几次折返说明了一个问题——妈妈是要甩掉他的。

八十年前，男孩儿的慌张中，满是绝望、无助的泪水，妈妈的身影最后消失了，衣衫褴褛的男孩儿跪在玉米地里痛哭流涕。为什么会这样？此后的岁月里，他在心灵深处便始终牢记着这种"慌"了，他的耳边也始终响起自己绝望的哭声，那是他日后从来没有过的"慌"，那是他日后从来没有过的泪流满面。那个时候，他只是一个六岁的朝鲜族男孩儿，一个很瘦的男孩儿。

此一别，是永别——母亲与儿子之间的永别。

1951 年 1 月，在抗美援朝战争第三次战役刚刚取得胜利的时候，已经十七岁的男孩儿成为了一名朝鲜族志愿军战士，他在入伍两年后加入了中国共产党。1955 年夏天，在黑龙江省拉林县整训的解放军战士中，第一个被提干成为排职干部的是某团部政治处宣教干事，他的名字叫"崔道植"。那一年，黑龙江省公安厅到这个部队来选择优秀干部进入公安厅工作的时候，也点出了这个名字。

崔道植，就是当年那个男孩儿的名字。记得 1951 年脱下补丁摞着补丁的棉袄，穿上志愿军军服的时刻，他对那个破旧却干净的棉袄充满了留恋。棉袄，是姐姐一针一线为自己缝补的，崔道植总是让它保持着干净整洁。崔道植四岁时，爸爸去世了，妈妈在他

1951 年，崔道植成为了一名志愿军战士；1955 年，他又成为了一名人民警察

六岁时一去无回，离开了他。他在爷爷和姐姐的呵护下随着时光成长。1951年，崔道植成为了一名志愿军战士；1955年，他又成为了一名人民警察。戎装在身那一刻开始，除了灵魂深处的苦楚记忆，他便没有了一丝"慌"。提起上阵杀敌，提起在疑难案件现场寻踪觅迹，崔道植的眉宇间满是杀气、英气。

八十年前绿油油的玉米地里，六岁的朝鲜族男孩儿慌张着奔走、追赶；八十年后中国警营里，八十七岁刑侦大家崔道植的名字震撼着人们的心灵，他被誉为中国刑警之魂、痕迹大师、神探……

自1955年从警，崔道植检验鉴定的痕迹物证，超过了7000件；经他亲自办理的重特大案件中的痕迹或疑难痕迹检验鉴定，有1200余起。六十三年内，他鉴定的罪案痕迹无一错案。在创造这一传奇纪录的同时，他的痕迹鉴定技术，也在实践积累中渐入化境，他至今仍是中国警界重大疑难刑事案件痕迹鉴定的定海神针。

没有他不熟悉的枪，没有他看不明白的子弹，没有他捕捉不到的痕迹。但是，八十年前妈妈消失在玉米地的情景，成为了他心中最为郁闷的谜案，他始终分析着、揣摩着。那是一个现场，一个与生身妈妈失踪有关的现场。

记得六岁那年，哭得筋疲力尽的时候，崔道植在玉米地里睡着了，他睡得很深、很沉。醒来时太阳即将落山，玉米地里到处是金色的光芒，他看到一只蝴蝶飞来，静静地停在自己身旁。那是一只漂亮的蝴蝶，翅膀上夹杂着深绿色、浅绿色与黑色。他伸出小手一抓，蝴蝶便成为掌中物了，于是他的脸上露出了笑容，那笑容冲破了干涸的泪水，面部产生一种碎裂感。那时，他毕竟是个孩子，捕捉蝴蝶的喜悦让他暂时忘记了妈妈离去的忧伤。他回到家，他要把蝴蝶送给姐姐，他跑进家门后就开始嚷嚷了："姐姐，蝴蝶……"

后来的八十年，有点儿像那一天的缩影——总有类似捉到蝴蝶般的喜悦，也总会有一些插曲令他愁眉不展。喜怒哀乐之中，人们都以为他忘记了玉米地里发生的那一幕，也没有任何人与他提起过那一幕。但是，妈妈离去的那一幕始终深深镌刻在他的脑海里，儿时那种"慌"的特殊感受，也在未来日子里的某个时刻定期浮现。

八十年来，崔道植始终像分析案发现场一样，分析妈妈的失踪事件，却始终没有定论。虽然，他后来意识到，妈妈在玉米地里进进出出，是为了故意甩掉他；虽然，他后来在数十年中揣测某个瞬间，通过妈妈外出奔向长春方向，分析出妈妈是外出打工养家……但是，兵荒马乱的年代里，什么样的分析都是徒劳的，因为只要人没回来，一切就是凶多吉少了，一切也就永久成谜。

在办案生涯里，崔道植内心始终坚信：一个案件无论多么疑难，也应牢牢抓住蛛丝马迹，不放弃破案希望，只要有一丝的希望，就要付出百分之百的努力。一切只要有希望就好，只要有希望就是幸事，因为生命里有些事情是永远没有希望的，有些事情注定会成为"悬案"，比如崔道植妈妈的失踪事件，无论怎样也没有侦破希望了。

崔道植的童年，是极为不幸的。当时，一家人为了躲避战乱，一路从朝鲜半岛星洲郡北上，最后来到吉林省梅河口，寄居在王姓汉族人家的草房里。无论走到哪里，日本兵似乎就跟到哪里，1930年的吉林也不安宁，日本人闹得厉害。1934年6月，崔道植出生在梅河口。那时，一列列日本兵满是肃杀之气，一粒白米都不许中国人吃，一粒白米都不许流落民间。日本人那时候喊的口号是"中国人多一粒粮食就多一粒子弹"。

无论生活多么艰苦，爷爷总是穿着洁白的长衫，朝鲜族传统的黑色笠帽高耸着，黑色的背夹里总会有稻草和干柴。自崔道植牙牙学语开始，爷爷便一字一句教他背诵《明心宝鉴》的章节：择善固执，惟日孜孜……人有善愿，天必知之……

三岁的时候，崔道植大病不起，最后躺在土炕上似乎要停止呼吸。爸爸、妈妈的眼泪，滴落在他的脸颊上。爷爷握着那本线装的《明心宝鉴》愁眉不展，想着孙儿稚嫩的诵读之声，老泪纵横。爷爷那时一遍又一遍问自己，怎么会这样？

草房是极其简陋的。乱窜的老鼠肆虐，爸爸抓了一只又一只扔到外面，不让它们打扰崔道植最后的宁静。平日里，爸爸、妈妈靠着给地主打点儿小工，换来点儿玉米面，维持着一家人的生活。病就病了，死就死了，穷人的生命对于地主来说如同草芥。这个时候，妈妈哭泣着，悲痛欲绝，爸爸还想再努力努力，于是找来一些蒿子，紧密地扎成细捆，点燃后对准崔道植额头中央炙烤。

满屋子都是蒿子燃烧的烟气。烟气越来越浓了，爷爷、奶奶、爸爸、妈妈都被呛得咳嗽了。爸爸依然在坚持，依然没有放弃，他甚至看到崔道植额头上方的头发已经燃烧起来了。这个时候，崔道植突然"啊"的一声，接下来哭声震天，他迎来了生命的重生。自此开始，他的头顶心永久地留下了炙烤的疤痕，却换来了一条命。

全家人的惊喜可想而知。在那个夜晚，爸爸彻夜难眠，他注视着重生的儿子，始终笑眯眯的，他为儿子驱蚊，为儿子驱鼠。妈妈说："白天还有那么重的活儿，你还是睡吧。"爸爸执意不肯，他依然紧盯着儿子，他不想让崔道植离开自己的视线。

一只老鼠过来，爸爸不想伤害它的性命，拽住尾巴想将它扔出去，却被老鼠反咬了一口。鲜血，从手指上流了下来，老鼠趁机挣脱，灰溜溜逃走了。第二天下午，爸爸是被地主家的其他长工抬回来的。来人说他昏倒在谷场，浑身上下热得吓人。妈妈呼唤他，他气若游丝，似乎听见了什么，又似乎什么也没听见。老鼠咬的那个伤口，应该是感染了鼠疫，命运给了这个不幸家庭沉重一击。几天后，爸爸就那样高烧着、昏睡着，他几次用尽全身力气，微微睁开眼睛，看着依然很淘气而不知某种离别就要到来的儿子，用很微弱的声音一遍又一遍呼唤："道植……"

爸爸走得这样早，怎么会这样？这也是崔道植一生的疑问。

妈妈为爸爸守孝三年。三年后，崔道植看到妈妈向爷爷哭诉着什么，爷爷始终正襟危坐。后来，就有了玉米地里崔道植追赶妈妈的一幕。妈妈离开时，爷爷在草房前叮嘱了她许多事情，妈妈是流着泪离开的。那片玉米地，就在崔道植家草房东边儿不远处，妈妈放着明摆着的路不走，偏偏钻进了玉米地。崔道植追过去的时候，爷爷没有阻拦，于是他便开始了追啊追，于是便有了刻骨铭心的"慌"。

爷爷是典型的传统类型的朝鲜族老人。在崔道植的记忆里，爷爷的身上总是背着一个很大的背夹，那背夹却没有压弯他笔直的腰。高耸的黑色笠帽，一尘不染的白色长袍，修长的黑色背夹……那个身影，静静行走于金色稻田间，走啊走，似乎没有定处。崔道植从来不知爷爷去哪里，也不知爷爷是从哪里回来的，他知道无论爷爷怎样奔忙，腰间也没有几个铜板。记忆里，爷爷基本没给他买过什么零食，却时常给他买来笔、墨、纸，一笔一画教他练习书法：择善固执，惟日孜孜……人有善愿，天必知之……

字写得不规矩的时候，爷爷就会一个手板下来。崔道植很害怕爷爷打手板，这让他感到很疼，但他从来不会哭泣，他知道爷爷每次一个手板下来，自己肯定做错了事。于是，崔道植在职业生涯里，曾经在无数个日夜里观察着显微镜下的各种微痕——弹痕、手印、足迹、牙痕等，他向来一丝不苟，难容自己有一点点错误。那是因为在他心中，永久高悬着爷爷的手板，自己做错了事，爷爷的手板就会打过来。事实上，在崔道植从警人生的无数个日夜里，他观察案发现场微痕时，也曾在办公室里小憩，梦见那高悬的手板，梦见那手板向自己打来。每当有类似梦境浮现时，他从来不愿意让自己醒来，而醒来后又会精神百倍地重新回到显微镜旁边。

对于崔道植来说，除了爷爷的手板戒尺，童年最深的记忆就是饥饿。一年秋天，爷爷偷偷留下了两袋白米，埋在了草房右侧。爷爷首先挖了一个坑，将白米放在里边后用木板盖好，然后再用柴火覆盖上。夜晚，爷爷会悄悄取出来一点儿米，在天亮之前煮好米饭。一天、两天、三天，崔道植和姐姐连续三天吃上了白米饭。

"爷爷，白米饭，能天天吃吗？"崔道植问。

"孩子，吃白米饭，不要对外人讲。日本人知道了，会很麻烦。"

白米饭没能吃多久。第四天早晨的时候，睡梦中的崔道植被一阵嘈杂声吵醒了，随后传来了姐姐的哭声。崔道植一骨碌起身，下炕，到外边。一队日本兵出现在院子里，爷爷埋的两袋白米作为"赃物"已经摆在院中央。日本兵把爷爷带走了，崔道植和姐姐害怕极了，不敢反抗，只能默默注视着爷爷远去的背影，他的背夹上背着两袋白米。

姐姐哭了三天三夜，崔道植为爷爷担心了三天三夜，他在想：吃白米，怎会有这么大罪过？人啊，怎么会这样？

日本兵营里，爷爷一次次向日本兵恳求着："我家里还有两个没人照顾的孩子，求求你们放我回去吧……以后啊，不会再吃白米了，你们怎么处置我都行……"

三天后，爷爷回来了，遍体鳞伤，白衫被鲜血染红了。爷爷的脊梁却保持着笔直的姿势，表情依然是笑着的："值得、值得，我让我的两个孩子，吃了三天白米饭……"

崔道植见到爷爷回来，高兴极了，背起爷爷的背夹便去打柴："爷爷，我长大了，以后我为您打柴。"爷爷说："打柴，不要去地主家山上。"

对于爷爷的忠告，崔道植没放在心上，心想去地主家山上捡拾点儿干柴，能怎样？崔道植的想法太简单了，当他背着干柴从地主家山上下来的时候，地主家里的朴少爷出现在他面前。朴少爷一把拽下他的背夹，干柴顿时散落一地，崔道植此时仍然执著于那一地干柴，他想把自己的劳动果实重新聚拢起来，朴少爷的拳脚在这个时候雨点般砸在他瘦小的身躯上。崔道植一个不注意，朴少爷用镰刀在他的手上划了一个口子，鲜血淋漓。

崔道植说："你这么做，是不对的。今天我打不过你，不代表未来我打不过你。今天这笔账，我会记住。"

当时，崔道植心里充满了怨恨，他的脑海里还有一堆疑问。他在想：弄点儿干柴，怎会有这么大罪过？人啊，怎么会这样？吃白米不行，干柴烂在山上也不让捡拾，人啊，怎么会这样！

朴少爷还要挥舞镰刀的时候，崔道植的童年好友金正鲲突然出现了，他夺下朴少爷的镰刀："你再动他一根汗毛，信不信，我这就砍死你。"

朴少爷退却了。得罪了朴少爷，金正鲲没法儿在村子里待下去了，他趁着夜色离开了村庄。离开之前，金正鲲来到崔道植家的草房前。崔道植满是愧疚："你为了我，要背井离乡，有家回不了。"金正鲲说："道植，不是那样，我要去参军，参加共产党的八路军，这是我一直以来的打算……"

童年好友金正鲲果真参加了八路军。1945年，吉林梅河口光复了，共产党军政人员进驻，和日本人勾搭已久的地主一家人逃跑了，不知去向。此后，崔道植吃上白米饭了，也可以上山打柴了，而且被共产党送进了学堂。崔道植开始想念金正鲲了，他想，若是正鲲在，他们一起读书一起砍柴，多好啊。这个时候，这个名叫崔道植的男孩儿，已长大了许多。

"今日长缨在手，何时缚住苍龙？"

吉林省梅河口有个叫三八石的村庄，1946年，十二岁的儿童团团长、朝鲜族少年崔道植手握红缨枪，英姿飒爽，他的执著、坚定与恪尽职守远近闻名。1948年3月，爷爷带着他来到临江县政府，找到同为朝鲜族的民族科长表达愿望——崔道植要参军，参加共产党的军队；他要入党，加入中国共产党。

爷爷头戴黑色笠帽，白衫整洁依旧，与同为朝鲜族的民族科长沟通起来很顺畅。

爷爷说:"这孩子,爸爸没得早,妈妈走了再也没回来,我的年纪也大了。就把他交给组织吧,他自己也特别愿意,天天缠着我,说要参军、入党。"

民族科长说:"打仗,是要受伤,是要死人的。就说这临江县吧,我们打进来又打出去,再打进来,战况很惨烈的。他,太小了。"

爷爷说:"留下他吧,当个卫生员或者通讯员,也行啊!"

民族科长摸摸崔道植的头:"孩子,你太小了,也太瘦了,你这么小,为什么要参军呢?"

崔道植说:"共产党来了,我才有白米饭吃,爷爷、姐姐和我不再挨饿了;共产党来了,送我进了学堂,给我助学金,爷爷告诉我长大了就要加入共产党的军队。现在,我长大了。"

民族科长听了,笑着说:"你还没有长大,你太小了。这样,咱们约定过两年你再来,我一定同意你参军。你是特别优秀的儿童团长,远近闻名,我会永远记着你。"这样,崔道植在1948年4月由当地政府资助到吉林省海龙县海山中学念书。

1949年,是新中国成立伊始之年。1949年,是崔道植信仰的起点。这样看来,崔道植的信仰,与新中国同龄。

在崔道植诸多"福尔摩斯"般传奇侦探故事的背后,鲜有人知道他的儿童团经历,也鲜有人知道他在1951年参加了中国人民志愿军。1955年,崔道植是以志愿军身份转业至黑龙江省公安厅工作的。

后来,崔道植又来申请参军。当时,崔道植已经得到金正鲲牺牲的消息了,尽管充满了悲伤,但他不怕,依然执意上战场。由于童年忍饥挨饿,崔道植身体羸弱,部队体检时工作人员还是不同意他入伍。当时,朝鲜战场正战鼓齐鸣,崔道植一心想走上战场,此刻只能眼睁睁看着别人体检过关,执著的少年流出了伤心的泪水。体检过关的人都回家报信儿去了,他们按照要求将在午夜重新回到县政府集合,夜里登上火车直接赶赴前线军营。

"孩子,你也回家吧!"县政府的工作人员对崔道植说。

崔道植没有离开,一直在那个简陋的县政府门前坐着,直到黑夜来临,肚子咕咕叫的时候他也没有离开。冬夜里,寒风刺骨,他涕泗滂沱,

崔道植和姐姐在一起

他似乎是在等待着什么，但又不知道自己在等待什么。然而，就是这样的一次等待，却成为了他命运里注定的一次等待，也是改变他命运的一次等待。

午夜，大多数体检过关的年轻人都返回来集合了。县政府大院里响起了嘈杂的脚步声、接兵人员的口令声，还有不远处蒸汽机车的汽笛声……崔道植不再哭泣了，他呆呆地站在原地，感受着一种属于别人的光荣时刻。这个时候，县政府的一个工作人员朝他跑过来："你也去集合吧，有一个体检过关的孩子没来，错过了报到时间，军列不等人啊，你通过了，入伍！"

那一刻，崔道植牢记一生，永远难忘。那时，爷爷原本还在家等他回来，邻居家的孩子体检过关的都回来报信儿了，平日里对他管教异常严格的爷爷在纳闷儿：道植，你怎么不回来？我听别的孩子说，你体检没通过啊？这么晚了，你去哪儿玩了？道植啊，你不听话，大半夜乱跑不回家，爷爷得打你啦！

在爷爷惦记他的时候，崔道植已经登上了闷罐车——他也拥有了自己的光荣时刻。蒸汽机车头正在喷出浓重的烟雾，已跃跃欲试载着英雄儿郎奔赴军营。当列车终于开动，经过自家村子的时候，崔道植挤到闷罐车敞开的大门前，看到了大他两岁的姐姐正张望着，于是他兴高采烈地呼喊："姐姐，告诉爷爷，我参军了，我参军了……部队，要我啦……"

崔道植相信，姐姐一定听到了他的呼喊，姐姐一定看到了他。因为，他看到姐姐向他猛烈地挥着手。而且，他看到姐姐哭了，姐姐的泪水刹那间冷却了他的喜悦。列车远去的时候，他看到从小到大爱着他、护着他、弄点儿锅巴也舍不得吃又留给他解饿的姐姐，哭得是那么伤心，甚至跪在了地上……

打仗，是要死人的。也许，姐姐认为在那一刻就是与弟弟的诀别了。那时，崔道植的童年好友金正鲲已经牺牲在朝鲜战场，但崔道植依旧凛然奔赴前线。后来，崔道植一点点明白了：如果没有战争，如果没有兵荒马乱，他们一家人不会吃不饱，不会生病没钱治，妈妈不会离开他，金正鲲不会在那么小年纪就没了性命，他吃白米饭、砍柴也都不会是罪过……

崔道植于1951年入伍，1953年入党。这个名字叫作崔道植的瘦弱男孩儿，入伍后特别优秀，他没有辜负自己最初的信仰，随后的数十年里也没有。1951年11月，崔道植在翻译训练团因练兵、成绩优良而得奖。随后几年，他多次获得各种奖励。报名参军的那一夜，改变了崔道植的命运，也让中国警营拥有了一个传奇的名字——崔道植。

崔道植步入军营之初，一切对他来说都是新奇的，他的老排长走过国内的很多地方，也经历过很多场战斗，见到崔道植时他总是笑呵呵的。老排长送给崔道植一本书——方志敏手抄本《可爱的中国》，崔道植读了一遍又一遍。崔道植感觉到，方志敏在狱中写的这个文学作品给了他很多暗示，自己好像也曾生活在一个囚室里，那个囚室没有希望、没有光明，只有饥饿、不平等，饥饿与不平等裹挟着他生命的每分每秒。正是这本《可爱的中国》让他看到了方志敏对中国的描写，让他看到了希望，让他领悟到：中国，原来可以这样美；人啊，原来可以在这样美的中国里活着。

刚入伍的时候，崔道植一直牙疼。他经常忍着牙痛，一遍又一遍地读这本书，同时还读了尼古拉·奥斯特洛夫斯基的《钢铁是怎样炼成的》。有一天，崔道植牙疼，疼得

这个名字叫作崔道植的瘦弱男孩儿，入伍后特别优秀，他没有辜负自己最初的信仰

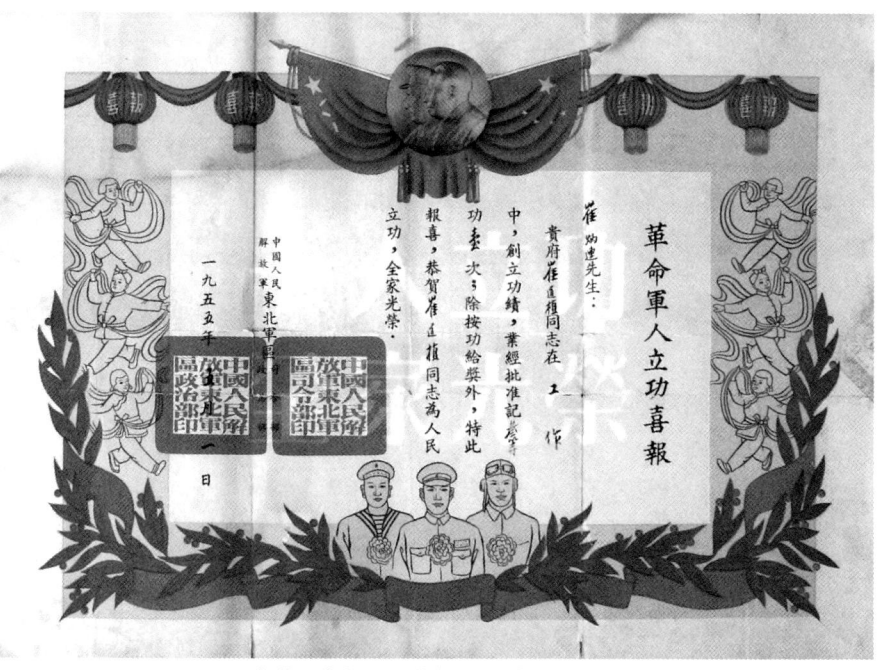

崔道植在部队里获得的立功证、喜报

么地幸福，过去的苦难是多么不堪。后来崔道植听姐姐说，爷爷看完他的信，刚开始笑得很开心，后来却哭了，哭得特别伤心。崔道植的这封信很厚很厚，爷爷也哭了很久很久。后来，崔道植想起这个事情的时候感到很后悔，他觉得自己应该只写在部队时候的幸福，不应该提起过去的苦难，让爷爷这样伤心是不妥的。

这样的人生经历，让崔道植显得沉默寡言，却又给他留下了丰富深刻的内心体验，使得他工作起来总有超乎寻常的决心和毅力。当然，崔道植永远也忘不了妈妈失踪一事，他永远记得失踪是一件多么可怕的事情，找不到答案是一件多么令人心碎的事情，所以他在办理任何案件的时候，总是坚信一句话，永远珍惜每一点儿希望和线索。这样一来，他会仔细分析所有的可能，竭尽全力地去分析……

第二章 犯罪现场的"表情"

枪，是有"表情"的。每一个犯罪现场，作案枪支都会呈现出神色各异的"表情"。就像世间的指纹没有雷同一样，这些"表情"也从来没有雷同，只不过常人难以发现。

在崔道植的脑海里，有各种各样的枪支，形形色色的"表情"。可以说，他的脑海就是一个军火库，在这个军火库里，不同的枪支、不同的子弹、不同的痕迹，错综复杂，却又异常清晰。当然，他的脑海里，还有成千上万个指纹，还有成千上万个足迹，那些指纹与足迹，形形色色，各不相同，但他总能看清它们之间细小的差异。

银眉长垂，目光如炬。临近九旬，崔道植显露"真容"。就像很多中国传统文化中的世外高人一样，老年崔道植的眉宇间闪烁着不俗气度，那样的气度在任何一个犯罪嫌疑人看来都会撼其心魂。

浩瀚黑夜，点点星光，亘古星光曾指引着古人航海的方向。波光粼粼、惊涛骇浪、缥缈烟波……只要有星光在那里，就有无数个让人在黑夜里走出迷茫的希望。一天午夜，哈尔滨江北一家养老院里漆黑一片，那里的漆黑融入到茫茫黑夜里，便不再让人有所察觉了。但是，一扇窗里透出的灯光时常会让这里的漆黑与众不同。那扇窗，位于养老院一栋公寓的九楼。温暖的灯光里，有一位白发老者正忙碌着。老人时而在显微镜前，时而来到写字台前。他的眉头，时皱时舒。

一次，公安部传来了一个鉴定样本，需要崔道植确定一支涉案枪支的产地。传到崔道植这里的鉴定样本，一定是疑难中的疑难，花费一些工夫是少不了的。数十年来，崔道植在工作上始终是个急脾气，只要是任务来了，不分白天黑夜的战斗也就开始了，直到战斗取得胜利。

黑夜，是大多数人的黑夜。而这样的黑夜里，崔道植脑海中自有一番惊涛骇浪。惊涛骇浪里，他与邪恶博弈，他努力拨开迷雾，为破案探索正确方向。

无论是一起起震惊全国的国字号案件，还是一件件令侦查工作走进死胡同的常规案件，数十年来崔道植去过数不清的疑难案件现场。无论崔道植走到哪里，那里的黑夜中就会出现一扇夜晚长亮的窗，那扇窗子里的灯光，就像黑夜里的星光，一次次"照亮"了一起起疑难案件，让侦查员在迷茫中找到了方向。

这一夜，八十六岁老人工作了整整一个通宵，最终通过某个细微痕迹确定了这支涉案枪支属于前苏联生产。类似黑夜里的灯光，在江北这家养老院里已经成为了一道寻常的风景。最近一年来，崔道植整理了数十年来参与侦办过的刑事案件现场资料，将案例做成一个又一个PPT。崔道植说："生老病死的规律在那里，我的时间有限了，给后来的人留下这些做参考吧……""时间有限"——我深深记得，刚毅的老刑警崔道植说出这四个字时，双眼流出了清澈的泪水。

"崔老思维敏捷清晰，身体特别好，一百岁没问题……"这是崔道植许多新朋旧交的感觉。退休后的二十多年里，崔道植参与侦破了诸多疑难案件，甚至在八十二岁那年，他还独自乘坐火车，一路风尘仆仆赶赴甘肃白银，在认定元凶高成勇一个关键涉案证据上发挥了决定性作用。事实上，人们只是看到了崔道植老人的"仙风道骨"与非凡的工作精力，却不知道他从退休那年开始，就因心律不齐始终怀揣救心丸，当然他常常也会感到劳累，常常也会感到疲倦，常常也会在心脏突然

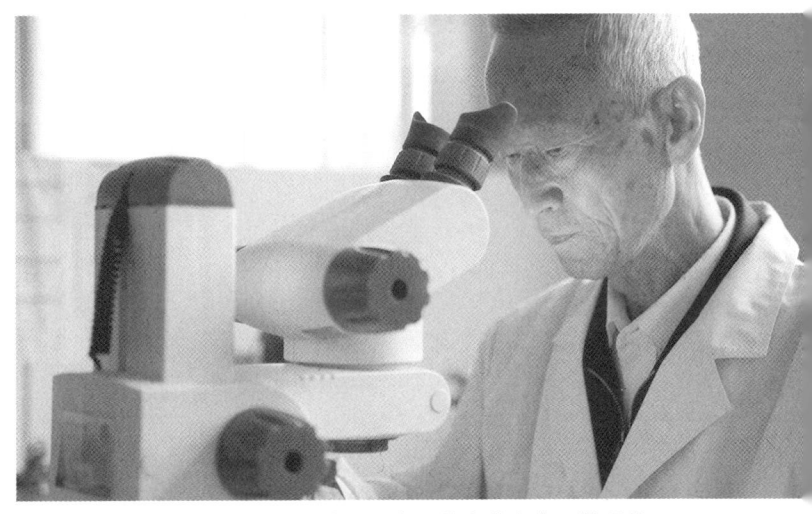

温暖的灯光里，有一位白发老者正忙碌着

不舒服的时候服下一颗救命药丸，然后继续工作……许多年来，崔道植就是这样一路走来的。

工作、生活、信仰的层面上，崔道植老人身上有太多值得我们深思且震撼我们心灵的故事。那一幕幕、一桩桩情景，如果你有机缘和足够的耐心，当你触碰到这些情景的时候，就会情不自禁地产生感动，流出泪水。

坚定的理想信念背后，崔道植看淡个人得失，心无旁骛地努力工作

长期加班熬夜会对心脏产生不好的影响，但若是一颗坚守"初心"的心脏就会拥有与众不同的强大力量，这颗心脏会超越各种疾病展现出强大力量，这样的"心之道"会体现出超常的"心之力"。这里所言的"初心"就是一种信仰。"初心"诞生那一刻起，崔道植一路走来，数十年坚定不移。关于人生，有一种说法曾经提到过三重境界——第一境界是物质生活，第二境界是精神生活，而作为最高级的第三境界为灵魂生活。有灵魂生活的人，就会拥有忠实信仰的人生。崔道植的信仰就是中国共产党。每当想起自己的信仰，崔道植就会心生温暖与力量。

信仰认定了就是一辈子，就要发自内心、坚定不移，任何时候、任何情况下都会站得稳、靠得住。从手握红缨枪那一刻开始，崔道植数十年衷心向党，他的信仰与新中国同龄，他的一举一动也从来没有辜负这份信仰。坚定的理想信念背后，崔道植看淡个人得失，心无旁骛地努力工作。从少年时代的儿童团长，到抗美援朝战士，再到如今依然通宵加班的刑侦专家，崔道植躬身为党和人民服务，数十年如一日，他用生命里的每分每秒，恪守、践行着信仰。通过崔道植健康高寿的身体和始终饱满的工作状

态，我们可以确定：一份坚定执著的信仰，可以温暖心灵，收获宁静，这也是最好的养心之道。

一次又一次，崔道植凭借着自己的"心之道"，在无数个白日黑夜与一个又一个邪恶进行博弈，令其败下阵来。那是一种无形的缠斗，又是一种有形的争锋，崔道植心中暗含的"心之力"淋漓尽致地彰显出来，创造了一个又一个镌刻于共和国公安刑事侦查史上的奇迹。

1995年，黑龙江鹤岗南山"1·28"持枪抢劫煤矿工资款案件是一起特殊的标志性案件。该案共造成十一人死亡，歹徒手持多种枪械及炸药包，全副武装作案。这起案件于上世纪九十年代中期开启了涉枪暴力犯罪新模式。之所以说这起案件是一起特殊的标志性案件，是因为该案成为了全中国涉枪暴力案件"博弈升级"的起点，之后发生的北京白宝山案件、重庆张君案件、沈阳武装抢劫运钞车案件、郑州张书海持枪抢劫银行案件等，令接下来的十年成为中国公安刑侦史上极为特殊的时间段。这样的一个时间段，考验着中国公安刑侦力量，也是中国社会治安正义力量与邪恶的一次大对决。胜利了，同一类犯罪嚣张气焰被压制，中国社会治安将会平稳过渡到全新阶段；失败了，犯罪模式会进一步演变、进一步升级，毫不夸张地说，中国社会治安向全新阶段的过渡甚至会因此延后。所以，中国警方自九十年代中期开始，在一系列血淋淋特大案件考验中勇搏激流，书写了中国刑侦乃至世界刑侦史上的一部部辉煌篇章，更为后来中国社会治安的根本好转及重特大疑难案件的攻坚，积累了厚重势能。

令人称奇的是，崔道植参与了其中几乎全部案件的侦破，并发现了一系列决定案件侦查走向的细节。正是因为崔道植在其中发挥的不可替代作用，成就了崔道植刑侦大家的历史地位。事实上，很多案件在发生之前，在那些犯罪分子进行犯罪准备的时候，他们与崔道植的隔空较量便已默默展开了，胜负结局便已注定了。

上世纪七十年代出生的鹤岗人田原，他同其他同龄人一样有自己的信仰。田原的信仰是一条龙，他忍受着一针一针的疼痛，令那条龙在自己左胳膊上活灵活现。为他刺青的人问他："深一些，还是浅一些？如果浅一些，将来不想要的时候，相对好清除。"田原回答："深一些，深一些。"

做人要成龙，不要成虫。当那条龙最终完整呈现于左臂的时候，二十出头的田原瞬间感到有种力量倾注在身体里。田原坚信，自己未来一定会是一条龙，为了自己的信仰，田原眼望一切，便开始蓄势待发。

刺青，给了他梦想与幻觉。田原走在鹤岗大街小巷的时候，同孙海波、闫文宇和弟弟田宇一起喝酒划拳的时候，都会情不自禁地露出那条龙。田原也曾一次次拍了照片又放大，每张照片上最显眼的地方就是那条带文身的胳膊。有了这条龙，田原感觉自己的肌肉更加有力量，听到的赞美似乎也越来越多了。长他一些年岁的孙海波、闫文宇总是恭维他是一条好汉、是真正的兄弟，还有一些"有福同享、有难同当"的暖心话。

田原没有想到未来的某一天，就是这个刺青，会让他与中国警界一个传奇的名字联系在一起，这样的联系似乎体现出了一种神奇力量。这种神奇力量，属于崔道植。就是这个刺青，让发生的一起震惊全国的要案很快有了独特元素，也可以说是有了属于那起案件的独特"表情"。捕捉那个"表情"不是随便一个人能做到的事，崔道植却做到了。

崔道植曾经认真研究过刺青与文身，但凡可能与犯罪有关的元素，都会是他研究的一部分。文身的前身是刺青，在文身机还未出现时，是用针蘸墨水在身上一针一针把图案刺上去的，图案多以兵将、龙虎为主，很多人是在监狱里面做的，因为刺青只有黑色，不是专门的文身颜料，时间长了颜色会发蓝发青。

先秦时代以来，黥刑就是在犯人脸上刺字作警示。在古代典籍中，曾出现文身、镂身、扎青、点青、雕青等故事，如岳母刺字。《水浒传》中，至少有三个满身刺青的重要角色——花和尚鲁智深、九纹龙史进与浪子燕青。古埃及利用刺青来划分社会地位，英国维多利亚时代的妇女流行在唇部文上红色，类似现代的文唇、文眉等永久性彩妆的美容方式。刺青开始慢慢脱离由刑罚让人对刺青产生的负面印象，演变成个人装饰的一种，在许多文化中，刺青是一种传统，也是社会阶级与地位的象征。而文身是在刺青基础上发展而来，采用电动文身机、专门的色料，颜色丰富，图案也比较多。随着社会的发展，文身已经成为一个多学科的综合艺术形式，它集艺术、文化、医学、心理学于一身，具有一定的边缘性。

文身具有一定边缘性，刺青则是边缘中的边缘，而且是大多情况下与犯罪有关的边缘，也正是因为如此，在全国性的扫黑除恶专项行动中，刺青已经被作为认定黑社会犯罪的一个特征了。刺青与文身，崔道植是不可能错过有关研究的，他在很早的时候就开始研究了。

田原的罪恶，从这个文身出发，很多事情开始一发不可收拾了。想成龙，就得研究点儿事情。孙海波、闫文宇带着他与田宇来到鹤岗市文化路一处居民楼……就在打开房门的那一刻，田原胳膊上虽然有龙压惊，但还是被惊到了。房间内，摆放着双筒立管截短猎枪、五连发猎枪、连发小口径半自动步枪、钢珠手枪、双管小口径发令枪改装的手枪、五四式手枪、炸药包、各种子弹，还有瞄准镜、日本38式刺刀、警徽、枪支零件……

稳了稳心神，田原逐一摆弄着那些枪械，慢慢适应了眼前的一切。未来怎么干，四个人彼此心知肚明。他们经常会来到郊外无人处，为了熟悉掌握各种枪械进行试射和各种演练。

几个人经常在一起喝酒吹牛，不可避免地经常会出现争吵，作为老大的孙海波总会做好人进行各种化解，让四个人重归于好。孙海波说："我们就是亲兄弟。未来一起要做很多事情，兄弟和才能生财。"

孙海波就像一位和蔼的兄长，他是所有人的主心骨。孙海波劝人很有一套，做事也是非常缜密。对于这一点，田原心服口服，几次大醉之时，都会对孙海波毫不掩饰地表达佩服之情。孙海波也会常常鼓励他："我们兄弟四个人里，将来你会最有出息，一定会成为一条真龙。"

崔道植在研究各种各样的文身时发现，犯罪分子身上的龙虎刀剑，形色各异，分别有不同的隐喻。比如田原身上的这条龙，令其心理特征显而易见，雕刻在他身上的龙，已经使他有了一种新的希望、新的寄托、新的开始，他却完全不会知道其中暗含的是一条末路。田宇这个人很盲从，哥哥田原想干什么一律跟着干。哥哥想成龙，他就全力配合着。哥哥信服谁，他便会不假思考地跟随。于是田宇跟着哥哥田原也入伙了。

孙海波抢劫鹤岗南山矿工资款的计划早在1994年9月就已经拟定了。那时，距离后来轰动全中国的"1·28"持枪抢劫大案还有四个月。孙海波精心策划着。他为了躲过警察的排查，在工农群楼六号楼租了一套房间，先让田原以去韩国打工的理由于1994年10月份住进去，又让闫文宇以停薪留职外出做买卖为名于12月份住进去，两人先期有计划地进行隐蔽。田原足足在屋子里闷了四个月，他内心认为值得，一切准备就绪，就等猛龙出山了。

临近大年，时而已能听到"噼啪"的爆竹声。这时候的崔道植已经退休，第一次和家人一起准备着过节的必需品，静下心来聆听着哈尔滨的爆竹声，而那阵阵爆竹声在鹤岗却是一种不祥的预兆。1995年1月28日，农历腊月二十八晚上，临近19时，一辆车牌号为"91409"的"北京212"吉普车驶进黑龙江省鹤岗市南山矿大院，悄悄地开到矿保卫科门前。车停稳后，从车上跳下四个人。其中一人"披肩长发"，脚步有些匆匆，在其身后还有一个人身着大衣，戴着警帽。几人神色匆匆，一时间猜不透他们要做什么。当时，保卫科经警队的四名警员正在一楼东侧值班室看电视，他们感觉到有辆车进入院子了，而且停在了保卫科办公楼前。因为他们听到了汽车刹车、开车门又关车门的声音，他们没有想到车上下来的那个"披肩长发"正朝着值班室走来。央视《新闻联播》就要开始了，电视机屏幕上出现"飞亚达"熟悉的表针时，那个"披肩长发"也加快了脚步。就在"飞亚达"表针还差数秒就要到达19时时，值班室的门突然被踹开了。那个"披肩长发"出现在四名警员面前，手里端着一支长枪，没说一句话便开始扫射。

据幸存的经警刘东生事后回忆，当时准确的时间是差9秒到19时，他正在值班室南窗下靠西墙坐着，室内三张办公桌呈品字形摆放。经警队长赵成远身携五四式手枪坐在他的旁边，经警毛成才、杜文军坐在他对面。当一个戴女式披肩假发的人站在门口，几名经警还没来得及转头看是谁，这个人端枪就是一阵乱射。

几枪打过去，经警杜文军和赵成远被当场击倒。坐在后面的刘东生与毛成才见势不妙，慌忙躲到办公桌下。戴假发套的人重新装弹后，上前几步朝刘、毛二人身上打了几枪。长枪威力很大，子弹穿透木质办公桌，打在两人身上。四名经警全部倒在血泊里。

此时又有一个穿半截黑呢大衣的人闪身进屋，朝几名已经非死即重伤的经警身上补了数枪，前后总共只有十几秒钟。

没多久，走廊西头的值班室也响起枪声。同样是"披肩长发"率先端枪冲进值班室进行射击。当时，这间值班室只有一名保卫干部在看报纸，还没反应过来是怎么回事，当场就被一枪打死。接着，戴警帽的男子手持钢珠枪进去补枪，并从保卫干部的尸体上找到一支五四式手枪替换掉原来的武器。

此时，与值班室相邻的一个小仓库，四名经警在那里侃大山，侥幸躲过了第一轮扫射。小仓库的中央，摆放着五个贴有封条的帆布袋，袋中装着近百万的现金——这正是歹徒要抢夺的目标。当时鹤岗普通工人一年工资只有五千多元，这百万现金在当时来说绝对是一笔巨款。

听到枪声响起，小仓库中的四人先后持枪冲了出去。结果，四人中的经警张永华，刚刚冲出仓库就被一歹徒开枪击中。歹徒使用的是小口径步枪，张永华中弹以后，伤口并未致命，还能带伤还击，他一枪击中了该歹徒的脸部。这名歹徒大叫一声，向后倒了下去。张永华被歹徒开枪击中，虽然伤口不大，一时并未致命，但随后也因为失血过多而死亡。

这名倒下去的歹徒，就是田原。田原万万没有想到，他瞬间便失去成龙的可能性了。起先，田原还有生命迹象，他看到戴着披肩长发假发套的孙海波朝自己走来，于是伸出一只手，希望孙海波能够拉他起来，却万万没有想到孙海波用枪口对准了他的脸，连续打了三枪，直接把他的面容打烂。因为孙海波看到田原受了重伤，情急之下没有任何犹豫，直接结果了他的性命并将其毁容，丢弃在现场，又将他的尸体点燃，试图将其付之一炬。火苗中，田原的文身若隐若现，那条龙逐渐失去了原有的威猛，随着田原胳膊的燃烧，慢慢变形了。

孙海波这么干的时候，田宇并没有看到；孙海波这么干的时候，他已经认为这个世界上不会再有人发现那个文身。田原也好，文身也罢，一切都会在这个夜晚结束。在这枪声大作、血色飞溅的时刻，守在仓库的保卫科长姜道生在子弹横飞的走廊里趁乱冲到了二楼，跑进没人值班的调度室打电话报案，并迅速关灯。漆黑当中，另外两名经警陈学礼和张国明手持冲锋枪死守着仓库。

此时田宇、闫文宇已经攻到小仓库门口，开始用力砸门。外面砸一下门，手持五六式冲锋枪的张国明就向门外打一枪。张国明当过兵，射击有序，手中又拿了一支冲锋枪，使门外的田宇、闫文宇有所顾忌。陈学礼朝门外喊话："谁进来我就打死谁！"外面的歹徒见状大喊："我炸死你！"这时，门板被踹掉一块，又被踹开一条缝。

外面的歹徒往里塞炸药包，这是煤矿用的炸药包，威力很大，一旦爆炸，仓库里面的两名经警都不可能活命。经警张国明见状，立即打出一梭子子弹。歹徒听到枪声，急忙向旁边躲避。紧接着，两名经警合力将门顶住，顶门时刚好把炸药的导火索夹断了，这样一来歹徒就无法通过点火引爆炸药了。

就在警匪激烈枪战期间，还有不明情况的人陆续走向值班室，结果都遭遇不幸。经警张治国这天夜里没班，吃过晚饭后，他领着十一岁的儿子到矿上洗澡。由于池塘换新水，儿子怕池水烫，没有洗成。张治国带着儿子到办公室去看电视，恰好一场激战后楼里出现短暂间歇。毫无觉察的父子俩刚刚进入大楼，就被歹徒开枪击中，父子当场死亡。

经警田利华当晚在其他地方值班，19时多，觉得口渴，到值班室找水喝，结果也被一发子弹击中头部，当场死亡。歹徒显然是冲着五个帆布袋里面的钱来的，由于陈学礼、张国明的顽强抵抗，炸药包的导火索又被破坏，加之惧怕跑上二楼的姜道生报警，所以，孙海波不敢恋战，在值班室里放了一把火后便匆匆地逃离了现场。时间不长，楼里又传出一声巨响，原来是越烧越猛的火焰把他们丢弃在走廊里的炸药引爆了。楼道里浓烟滚滚，火舌从窗户里喷吐出来。孙海波在值班室放火，原本是想火葬田原，后来发生的爆炸又加重了火情。田原胳膊上的那条龙，越来越不清晰了。

最先接到报案的是距离南山矿最近的六号派出所。所长郝兴庭和民警段经义在接到报案后，只用几分钟时间，就驾车来到了事发地，他们摸索着进入燃烧的楼道里，先是发现一具尸体，后来又听见楼西头响了几声枪声，这几枪是保卫科长姜道生从楼上朝下打的。郝所长高声喊道："里面有人吗？"片刻间，楼梯处的人应声问道："谁？""派出所的！"姜道生听出了声音："老郝吧？我姜道生！"很快保卫科长姜道生便持枪从二楼走了下来。双方谈了几句，姜道生便冲着小仓库方向喊："国明？学礼？你们在吗？"被浓烟呛得咳嗽不止的张国明和陈学礼答应了一声。"出来吧？"姜道生说。张国明和陈学礼手里端着枪，咳嗽着走出小仓库。当郝兴庭和姜道生听到工资款还在时，二人都松了一口气。

就这样，鹤岗市南山矿发生了全国前所未闻的大案：保卫科、经警队损失惨重，现场共清理出十一具尸体，另有一名经警受伤，所有死者除孩子外都被击中两枪以上。尸体被迅速编号。值班室里由于大火焚烧，现场更是惨不忍睹。"1·28"大案的发生，标志着我国严重暴力犯罪的升级，其暴力化、职业化程度都堪称空前，这起案件迫使公安部门必须改变传统的侦破思路。

当晚，鹤岗市大街小巷、各交通要道上，全副武装的公安民警上岗到位，展开彻夜巡逻、堵截和清查。公安部来电：请黑龙江公安机关务必加强指挥领导和破案力量，尽快破案。特别是不要让涉案枪支流入省外。黑龙江省委领导同志对省公安厅作出批示：请组织强力，尽快抓到罪犯。

经过现场勘查，歹徒使用的各种枪械情况逐一被警方查清，从他们开着吉普车进入院子直到离开，完整的作案画面和全部流程重新呈现出来。但是，田原被自己同伙打死这一幕，第一阶段的侦查工作没有推演出来，歹徒的身份也一直无法确定。

清理出的十一具尸体，有十具陆续对上号，十一号尸体烧毁最为严重，面部严重变形，办案人员最初怀疑是保卫干部沈某，他当晚也是值班人员之一，当晚18时40分左右曾请假回家吃药。但这一设想很快就被排除了，沈某当时并未在场。经过对十一号尸体进行解剖，办案人员发现，其头部有弹道重合的痕迹，并据此形成这样的意见：经警张永华一枪击中了这名罪犯的右颊，但并未使其毙命，由于同伙弄不走他，或者根本不想弄走他，就朝他脸上补枪灭口。一枪补在右颊，一枪补在左眼。这样，又有了新的疑点：按说，再补一枪足以毙命，为什么还要打第三枪呢？尤其是打在眼球上不合情理，除非那个罪犯左眼部有明显特征。据此，2月5日下午，办案人员最终将十一号无名尸体确定为重大犯罪嫌疑人。

虽然还有一些疑惑，但案件侦破工作毕竟有了重大进展。只不过，这个时候还没有人知道十一号尸体的名字叫田原。过了半个月的时间，其他歹徒身份还是没能确定下来。上世纪九十年代中期的东北，猎枪是可以合法购买使用的。仅仅鹤岗一地，合法猎枪就有近千支，周边几个县市的合法猎枪总数不下上万支，所以从枪械追查歹徒几乎不可能。何况作案的几支枪械，都是改造枪支，原材料是随处可以买到的，无法追查。刑侦专家经过对歹徒作案手法的分析，认为这些歹徒相当专业，动作娴熟，枪法准，分工明确，心理素质非常好，肯定不是初犯，而是惯犯。

2月13日16时40分，黑龙江省公安厅领导和崔道植抵达鹤岗。

又是经过一番艰苦的摸、排、查，办案人员意见渐渐统一：破案的重中之重和突破口应该是十一号尸体。2月14日上午，公安厅领导在破案指挥部成员陪同下，勘查了南山矿案发现场。回到指挥部，又观看了现场录像。10时10分，指挥部召开会议，指挥部成员向公安厅领导汇报了案情

和破案进展情况，公安厅领导在讲话中强调，这个案件标志着严重暴力犯罪的升级。他说，此案不破，不仅不足以平民愤，而且必然助长犯罪分子的嚣张气焰，很快会出现又一轮的犯罪。并且他明确提出，现场勘查工作

破案指挥部成员召开会议，研究案件（左三为崔道植）

要细之又细，尸检工作要细之又细，要给十一号尸体"洗澡穿衣"，要根据脸部骨骼画像，给人以直观印象，以找到能辨认出他的人。最后，公安厅领导又反复强调两遍，现场勘查工作要细之又细，尸检工作要细之又细！

细之又细，坐在旁边的崔道植反复思考着这四个字。就在这个时候，崔道植脑海中突然闪烁出"文身"两个字。通过惨不忍睹的现场，崔道植看到了犯罪分子的疯狂，也看到了疯狂背后隐藏着的罪恶之心，警方的对手应该是一群立志做大事的人，当然他们的所谓大事是不折不扣的恶事。瞬间的闪念中，崔道植觉得应该在不明尸体上试图发现文身。崔道植这时并没有多言，他准备在对尸体进行仔细复检后再说。

恰恰就是崔道植的这一闪念，决定了案件的整体走向。

案发现场已经被勘查了许多遍，尸体也被勘验了许多遍，崔道植来到现场后，在经警队办公室暖气片后边发现了一把五四式手枪，并证明是犯罪分子留下的。随后，崔道植来到尸检现场，观摩尸体勘验。十一号尸体的勘验工作充满了挑战，黑龙江省公安厅法医车德仁与痕迹专家崔道植目不转睛地观察着每一个细节。针对十一号尸体口腔右侧有颗树脂假牙，破案指挥部成立专门工作组在全市进行排查，很快确定罪犯就是本地人，但一时间还没有确定是田原。

田原尸体被搬离了现场，放在一间仓库的地面上，这间仓库作为临时

勘验地。此时的田原，已经被烧得面目全非了。此时，如果田原还有知觉，估计他最为渴望的就是希望人们知道他的名字，他死得太冤了，他被同伙老大害惨了。但是，此刻没有人知道他叫田原，没有任何人知道他是谁，也没有人知道他曾经的成龙梦想。田原的尸体烧毁得很严重，浑身到处都是黑色烟垢，皮肉焦黑模糊。崔道植与其他法医密切配合，端来一盆又一盆清水，然后在一盆一盆的清水里，又加上了火碱，每个人都会盯住某个局部一点一点擦拭和清理。由于那里是临时勘验地，并没有勘验台，田原尸体被放在地上，大家只能一会儿蹲下，一会儿站起来，六十一岁的崔道植也是不断起身又蹲下，耐心查看每一个细节，期望发现他想发现的文身。这样的状态持续了一整夜，每个人都紧绷着神经。第二天上午9时，崔道植终于在田原左臂上发现了两个条纹状的东西。

"能不能是文身？"崔道植惊呼。

大家顺着他的目光看去，尸体的左臂已经被烧得浮肿，那两个条纹状的东西似乎是火烧后留下来的痕迹，似乎又不像，已经很难看出是完整的文身了。法医接着细细擦洗，几乎是一个毛孔一个毛孔地清洗，终于得到了一个大约类似龙形的文身！

文身，就是属于这起案件的"特殊表情"。田原胳膊上的文身已经严重变形了，但文身照片很快被加急印出四百张，当天中午即被分发到各分局、矿务局公安处及看守所、收审所、治安拘留所和劳教院。全市所有公安机关都立刻行动起来，破案指挥部下达了硬性任务，要求最迟于第二天晚上查明十一号尸体的真实身份。

当天下午，有人看过文身照片后，报告说："我敢肯定这个人就是田原。"

田原家里有他露着文身拍摄的照片，警察拿来比对后发现不是完全相同，但考虑到火烧带来变形这一因素，还是基本可以确定二者同一。

案件终于取得了突破！

孙海波、闫文宇和田原的弟弟田宇很快便进入破案指挥部的视线，并先后被逮捕归案。然而，讯问进行得很不顺利，一度陷入僵局，以致指挥部内一些持怀疑态度的同志提出，该考虑把破案重点转移到其他团伙身上了。一位黑龙江省公安厅领导事后曾回忆说，在破案过程中，最困难的时候，不是14日下午由他来决定如何对付无名尸，而是16日晚间，由他来决定讯问方向。

魔高一尺，道高一丈。经破案指挥部研究决定，调整讯问方向，多做几人家属的思想工作。功夫不负有心人。警方很快便收到成效，田原的父亲田玉山、孙海波的妻子张惠如都提供了重要线索。

最终，案件在闫文宇那里打开了缺口。他供述说："案子是我和孙海波、田原、田宇干的。我们几个里孙海波领头……"

根据三人的交代，办案民警在文化路附近的一栋楼房里找到了作案枪支。办案民警清点了一下，共计有：双筒立管截短猎枪一支；五连发猎枪两支；连发小口径半自动步枪一支；钢珠手枪一支，内有子弹，外有外套，配子弹三发；双管小口径发令枪一支，枪内有子弹两发，外有外套；五四式手枪三支，弹匣内子弹十八发；瞄准镜一具；日本38式刺刀一把；警徽一枚；枪簧六根；击针两个；枪零件六件；枪油三瓶；五六式弹匣两个，内有子弹二十三发；枪背革一条；猎枪探条一套；"大象"牌猎枪底头一盒；五四式手枪子弹十七发；无烟猎枪药一筒，以及上百枚子弹和弹壳，等等。简直就像一个小军火库！

当这些武器弹药摆在孙海波面前时，他先是一愣，然后不由自主地跪下了。

第三章　博弈升级

鹤岗南山"1·28"案之后，中国犯罪形势的"博弈升级"状态显而易见，白宝山案件与张书海案件就是典型代表。这个时候，中国刑侦最为需要的就是崔道植这样的大家。白宝山案件，是中国刑侦史上具有里程牌地位的要案。在案件侦办最为关键的时间节点，当时已经退休的崔道植受公安部指令来到乌鲁木齐，他在一个不眠之夜中所发现的细小痕迹成为了全案突破的决定性因素。

白宝山的夜晚充斥着血腥。

白宝山于1996年3月至1997年8月间，持枪先后杀害军人、警察和无辜群众十五人，抢夺钱款140余万元……白宝山所犯下的案件被公安部列为1996年1号案件、1997年中国十大案件之首，被国际刑警组织列为1997年世界第三要案。案件轰动了警界、军界，惊动了国务院、中南海，影响远达海外。但是，在崔道植介入此案之前，"白宝山"这个名字还没有进入人们的视野，警方的侦查触角与白宝山之间还有着相当远的距离。

早年没有犯案的时候，白宝山夜里经常睡不着觉，便用气枪打老鼠，他一枪能把跑着的老鼠打死。渐渐地，白宝山对自己的枪法拥有了极高的自信。1958年出生的白宝山原是北京市石景山区第一电碳厂的一名装卸工。厂里民兵搞训练，白宝山参加过一次实弹射击，每人用五六式半自动步枪打靶，打三发子弹，他居然打了个优秀。自此之后，白宝山千方百计地向亲戚借到了一支气枪，他下了班就背着枪到附近的林子里去转悠，打鸟。一年之后，他的枪法练得极准，十五到二十米内，枪响鸟落，弹无虚发。

二十三岁时，白宝山结了婚。一年后，他有了一双儿女，龙凤胎。上世纪八十年代，柴米油盐、粗茶淡饭的生活，在常人眼中是平常中带着希望，而在白宝山眼中却是绝望——永远无法摆脱的绝望。

开始时，他只是小偷小摸，渐渐发展到结伙入户行窃，潜入工厂盗窃生产原料和成品……他心中的黑暗领地扩大了。1983年，北京市宣武区人民法院以抢劫罪、盗窃罪判处白宝山有期徒刑十四年。1996年3月7日，因他在新疆服刑期间表现良好，被提前一年释放。

所谓的表现良好，实质上是白宝山"卧薪尝胆"。对于白宝山出狱后的遭遇，有一种说法似乎是对他充满了理解，比如警察不给办户口、做小生意受到屈辱等，使得他走上了一条通过暴力犯罪来疯狂报复社会的不归路。而事实上，白宝山在新疆服刑期间做的事情，就是为将来的暴力犯罪做准备，他始终在准备着一场"战争"。在新疆服刑期间，白宝山作为一名被遣送到新疆石河子新安监狱服刑的"零星犯"，被分配在监狱的草场内放牧，因此他有自由时间可以和狱友、牧人交流。外表来看，白宝山积极进行着自我改造，暗地里却因为琐事神不知鬼不觉杀死了两名狱友，而且他搜集了75发步枪子弹和50发手枪子弹，并在出狱后带回北京。

儿女出生后的一个又一个夜晚，无论身处何方，白宝山的生命似乎总是痛不欲生。仿佛世界上所有的夜晚，让白宝山沉浸在一种自认为被命运捉弄的痛苦之中，他在这种痛苦之中时刻精心地准备、谋划着自己的罪恶计划。白宝山制造了一个又一个血腥之夜。也正因为如此，后来警方在与他博弈之时费尽了周折。

子弹有了，需要枪——白宝山梦寐以求的枪！

1996年3月31日晚，白宝山抢走了一家电厂哨兵的五六式半自动步枪，并将其打死。

1996年4月7日晚，白宝山袭击了某装甲兵司令部留守处，开枪打伤哨兵后，抢走一个枪套，结果里边并没有装枪。

1996年4月8日晚，白宝山作案途中遭遇防暴大队巡逻车，与巡警交火，逃跑过程中连开九枪，打伤三名巡警。

1996年4月22日凌晨，白宝山在北京某农场再次行凶，打死哨兵赵某，抢走其手枪枪套和空弹夹……

白宝山在不到一个月的时间内，连作四案，打死哨兵一人，打伤军警六人，这是建国以来前所未有的大案。中央领导批示，要尽快破案。就在警方紧锣密鼓地行动时，白宝山没有停下自己的罪恶计划。

1996年7月，白宝山来到河北徐水，在夜幕掩护下袭击了某兵营哨兵，抢得自动步枪一支。

子弹有了，枪有了，白宝山开始进一步实施自己的计划。1996年12月，白宝山在北京德胜门一个烟草批发市场开枪行凶，打倒一女两男，抢得65170元。抢得第一桶金后，白宝山的犯罪触角回到了新疆。

1997年7月6日凌晨，白宝山伙同吴子明枪杀一名路人。

1997年8月8日凌晨，白宝山伙同吴子明闯入新疆某农场宿舍，枪杀姜某及治安员时某，抢走姜某的五四式手枪。

1997年8月19日早晨，白宝山伙同吴子明在边疆宾馆入口处开枪打死七人，伤五人，抢劫现金约140万元……

一位老人，好像有一种神奇功力，即使是退休之后，依然让一个又一个疑难案件重见天日。谁能想到，悍匪白宝山因为崔道植的缘故快速进入了人们视野。后来，白宝山落网的时候曾做出如下供述——

"每次作案前，我都要把可能出现的问题想几遍，包括作案的方法，行走的路线，允许的最长时间，在作案过程中可能发生的意外，我怎样处理，等等。我想好一件事，就把它定下来，全部计划好之后，我觉得有把握了，再行动。

"我对如何防备公安的调查做过专门研究。别人可以犯错，我不能犯，一个小错，就可能断送掉自己的性命。我是个冥思苦想的人，先往最坏处想，做好应付最困难局面的准备。所以，我不怕调查……

"枪是一定要开的，而且一定要打死人，不然没有震撼力。"

疯狂的白宝山，气焰一度嚣张到极点，却没有意识到自己的终极对手竟是一位瘦弱老者。白宝山心思缜密细致，自信百密无一疏。的确，抓捕他一度成为警方的难题，北京与新疆发生的系列枪案，从公安技术角度来说很难并案。当时，多角度技术鉴定，一度被认为新疆系列案件与北京系列案件不具备并案条件，比如北京的解放军哨所枪支被抢案件中，新疆警方认定新疆发生的系列案件，并不是北京案件中被抢枪支作案。

"老崔，干啥呢？能不能来一趟？"所有参与白宝山案件侦破的人，都深深记得侦查工作最为胶着的时刻，公安部刑侦局领导给崔道植打来电话。那一年，崔道植六十三岁，他笑着回答领导："您下令，我马上就去！"

北京发生的系列案件可以并案，新疆发生的三起案件可以并案。但，接下来的关键时刻出现了一个课题——北京和新疆两地的系列案件是否可以并案？最初的鉴定结论表明，北京系列案件认定是八一式自动步枪作案，新疆系列案件认定是五六式半自动步枪作案。

两种枪支，一定是不能并案了！

这个时候，公安部急调已经退休的崔道植赶赴乌鲁木齐，以确定几起案件是否是同一支枪所为。崔道植在乌鲁木齐工作了一个夜晚，便得出结论：新疆三起案件涉案枪支的弹头、弹壳均由同一支八一式自动步枪发射，而不是五六式半自动步枪；新疆和北京"1996·12·16"案现场的弹壳出自同一支八一式自动步枪！

崔道植的乌鲁木齐之夜，终结了白宝山所有夜晚的信誓旦旦与血色迷梦。公安部依据崔道植的结论得出准确判断，歹徒很可能是在北京犯罪后被送往新疆的服刑人员——白宝山进入了警方的侦查视野。

作为中国首席弹痕专家，崔道植的独门秘诀就是辨别出各种纤如发丝的弹痕。崔道植接案之前，北京方面的专家认定北京德胜门外抢劫杀人案现场遗留的弹壳弹头是八一式 7.62mm 自动步枪射出的，而新疆方面的专家认为新疆系列案件现场的弹壳弹头是五六式 7.62mm 半自动步枪射出的。这样的疑难课题，令案件并案侦查工作进入了瓶颈。破解这个瓶颈，对于任何人来说都是一个挑战。北京——新疆，相隔3000多公里，要将两地枪案进行并案，是一个高难度的任务，任何细微的偏差，都可能导致整个案件的侦破工作谬之千里。

崔道植到了乌鲁木齐没有休息，而是专心致志地观察着每一个微痕。

崔道植反复和北京、新疆两地的同志交流，仔细询问他们判定的依

落网后的白宝山接受讯问

据，最后得出了自己的结论。崔道植向部领导汇报："北京德胜门外抢劫杀人案现场留下的弹壳是八一式7.62mm自动步枪发射的；新疆三起系列抢劫杀人案现场留下的弹头、弹壳也是八一式7.62mm自动步枪发射的，而且这两地现场留下的弹头、弹壳都是同一支八一式7.62mm自动步枪发射的。"

从认定两地系列案件的作案枪支分别是八一式自动步枪，再到是同一支八一式自动步枪——这是一个重大突破。对侦查工作来讲，这是并案的主要依据，扭转了整个侦查方向。侦查方向的转变，也决定了侦查力量的投放。崔道植的结论一出，专案组迅速转变侦破方向，并案深挖，一周之内就将夺枪三支、杀死十五人、抢劫上百万元的犯罪分子白宝山抓获，头号大案告破。

从北京、新疆两地警方分别做出结论，再到崔道植重新做出结论，这需要承担很大的责任和风险。那些细小痕迹，如果不仔细看是看不出来的，难免会被忽略掉。八一式自动步枪、五六式半自动步枪都打同样的子弹，所以从技术上来说，立足现场遗留的弹头、弹壳，的确不好区分是八一式自动步枪发射，还是五六式半自动步枪发射。但是，凭借多年深厚的枪弹识别技术，崔道植有一个区分两者的诀窍——在弹壳的某个细微处，八一式自动步枪射出来的有细小的横线，五六式半自动步枪则没有这个横线。

那个横线特别细，灯光角度必须找好才能被发现。崔道植在新疆公安厅工作了两个夜晚，最终确认了细微的横线特征。正是崔道植在黑夜里发现的这一细微横线，为全案突破指明了方向。崔道植认真比对所有痕迹，一个细节一个细节研判，最终凭借充足的论据确定北京、新疆系列案件完全可以并案。那一年，崔道植六十三岁。随后二十多年里，他始终以特殊的方式在一起起疑难案件中保持着"耳聪目明"，凭着对刑侦事业的执著信仰，他用他的"静气"与"定力"，一次次与犯罪分子隔空缠斗，一次次让那些犯罪分子败下阵来。直到八十六岁高龄，崔道植依然斗志不减，战斗力不减……

没有能够留下同样指纹的两根手指，也没有可以留下同样弹痕的两支枪。枪械在击发子弹的过程中，弹头和弹壳上会留下摩擦痕迹，这些痕迹

正是警方进行弹道分析、寻找枪源的关键线索。但枪械、子弹种类繁多，弹壳、弹头痕迹的差别又往往太过于微小，发现与辨别这些微小的痕迹，使其成为侦破案件的关键性证据，需要严谨细致的工作态度和对各种枪械、子弹的准确识别。

崔道植和妻子早年合影

2000年的一个又一个夜晚，崔道植总会在家里守着满满一箱猎枪子弹弹壳，彻夜进行琢磨。那个时候，已经退休多年的崔道植正在进行一个课题研究，即利用猎枪击发后的子弹弹壳来分析判断枪种，进而查明是国内哪家猎枪厂家生产。那个时候，崔道植和助手把全国各猎枪厂家生产的猎枪全部收集起来，每种猎枪他都会进行多次实弹射击。

不能不说，一盒一盒的子弹弹壳，多多少少让家里边充斥着火药味儿。对于这种特殊的味道，老伴儿金玉伊和三个儿子，没有任何意见，家人早已经习惯了崔道植的工作。崔道植在工作上的大大小小的成就和各种传奇故事，已经被这个家庭熟知。如果从这个时间节点倒退回到三十年前，这个家里却充斥着另外一种火药味儿。那时，崔道植和妻子金玉伊都处于高度繁忙的工作中，工作与生活的冲突，让家里生活气氛紧张起来。

时光回到1971年的冬季，黑龙江省公安厅青年骨干刑警崔道植和黑龙江省医院脑电科青年骨干金玉伊都是那么忙，夫妻二人常常会因为这种忙碌导致的诸多生活摩擦而吵起来，家里的火药味儿也就这样产生了。

金玉伊有时会怒着问："我知道你忙，在忙什么？怎么会那么忙？"

崔道植知道妻子也是繁忙的，妻子单位的繁忙不用说，家里洗洗涮涮和照顾孩子的重担又都落在妻子身上。所以，崔道植是永远不会抱怨妻子什么的。妻子质疑他的时候，他大多会选择沉默，或者笑意相迎，但是，每当心中有疑难案件、工作上有解不开的迷局时，他也会不耐心地和妻子发火。

二人的长子崔成滨，即大滨，自1964年出生开始，便一直在五常的姥爷姥姥家生活。大滨记忆里，姥爷姥姥家总是特别热闹，尤其是过年过节的时候，那个朝鲜族大家庭更是分外热闹。平日里妈妈来看他的时候，给大滨留下的总是匆匆而过的印象，爸爸即使是这样的"匆匆而过"也是不多见的，除非是过节，他也只有在一些节日里才会看到爸爸。妈妈在兄弟姐妹中排行第一，所以爸爸在春节之类的节日来到姥爷姥姥家时，他便会被奉为上宾。那时，大滨眼睛会盯在爸爸身上。大滨记忆里，爸爸总是身着整洁的中山装，在姥爷身旁摆出一副正襟危坐的样子。无论姥爷姥姥家怎样热闹，大滨是想念爸爸和妈妈的，他不希望只是在逢年过节的时候见到他们，他心中始终希望能够天天和爸爸妈妈在一起，但一切不会如他所愿。节日的擦肩而过，大滨多么希望爸爸妈妈能够把他带走，却从来没有。

每个人的成长过程中，大多懵懵懂懂，鲜有清晰的记忆，但只要是深深牢记在脑海里的，便一定是有着某种特殊意义的宝贵记忆。比如，大滨记忆里与爸爸妈妈相聚与分别的那种感受，宝贵之处就在于他对一家人永不分离的渴望。正是由于这样的渴望，大滨在1971年的深冬里才会踏上一条特殊的征程，他要去黑龙江省公安厅，他要回家，他要去找爸爸妈妈。

1971年，大滨七岁了，他一路坐火车又坐公交，记不清自己是怎样向大人问路，也记不清自己是怎样买票，一路从五常来到哈尔滨，又来到黑龙江省公

大滨记忆里，姥爷姥姥家总是特别热闹，尤其是过年过节的时候，那个朝鲜族大家庭更是分外热闹

崔道植的妻子和三个儿子早年的合影

安厅家属院。公安厅家属大院原本就是大滨出生的地方，那个大院对他来说似乎有着与生俱来的熟悉，大滨就像回游的鱼儿懵懵懂懂却能轻易地找到自己出生的地方。

　　1971年的深冬，当大滨出现在省公安厅家属楼走廊里的时候，首先映入眼帘的是哭泣的妈妈与怒气冲冲的爸爸，他们在争吵，而且争吵得很厉害，虽然那时年龄还小，但他依然为那个场景感到害怕，不知所措。他希望爸爸妈妈快点儿回到屋里，把门关上。他希望爸爸妈妈不要再争吵谁对谁错，快点儿和好。

　　大滨记忆里，那年冬天的一个早晨，妈妈挤公交车的时候，背上背着最小的三滨，手里拉着刚刚三岁的二滨，没能挤上公交车。哈尔滨的深冬，对老百姓来说原本就是一场战斗，何况是生活条件艰苦的七十年代初期。四人被寒气包围着，三滨被裹得严严实实，二滨也被妈妈"武装"得很好，妈妈也身着厚重的冬装。这个时候，妈妈的神经是最为紧张的，她担心三滨会被冻着，担心二滨的小手在拥挤的人群中会一不小心脱离了自己，她更加担心的是挤不上公交车。人山人海的公交车站，没有人会对他们娘儿四个多照顾那么一点点，这是那个时代的特点。又一辆公交车开走的时候，他们还是被落下了。

妈妈在那个寒冷的早晨流下了热泪，也在那天的傍晚开始指责爸爸。当他们正准备升级争吵的时候，他们注意到了大滨，不约而同地朝他跑来。

大滨记不清是爸爸还是妈妈将他抱起，反正他的突然而至平息了爸爸妈妈的怒气。那天，爸爸在厨房里忙碌着给他们做了很多好吃的，妈妈笑了，大滨也一直笑着，二弟不断和他闹着，三弟在床上咿咿呀呀……

三十年后回忆起那个满是火药味儿的傍晚，崔道植老泪纵横，但对于已经患有阿尔茨海默症的妻子金玉伊来说，早已彻底忘了那一切。三十年前那段最为繁忙的岁月里，大滨在姥爷姥姥家生活，二滨也被寄养在崔道植同事的家里，只有最小的三滨一直与他们夫妻一起生活。

上世纪七十年代，崔道植在忙什么？崔道植有机会的时候，开始慢慢和妻子解释。

崔道植说："你忙什么我知道，我忙什么你也许不大懂。我可以把我忙的事情告诉你，但你害怕不害怕？"

金玉伊说："不害怕！"

崔道植说："那我有机会，给你讲一些案例听听，你就知道我的工作有多么重要，又需要多么严谨，也是因为如此才会很费时间……"

上世纪七十年代初，哈尔滨市太平区一幼女麻某被犯罪分子强奸后杀害。犯罪分子非常变态，在麻某脸上留下了许多咬痕。崔道植向妻子提起这起案件的时候异常气愤，妻子金玉伊说："这犯罪分子禽兽不如啊，禽兽不如！"崔道植告诉她："这个案件，很难侦破，缺乏关键证据不说，嫌疑对象还非常狡猾，很难对付。你说，我是不是得细细研究，给遇害孩子的家庭一个交代？"金玉伊对崔道植说："你一定要细细研究，一定要把那个禽兽不如的家伙绳之以法。"

哈尔滨市公安局技术人员在死者麻某的脸上提取了牙齿咬痕。崔道植

崔道植讲解牙痕检验知识

运用牙弓、牙齿形态、牙齿排列间距及其相互关系的特殊性，以深入浅出的证据认定：死者脸部上的牙齿痕迹系嫌疑人赵某的上下颌牙齿咬合形成的。崔道植为直接认定犯罪嫌疑人提供了可靠依据，这也是黑龙江省首次、全国罕见的根据牙齿咬痕直接认定犯罪嫌疑人的案例。

运用牙弓、牙齿形态、牙齿排列间距进行认定，绝对不是一蹴而就的工作，崔道植为此花费了七天七夜的时间，最后拿出的证据极其令人信服，即使是非专业人员也能看得懂。崔道植把这次工作过程向妻子详细叙述了一遍，妻子终于明白了丈夫工作的意义所在以及需要付出的细致和耐心。

1973年冬天，哈尔滨市道外区民警信某一家四口在家中被杀。法医检验信某与其母亲头皮及头骨上的创伤后，认定一家人是被一种方形钝器打击致死，由方形判断出凶器是斧子，方形来自于斧子的背面。3月20日，一线刑警送检李某家的一把铁柄羊角锤，要求法医检验这把锤子是否为打击死者头部的凶器。此前，法医已经认定斧子是作案凶器，羊角锤和这个认定还是有很大差距的。

警察一家四口人遇害，这起血淋淋的案件令人发指。崔道植和妻子讲起这个案例的时候，妻子说："别讲了，我听不下去了，太残忍了。"崔道植说："这样的案件，我一定要努力侦破，否则就是在纵容残忍的犯罪分子，是不是？"妻子点点头："我越来越明白你的工作了，人命关天都是大事儿啊。你安心研究吧，家里的一切我来承担。"

案件所有材料摆到崔道植面前后，崔道植反复检测死者头皮和头骨上的创伤的形态、创角、创距等，再找到与头皮、头骨非常近似的物体，用送检的锤子仿照创伤的形态进行多次的模拟实验。最后，终于发现信某及其母亲尸体头皮、头骨上的1、2、3号创伤与送检羊角锤相应部位所体现出的特征相同，认定了信某及其母亲头部的伤口就是由李某家搜出来的羊角铁锤打击形成的，从而为案件侦破提供了有力证据。这是黑龙江省首次根据头皮、头骨伤痕与作案工具进行同一认定的范例。

一起起经典案例，一次次向妻子耐心讲解，妻子最终理解了他的工作，理解了他。崔道植心无旁骛地投入到工作中，有了家庭的全力支持，他在刑事技术领域创造了更多奇迹。

2000年的时候，崔道植的大儿子崔成滨已经结婚生子，二儿子崔红滨已经在齐齐哈尔市公安局担任一名刑警，三儿子崔英滨已经被他强令要求从部队转业，分配至哈尔滨市公安局痕迹检验大队工作，妻子金玉伊已经退休。此时，原本应该享受退休生活的好日子、安稳日子，崔道植却依然沉浸在工作里。

2000年的时候，崔道植家里到处都是纸箱子，里边满是子弹弹壳。

大滨、二滨看到父亲每天都折腾得汗流浃背，想笑又笑不出来。最高兴的是三滨，已经从事痕迹检验工作的他，喜欢和父亲一起折腾，一起研究，一起学习。

二滨几次和父亲半认真半开玩笑地说："爸，您把经历的所有案件，尤其是那些保密案件，都给三滨讲讲呗……"

崔道植对此总是默不作声，而是默默带着三滨，还有三滨单位里的业务骨干李新明一起专心研究。崔道植把收集的子弹弹壳装在一个又一个大纸箱子里。李新明把所有的子弹弹壳上的痕迹进行拍照，拍照完毕之后再研究这些痕迹的形成机理。最后，所有子弹弹壳都被送到崔道植家，由崔道植逐一比对、把关，用以分析判断这些痕迹形成机理是否准确。崔道植会把所有子弹弹壳及其痕迹重新看一遍，把相关的痕迹物证重新进行拍照，因为他担心李新明拍得不够准确，也不够好。

在判断子弹弹壳痕迹形成机理的时候，崔道植专门亲手绘制了动画，也就是动漫。这个动漫详细演示了一颗猎枪子弹从上膛、发射，以及发射后的运行轨迹这一过程，同时体现出枪支部件和子弹在哪个位置形成了怎样的痕迹，每一个痕迹点上又能衍生出怎样的痕迹。崔道植绘制动漫，不可能像学动漫的专业人员采用先进的软件技术，他做这些工作需要付出比专业人员更多的时间与精力，因为所有图画都是由他亲手绘制，这是动漫制作最传统、最原始的方法。

李新明对三滨说："崔老无论做什么事情，都非常严谨。这一点，我们要向他学习，也要坚持一辈子。"

这一年，为了有效利用猎枪射击出的子弹弹壳来分析判断猎枪种类，李新明配合崔道植把全国各猎枪厂家所生产的猎枪全部收集过来，每把猎枪都要进行一次实弹射击。所以，那一个又一个纸箱，装满了全国所有型号猎枪击发出的子弹弹壳。一次次实弹射击后，他们收集的子弹弹壳越来越多了，由于所有的痕迹都拍照形成了照片，照片数量也是庞大的。拍照之后又要研究每一个猎枪子弹弹壳痕迹的形成机理，研究文件堆得如山一样高。那些纸箱子，那些子弹弹壳，那些照片，那些文件，都堆积在崔道植狭小的家里。为了确保研究结果绝对准确，崔道植要一次次复检。所有的工作在崔道植指挥下井井有条，分门别类有理有据，虽然材料多，但一切工作崔道植做得很细致。

经过了那些夜晚，崔道植掌握了利用猎枪击发出的子弹弹壳来分析判断枪支种类的技术。

2000年12月，河南省郑州市发生张书海犯罪团伙持枪抢劫银行的案件。四名蒙面歹徒冲入郑州市某银行，用炸药炸开营业柜台的防弹玻璃后，抢走200多万元现金。歹徒在行凶过程中使用的枪支是猎枪。猎枪子弹的弹道理论研究正是崔道植刚刚突破的研究课题。公安部刑侦局急调崔道植赶赴郑州，鉴定涉案枪支的型号与产地。崔道植与张书海的较量由此开始了。

张书海在1996年到2000年间，先后制造了抢劫个体户主、郑州电信局、建设银行郑州分行、广东发展银行郑州分行等数起惊天大案，杀害一人，共获现金252万元。作案期间，张书海手持猎枪，甚至使用了爆破手段，极其猖狂。几起大案，由一个家族式高智能犯罪团伙实施，首犯张书海是一个心理素质及心理调节能力极强的人。有心理学专家说，像他这样心理素质极强的人，五百万人当中才能找出一个。

张书海案件体现了当时罪犯具有高智商、高智能的特点。张书海一伙老谋深算，行踪诡秘。这个团伙中的四个重要成员，有三人是大学毕业，其中一人毕业于河南公安高等专科学校，两人毕业于郑州信息工程学院，三人心理素质比较稳定，有一定知识面，具备一定反侦查能力。他们对郑州警方的破案手段和流程并不陌生。为了能隐得深，藏得久，不被揪住狐狸尾巴，他们藏而不露，伏而不出，甚至连消费也格外小心，生怕人们议论自己一夜成了"暴发户"。一次，张书海回老家叶县农村，故意穿了件破衣服，给村人留下了一个"穷打工仔"的形象。崔道植与这样的对手较量，面临着极大的挑战。

对于张书海案件，国内多位著名的刑法学、刑侦学、心理学等领域的专家、权威人士分析归纳出该团伙的十大特征：该犯罪团伙是一个典型的家族式、家庭式作案团伙；该犯罪团伙是一个紧密团结在一起的犯罪组织；该犯罪团伙是一个战斗型、高效型的作案团体，每起案件作案过程往往不超过二十分钟，最短的仅仅五分钟；该犯罪团伙是一个有预谋、规律性极强的作案组织，他们往往选择在春、秋、冬三季作案，且成功率达百分之百；该犯罪团伙是一个带有封建迷信色彩的组织，他们每次作案之前都要烧香拜佛，乞求神明保佑；首犯张书海是一个心理素质及心理调节能力极强的人；该犯罪团伙是一个具有高学历、高智商的作案团伙，团伙成员中有三名大学生，一名中专生；该犯罪团伙是一个熟练掌握刀、枪、炸弹、爆破装置等多种工具的作案团伙；该犯罪团伙作案行为具有极大的社会破坏性、危害性；该犯罪团伙给警方带来了极大压力，警方在侦破、审查起诉、审理判决各个阶段的工作规模都是前所未有的。

河南警方组成了一支一千四百人的专案队伍，展开了地毯式、渐进式的侦查行动，后来的审判环节出动了由郑州市检察院副检察长为首的公诉阵容和由市法院副院长为审判长的审判阵容,此案汇集了来自全国各地的刑侦专家、痕迹专家、心理专家、语言专家和爆破专家。

纷繁复杂的线索中,侦破案件需要一个引爆点和突破口。张书海系全国首创使用爆破手段抢劫银行的犯罪嫌疑人。在他的带动下,他们全家都不同程度地参与了由其策划的犯罪活动,作案水平越来越"专业化"。张书海自认为作案天衣无缝,他觉得自己被警方抓获的可能性几乎等于零。但是,他低估了警方的能力。他不知道,公安机关内部还有崔道植这样的人,崔道植是他永远无法战胜的对手。他们可以隔空交手,彼此拼尽全力,但最后的胜算却不属于他张书海。

乔红军等犯罪团伙成员后来说,他们信奉一句话"马不吃夜草不肥,人不得外财不富"。当张书海把精心策划的计划说给他们后,他们觉得张书海作案经验丰富,胆子也大,张书海作为他们公认的老大,肯定不会出事,所以也就同意一起抢劫了。

张书海是叶县夏李乡侯庄村人,1955年生,1970年从叶县岳楼初中毕业,1971年应征入伍,到辽宁省某部警卫连当兵,1976年转业。转业后,张书海当过侯庄村的民兵营长、教导员。1981年,张书海当上了侯庄村的村委会主任,直到1990年。

张书海一直想过"人上人"的生活,他自认为高人一等,只因生活在农村而不能飞黄腾达。1991年,伴随着全国经济发展热潮,张书海决定"下海",他辞掉了村委会主任的职务,开始做生意,开了一家小照相馆。但不久生意赔了,张书海只好回老家又当了几年村委会主任。

1995年,张书海终因耐不住寂寞,第二次辞去了村委会主任一职,来到郑州小商品批发市场卖麻将。然而,不管是开照相馆还是卖麻将,张书海都没有赚到钱,这极大打击了他的自尊心。与此同时,张书海被检查出了糖尿病和高血压,这着实把张书海吓了一跳,因为他的母亲等家族成员就是得了这些病而痛苦度过晚年的。

怎么办?张书海一下子感到了生命的短促。此时,他没有选择通过走正道使有限的人生活得有价值,而是在一种阴暗心理驱使下走上了歧路。当时,几个村主任都为竞争一个副乡长的位置而角逐,结果花钱最多的人当上了副乡长,他同样也花钱了,但最终落选,他知道这是钱少造成的结果。当时,张书海血往上涌,一下子想到了钱。钱!钱!钱!张书海脑子里只剩下这一个字。但冷静下来一想，钱从哪里来？抢！

思路一定，张书海平静了。抢钱，需要人手，人从何来？张书海觉得自己"高人一等"，不愿和更多的人打交道，因而没几个朋友。思来想去，张书海没有想到合适的外人，于是，他把目光转向了家人。大儿子张红超，与自己的性格和为人处世挺像，好面子，好逞能，有勇无谋，应该会铤而走险的。妹妹张玉萍，向来遵从自己，且一个人带着一个孩子，有点儿苦，张书海心想抢钱让她也参与吧。侄子张小马，可用之才。张红超不是有几个好同学吗？有合适的也用一个。想到这里，张书海决定先给张红超挑明自己的想法。一天，张书海对正在上大学的儿子张红超说："人无外财不富，马无夜草不肥……"说得张红超频频点头。最后，张书海干脆挑明："咱抢银行吧。"张红超连想都没想，立即答应："好啊！"但到晚上，张红超睡不着了：莫非父亲是说着玩？但又转念一想：不会吧，这么大的人了，还会开玩笑吗？

张红超一夜无眠。第二天一早起床，他问父亲："昨天说的话不是真的吧？"张书海说："昨天说的话当然是真的，你不愿意干吗？"张红超瞬间对父亲产生了佩服之意，立即回答："干。"张书海又问他："物色一到两个人手，行吗？"张红超一下子想到了张世镜。

张红超、乔红军和张世镜三人高中毕业后同时来到郑州上大学，张红超自费上的公安专科学校，还当了校学生会副主席。一天，张世镜去找乔红军玩，乔红军带着他结识了张红超。到中午吃饭的时候，张红超掏钱请乔红军和张世镜吃了一份盒饭。这一份盒饭彻底将张世镜打"晕"了，因为他从来没有吃过这么好吃的盒饭。张世镜来郑州上学时，只带了为数不多的钱，学费一交，所剩无几，因此经常是饥一顿饱一顿。吃了这一份盒饭后，张世镜对张红超十分仰慕，认为张红超见多识广，出手阔绰，觉得自己找了个靠山，从此对张红超唯命是听。

张红超找到了张世镜，把他带到父亲面前。看到张书海由一个农民起家，把一家人都带到了郑州这座省会城市，而且还住着一套160平方米的大房子，经营着自己的店铺，张世镜觉得张书海伟大得像神仙。但张书海对张世镜仍然持有戒心，开始以做正经生意为名，小心翼翼地给张世镜做思想工作，仍然是那一套"人无外财不富"。在连续两次对张世镜"洗脑"之后，张书海话锋一转："咱们一起抢银行吧！"

张世镜为此想了一夜，对张书海的崇拜之情最终占了上风，于是他决定入伙。

张书海作案前进行了充分的准备，他认为自己是在打一场有准备之仗，相信自己未来会带着一班人马闯出一番天地，对此他深信不疑。张书海作案手段不断升级，直到最后搭建了一个平台，一个他与警界最高手较量的平台，直到遇见终极对手——崔道植。

张书海有一支"松鼠"牌单管猎枪，威力虽然不是很大，但他视其为宝贝。1996年11月27日晚，张书海、张小马携带"松鼠"牌猎枪、胶带纸、尼龙绳等作案工具闯入郑州市中原区万福花园六号楼，持枪威逼被害人李全国，并用绳子及胶带将其捆绑，然后实施抢劫，共抢走人民币1.5万余元、理光相机一部、手表两块以及黑提包和铜佛像等物品。张书海喜欢枪，尤其是火力猛烈的猎枪，手里的"松鼠"牌单管猎枪渐渐不能满足他的需求了。既然动了与枪有关的念头，他也就把自己和崔道植的距离拉近了。

1997年夏，张书海花费5000元人民币，托人几经周转从王某某处购得一支"神雕"牌五连发猎枪。"神雕"牌猎枪，是张书海一直梦寐以求的武器，他曾认真研究过国内生产的各种猎枪，他最喜欢的就是这种"神雕"牌猎枪。

当年11月19日下午，经张书海、张红超、张世镜和张小马、张玉萍多次预谋后，他们窜至郑州市淮海路24号电信局八分局附近。张小马身穿警服，手持仿真手枪把守大门，张书海持枪威逼营业厅内的工作人员，张红超、张世镜翻入柜台内，抢走人民币37万元。

1999年3月3日上午，张书海、张红超、张世镜、张玉萍等人窜至郑州市交通路39号建设银行储蓄所附近。张书海、张红超、张世镜携带事先准备的"神雕"牌五连发猎枪、"松鼠"牌单管猎枪、自制的爆破装置等作案工具进入储蓄所。张书海、张红超持枪威逼保安及营业员，张世镜持铁锤猛砸柜台的防弹玻璃，抢得银行专用提款包一个，内装人民币5.5万余元及空白支票、印鉴等。张书海带着银行专用提款包回家后，张书海妻子王雨明知是非法所得，仍帮助其销毁。

2000年12月9日下午，张书海、张红超、张世镜、乔红军、张玉萍等人再次携带"神雕"牌五连发猎枪等作案工具，来到郑州市银基商贸城附近。张书海、张世镜、张红超、乔红军蒙面进入广发银行银基支行营业厅内。张书海首先在营业厅柜台的防弹玻璃上引爆自制的爆破装置，将防弹玻璃炸开了一个洞，然后用大铁锤将玻璃砸碎。张世镜、乔红军二人随即翻入柜台内，洗劫该银行营业款，获得人民币208万余元。同时，张书海、张红超二人在营业大厅内持枪巡视进行掩护。为防止外面保卫人员进入营业大厅，张书海在大厅门前引爆了一个爆破装置，并用五连发猎枪向外射击，致使保卫人员常玉杰中弹，引起急性失血性休克而死亡。张世镜、乔红军携带赃款从银基商贸城东侧逃离，张书海、张红超持枪掩护，在逃离过程中又开枪威吓周围群众。四人逃至约定的胡同口，与在此接应的张玉萍会合，五人用大黑塑料袋将装赃款的编织袋整体套装后，张世镜、张玉萍骑自行车携带赃款与其他三人分头逃离现场。

"神雕"牌猎枪，是哪里来的呢？在张书海犯罪团伙中，王某某是一个很重要的人物。作为公职人员，他是张书海妻子王雨的亲侄子，他叫张书海姑父。王某某从小家里很穷，哥哥为了供养他上学，很早就辍学了。不负众望，王某某考上了位于武汉的中南政法学院。上大学期间，张书海夫妇给了

崔道植（右二）讲解枪弹检验知识

他很大的帮助，每学期开学，张书海都要拿出五十元钱来帮助他，四年如一日，这让王某某感激不尽。1990年大学毕业后，王某某努力工作，没几年就当上了县法院副院长，成为一名很有前途的年轻干部。有一次，张书海找到王某某，让他想办法给自己弄一支猎枪，说是要看家护院，最好能够弄到一支"神雕"牌猎枪。看着有恩于自己的姑父张书海，王某某并没有拒绝，没过多久就委托朋友张某某弄来了一支"神雕"牌猎枪，亲手交给了张书海。

张某某也是公职人员，他的这支猎枪是从朋友那儿得来的。

2001年夏天，六十七岁的崔道植到达郑州之前，办案人员对案件现场的子弹弹壳已经有了一个初步认识，那就是根据现场留下来的子弹弹壳痕迹来判断，此案是由两支猎枪作案，至于说这两支猎枪是哪儿产的，就没有定论了。

崔道植到达郑州后，研究了一整天，首先确认现场留下的几个子弹弹壳都是由一支猎枪发射出来的。另一方面，根据子弹弹壳上面的痕迹，判定这支猎枪是湖南轻武器研究所生产的"神雕"牌猎枪。这其中还有一个插曲，那就是正品"神雕"牌猎枪，应该由湖南猎枪厂生产，而湖南轻武器研究所生产的"神雕"牌猎枪系仿制品。崔道植对国内猎枪生产情况是如数家珍的，他通过鉴定很快认定作案枪支系湖南轻武器研究所生产的"神雕"牌猎枪。

崔道植在鉴定过程中得出的结论，缩小了侦查范围。这就是崔道植的神奇之处。湖南轻武器研究所生产的"神雕"牌猎枪，河南省的买主中就有张某某的朋友，这一点很快被警方查明了。警方接触张某某的朋友后得知，这支猎枪确实被张某某买走。

专案组人员找到了张某某，问其所购的"神雕"牌猎枪的去处。张某某编造了一个谎言，企图蒙混过关，然后他找到了王某某，说："警方在找这支枪，咱不能说这枪给你亲戚了。"王某某此时绝对没想到，那些恶性血案会是姑父张书海干的，答道："那当然。"

张某某的谎言还没有支撑多久，张某某、王某某很快就被警方拘捕了，张书海也很快进入了警方视线。

2001年6月13日凌晨两点，郑州公安刑侦史上注定要记下这个雪耻的时刻。这一刻，民警吴国涛激动不已，张书海的指纹竟与案发现场提取的一枚指纹一模一样，他激动得有些颤抖。会吗？不会有错吧？一向自信的警校高才生吴国涛此时连电脑和自己娴熟的专业也不敢相信了。专案组调来了指纹专家——郑州市公安局刑侦支队副支队长张国民。"是他！就是他！"张国民看着一百八十六天来苦苦寻觅的"纹路"，眼睛禁不住湿润了。据在场民警称，他盯着指纹，视线半天没有移动。

从崔道植到张国民，张书海案件见证了刑事技术人员的力量。

当天上午九点，平顶山市园丁路煤炭联销公司家属院门口，郑州刑警与张书海几乎同时发现对方。"哎呀！"张书海面如土色，扭头便跑。"追——"多名刑警直扑张书海，百米外，张书海被按倒在地。困兽犹斗的张书海不愿束手就擒，他不顾一切，拼命挣扎，蛮牛般反抗，竟把郑州市公安局副局长张战军推倒在地，张战军胳膊肘处的皮肉被张书海弄破了，鲜血顿时流了出来。死拽着张书海的郑州市公安局刑侦支队政委李奎业也差点儿倒在地上。

张书海落网了。

崔道植对猎枪种类的精确鉴定，对案件的侦破起到了决定性的作用。循着这个线索，郑州警方顺利抓获了主犯张书海，并在其住处查获"神雕"牌五连发猎枪一支以及猎枪子弹数百发。令人佩服的是，这支猎枪的生产厂家与崔道植的鉴定结论完全吻合。

第四章　时光记忆

2019年，崔道植仍在刑侦一线日夜忙碌地工作着。老骥伏枥，志在千里。他对公安部的领导说："只要国家需要，一声召唤，我将立即起身！""一声召唤，立即起身"，不论天寒地冻，还是风霜雪雨，耄耋之年的崔道植仍争分夺秒奔赴现场——白天来调令，他就白天出发；夜里有调令，他就夜间启程。

1999年9月9日，崔道植被公安部聘为首批"公安部特邀刑侦专家"，被誉为中国警界的"国宝级"专家。而这位警界"国宝"，每次出差执行任务时都是轻车简从，坐火车买最便宜的车票，下飞机搭乘公交……用他的话说是，"要给国家多省点儿钱"。如今，除了头发变白，皱纹增多，他神态依旧，精神依旧：一尘不染的着装，一副老而弥坚的身板，一双目光如炬的眼睛——这位有着近七十年党龄的老党员，始终保持着共产党员的质朴无华与清风硬骨。

每每提到"党"，崔道植就会不能自已，眼眶慢慢地湿润起来。他经常对人说："从小我的父亲就不在了，母亲的关爱我也记不清，对我而言，党就是我的母亲，对党忠诚就是我的精神支柱。只要我的眼能看、腿能动，我就要为党的刑侦事业，工作到最后一刻！"

作为共和国第一代刑事技术警察，崔道植见证了中国枪弹痕迹鉴定技术从无到有的发展历程。1955年，崔道植从志愿军部队转业，被分配到黑龙江省公安厅，他第一次所做的痕迹鉴定，是鉴定一根被剪断的电话线，当时警方已经认定电话线是被钳子剪断的。

崔道植一看，现场发现的这个电话线断头，断面非常光滑，用肉眼就能

1999年9月9日，崔道植被公安部聘为首批"公安部特邀刑侦专家"

看出来，但是，肉眼根本看不出断面上的线条，但在显微镜底下看，能看到一道道比头发丝还要细二十分之一的细小纹路。崔道植感觉这根电话线不像是钳子剪断的，应该是平常剪子剪断的。

接下来的工作，考验着崔道植的耐心，也正是这第一次勘验，让崔道植明白了自己所从事的工作最为需要的就是：耐心。根据崔道植的意见，侦查人员锁定了嫌疑人，并从其家中搜出了一把剪刀，电话线是不是被这把剪刀剪断的，需要崔道植做进一步鉴定。崔道植便用这把剪刀反复剪断铅片，他把这个铅片上形成的痕迹和电话线断头上的痕迹反复进行比对。

五天，就琢磨这么一件事。崔道植一点一点比对，比对两种痕迹线条是不是一样，粗细、间隔、高低是不是都一样。当比对出一致细节的时候，再放大倍数看……越来越清晰，最后确定是同一把剪子剪断的。

这次鉴定对这起案件的侦破有着极大的帮助作用，确定了最为关键的证据。否则，没有这个依据，警察去抓谁啊？就是抓到人了也难以定罪。崔道植在那时候明白了，自己的一切工作都是为证据服务。此后，崔道植先后到中央第一民警干校即现在的中国刑警学院、哈尔滨业余职工大学、哈尔滨医科大学学习刑事科学技术，以及与之相关的医学、数学和逻辑学等方面的知识。静得下来，认认真真地下功夫，一直贯穿着崔道植之后的刑事技术鉴定工作。相应地，案件的蛛丝马迹在他眼中越来越清晰。

早年，按照学校教的模式，写个鉴定书，然后送给发案单位，如果破了案，崔道植会为此很有成就感。于是，越干越来劲儿，虽然很累，但有成就感支撑，崔道植始终没有一点儿怨言。转眼过去就是数十载，他依然干劲十足，一路耐心走来。

1981年，黑龙江省牡丹江市发生一起命案。被害人是一位名字叫霍强的男子，致命伤为刀伤。遇害前，霍强在一个黑夜里与凶手殊死搏斗，对方下手凶狠，一把尖刀刺进霍强的腹部，刀柄因为惯性作用也进入了被害人腹中。正是因为这一特点，办案人员一度认为此案属于寻仇类案件，围绕霍强的各种关系深入调查，却没有任何收获。会不会是侵财杀人呢？然而被害人霍强身上的财物并没有被洗劫一空。总之，这个案件从一开始就给警方留下了许多疑惑。与之相对应的是，案件侦查工作在一段时间内没有取得任何突破，时年四十七岁的崔道植被请到了牡丹江。

崔道植到达现场后认真分析了每一个细节。在检验尸体创口的时候，法医发现了一个半透明的角质东西，后来经过细致观察，最终确定了这是人的指甲，应该是犯罪嫌疑人同被害人搏斗时用力过猛，导致指甲被撕断下来。这枚残留的指甲，是在被害人霍强腹内发现的，如果法医不够细致认真，这个细节很容易被忽略。因此，崔道植对这名法医充满了敬意，同时也把全部注意力集中在了这枚指甲上。当时，没有人能够知道这枚指甲能做什么样的证据。

1981年，DNA技术还未面世，指甲鉴定技术在我国刑事技术领域仍是一片空白。指甲能成为鉴定证据吗？崔道植迅速建立课题，展开研究。他收集了黑龙江省警校四个班200名学生、每隔二十天剪下的指甲，观察这些指甲从开始到一年半后的高低线条排列。

指甲游离缘就是我们十个指头的最前端，准确说，是指甲的最前端部分。显微镜下观察指甲游离缘，会发现很多根竖线，一枚指甲里面有多少根竖线呢？崔道植发现每枚指甲大约有120至130根竖线，每一根的粗细，每一根和每一根之间的间隙都不一样。崔道植还发现，这些竖线的排列组合因人而异，是不会重复的，其鉴定价值和指纹一样。

崔道植找来一个同事，把他的一根手指的指甲游离缘剪了下来，过了一段时间后，新的长出来了，崔道植又把新的剪下来，随后把新旧指甲进行比对，线条完全吻合、完全一致。崔道植发现，不同年龄阶段的人，指甲的特征和稳定性不同，案发以后越早提取犯罪嫌疑人的指甲越有利于认定犯罪嫌疑人。人类指甲的同一认定研究成果就此出炉，这一成果填补了我国刑事技术领域的一项空白。

1955年转业前的崔道植

牡丹江这起案件中，崔道植让办案人员把所有列入嫌疑名单的嫌疑人的十个指甲游离缘剪下来，又将十个指甲游离缘与现场遗留的进行比对。最后的比对结果表明，一名嫌疑人右小指的指甲游离缘样本和死者腹部伤口处遗留的指甲游离缘线条吻合。于是，崔道植出具了鉴定书，并对办案人员说："你们就抓他吧，没问题……"

犯罪嫌疑人落网后完全承认了犯罪事实。犯罪嫌疑人年龄不大，血气正盛，他拿匕首作案时，用力过猛，一下子捅进被害人霍强的腹部。匕首被拽出来的时候，他的小指甲游离缘不小心撕断了下来，于是给了崔道植撕去其罪恶面具的机会。原本这只是一起抢劫案件，因为被害人霍强反抗过于激烈，犯罪嫌疑人被激怒了，杀死对方成为了犯罪嫌疑人的第一目的，所以在杀人后犯罪嫌疑人也没有细致地翻弄其财物。

一米六七的个头儿，身材清瘦，声音温和，底气十足，崔道植的身上，仿佛有一种令人难以想象的魄力。从事警察职业第一天开始，崔道植便时刻保持着这种魄力。正是凭借这种魄力，后来陆续发生的"黑龙江鹤岗杀人抢劫案"、"白宝山案"、"张书海案"、"张君特大系列抢劫杀人案"、"周克华案"等一个个惊天大案的谜团被崔道植等刑侦专家逐一解开，一张张罪恶的面具被彻底撕去。

"他能让疑难物证重见天日，让悬案积案起死回生！"公安部刑侦局局长刘忠义与崔道植合作多年，对崔道植的高超技艺钦佩不已。闻名全国的"半枚血指印案"的破案过程见证了两人之间的一次默契合作。

2002年，黑龙江某县城，一对母子在家中遇害，现场遗留的报纸上只留下半枚带血的指印。多家权威鉴定机构不约而同地给出了"指印特征少，不具备认定条件"的结论，犯罪嫌疑人被抓了两次，每次都因证据不足而被释放，案件拖了五年也没有取得任何进展。

"当时，受害人家属情绪激动，多次到公安机关催促破案。"回忆当时的情境，时任黑龙江省公安厅刑侦总队副总队长的刘忠义仍历历在目，"考虑到指印特征少、检验难度大，我们觉得有必要请崔老过来亲自把关。"

世界上没有完全相同的两枚指纹。对不清晰、残缺的指纹，只有经验丰富的痕检专家才能从中抽丝剥茧，找出破案的端倪。崔道植鏖战了两天两夜，对上百份指印进行仔细比对，最终在一个嫌疑人的左拇指指印中，发现了七处与现场血指印相符合的特征。

但他没有着急下结论，而是重返案发地采集新的样本，然后进行二次比对。这次他发现了九个稳定的特征，具备同一认定条件，心里完全踏实了。于是，崔道植连夜用PPT做了一份清晰完整的鉴定报告，第二天送到了刘忠义的面前。

"崔老，这份鉴定报告对我们太重要了。马上提审犯罪嫌疑人！"刘忠义十分激动。在随后对犯罪嫌疑人的DNA检验中，崔道植的鉴定结果得到了印证。证据面前，犯罪嫌疑人对犯罪事实供认不讳。

凡有刑事案件必有案发现场，凡有案发现场必有痕迹。凡有大案或棘手问题难以突破时，一句"请崔道植来"，成为一线刑警的"定心丸"。凭借超群的技艺、多年的实战经验和严谨的工作作风，崔道植炼就了一双"火眼金睛"，他被公认为中国警界重大疑难刑事案件痕迹鉴定的"定海神针"，堪称警界的传奇。

哈尔滨市南岗区十字街45号，是黑龙江省公安厅刑事技术总队所在地，也是崔道植付出毕生心血的地方。

老同事回忆，上世纪九十年代，时任刑事技术处处长的崔道植极少"老老实实"地待在办公室，一有时间他就扎进实验室搞研究。办公室门上的字条——"我在3楼实验室"，给大家留下了深刻印象。"特别是遇到紧急任务时，他就带上一瓶水、一袋面包，钻进实验室，一干就是一整天。"省公安厅刑事技术总队警务技术主任张巍对崔道植充满了敬意，"崔老常跟我们讲，做咱们痕迹检验工作，一分一秒都不能耽误，受害人家属等着我们的鉴定结果呢。"

"他是中国的刑警之魂"——在许多媒体采访中，多位公安民警在谈到崔道植时竟异口同声。他们从这位一直并肩战斗的老警察身上，获取到了榜样的力量——这份力量源自崔道植恪守公平正义的警察誓言。

一次，在一个未成年人被害现场，一向沉稳的崔道植不淡定了。那个现场惨不忍睹，被害小女孩儿的双眼被犯罪分子用凶器刺瞎，许多在场的民警忍不住流下了悲愤的眼泪。一向寡言少语的崔道植突然拿起扩音器，用颤抖的声音对大伙儿说："同志们，我们的工作不仅是抓住犯罪分子，更是安慰那些受害人家属的心灵，为他们找回公道，让他们感受到社会的公平正义!"

崔道植的话,感动了在场的每一个人。

这份榜样的力量,源自他对痕迹检验工作的由衷热爱。崔道植曾这样说:"工作是我的乐趣,每破一个案子,我觉得就年轻了一次;每攻下一个难题,就年轻了一回。"因为热爱,所以快乐;因为快乐,所以无悔。从警数十载,他始终坚持科学、准确、规范、公正的原则,累计鉴定痕迹物证 7000 余件,无一差错。这些鉴定结果往往成为侦破案件的关键所在。

1957 年至 1959 年,在中央第一人民警察干部学校学习期间,崔道植获"技术革命先进者"奖状

1955 年,崔道植与公安刑事技术工作结缘。记得最初,上级组织安排他去中央第一人民警察干部学校(现中国刑事警察学院)学习,崔道植成为新中国首批痕迹检验专业的学生。1957 年至 1959 年,在中央第一人民警察干部学校学习期间,崔道植获"技术革命先进者"奖状。"一进学校,我就对这个专业特别感兴趣,抓住一切时间学习,晚上还跑到食堂、厨房,四处'借'光看书。"提起痕迹检验专业的学习经历,崔道植的眼睛立刻发光,那种幸福感是从心底里迸发出来的,"当时我就想,组织这么培养我,我一定要把它学好,在工作中报答党和国家。""我热爱自己的工作岗位,上级给我的一切工作,我都是热爱的,因为这是人民给我的……"

青年崔道植在入党申请书上写下了对党的无限感激,也写下了一名年轻党员的"初心"。

这份初心,给予他一生奋斗的力量。

2006年,全国公安刑事科学技术工作会议上,七十二岁的崔道植作为代表发言。有同事回忆,当时崔道植激动地说:"我愿为公安事业继续奋斗十年!"话音刚落,雷鸣般的掌声响彻全场。

如今,崔道植远远超过了他当初的诺言,后来的岁月见证了他生命的忠诚。

许多年来,崔道植也有"山穷水尽疑无路"的时刻。上世纪七十年代,哈尔滨铁路局保卫处一民警丢失了一把勃朗宁手枪。此后不久,一位民警被人持枪打伤,犯罪嫌疑人伤人后带枪逃逸。办案人员想确认,犯罪嫌疑人作案用的枪支是不是此前铁路局保卫处民警丢失的那把手枪。

是不是那把丢失的手枪干的?因为丢失的手枪没在警方手里,警方做不出枪弹痕迹相关样本,无法进行比对。

"这把手枪丢失之前,在哪儿打过没有?"众人疑惑的时候,崔道植提出建议。丢失手枪的民警很快回信儿说在自己家的菜窖里打过,崔道植喜出望外:"那太好了,赶紧挖那个菜窖。"

这一挖,挖出十二枚弹头来。所有弹头送到崔道植那里,崔道植在显微镜下一个一个看,比对结果显示,其中的九枚是同一把手枪打的,剩下的三枚是另一把手枪打的。九枚出自同一把手枪,三枚出自另一把手枪,崔道植把九枚弹头和三枚弹头分别和民警受伤案件现场的弹头比对,结果三枚那批与案件现场的弹头不一样,九枚那批和案件现场的一样。于是崔道植得出结论:"就是你们丢的那把手枪,这个犯罪分子拿这把手枪干的!"

这一次,崔道植的鉴定结论被公安部当时的办案专家否了,专家认为从送检的样本来看,应该不是由同一把手枪打出来的。

被否之后,崔道植心里咯噔一下子:我分析错了吗?

崔道植开始质疑自己,对待质疑,接下来他是这样做的——一口气工作了十六天。为解决这个鉴定难点,崔道植反复用勃朗宁手枪做射击实验,最后确定自己的结论没有问题。于是他斩钉截铁:"我的意见依旧是,

崔道植用一把手枪击发三千发子弹，然后一发一发照相

是丢失的那把手枪干的。"

巧的是，那个拿枪伤人的犯罪嫌疑人在崔道植第二次出具鉴定结论的第二天即被抓获，警方缴获了那把丢失的手枪，这把手枪印证了崔道植的鉴定结论是正确的。

对于崔道植来说，很多痕迹鉴定迫使自己要负起责任，自己要有信心和坚定的毅力。信心，来自于责任心，来自于在工作中积累的经验。要是有不明白的地方，就要仿照现场条件做科学实验。比如，一把手枪的膛线磨损很严重，弹壳弹头上留下的痕迹也会有所不同，为了搞清楚两者之间的关系，崔道植的办法就是反复做试验。他用一把手枪击发三千发子弹，然后一发一发照相，从第一发到第一百发，再从第一百发到第三千发，一一进行比对，然后记录下痕迹变化规律。

有人说，这么比对下来，这得需要多大的耐心？崔道植认为自己必须得这么做。事实上，这条路上没有捷径可走，只有一步一个脚印，一点一滴去积累，才能侦破案件。在崔道植研发枪弹自动识别系统之前，必须依靠纯人工操作这一手段。

"三张"犯罪集团案件，最初发生在黑龙江省小兴安岭南麓的铁力、庆安、巴彦三县境内。生于黑龙江省庆安县的张福君、张福仁、张福德兄弟三人，他们从1985年9月开始，先后作下特大案件四起、重大案件四起、一般案件三十七起；抢夺、盗取长枪三支、短枪一支；杀害群众三人、民警一人。三人活动轨迹隐秘，极其狡猾，犯罪手段极其凶狠残暴。

1986年5月7日晚9时13分，铁力县王杨火车站候车室突然传出四声枪响，同时几条火光从候车室的窗户射向夜空，接着三个人从候车室跑出。

铁力县王杨火车站附近有一家站前饭店，饭店服务员春香恰好看到三个人跑出候车室的情景。春香发现，那三个人就是刚刚在自己饭店吃饭的三名顾客，于是向警方提供了许多与犯罪嫌疑人有关的特征。

当晚，铁力县王杨火车站驻站民警张兴权被枪杀在候车室内。经过现场勘查，警方发现，张兴权尸体位于候车室内东北角两条长椅前2.4米处，头东脚西，卧于血泊中，现场遗留步枪子弹弹壳四枚，候车室门前有五四式手枪弹匣一个，内压子弹八枚，在候车室门前沙堆上有一枚五四式手枪子弹。

"三张"原本于5月6日开始预谋抢劫王杨站银行储蓄所，于是乘坐火车到铁力县桃山镇，5月7日晚在王杨车站伺机作案时，被铁路民警张兴权发现，盘查中发现他们有枪，令三人到值班室。张福君见势不妙，连开四枪，将张兴权当场打死，张福仁将张兴权的五四式手枪夺走后，三人急忙逃跑。

张兴权同志身中两弹，一枚子弹从腰部射入，后腰出，贯通伤；另一枚子弹从前额左入右出，击碎颧骨。经勘查判定，张兴权与犯罪分子面对面，在相距2.9米处被犯罪分子用步枪连击四枪，其身中两弹当场死亡。现场遗留的五四式手枪弹匣证实为张兴权同志佩带的五四式手枪上的弹匣，手枪被犯罪分子抢走，张兴权随身携带的现款200余元和其他物品完好无损。现场遗留的四枚弹壳经技术检验，被认定是由同一支六三式自动步枪发射出来的。这项鉴定工作的结论很清晰，任何一名刑事技术鉴定人员都可以准确做出鉴定。因为警察被枪杀案件的特殊性，对于这起案件的检验过程和结论，崔道植更加高度关注。

崔道植注意到，王杨火车站是绥佳铁路线上的一个小站，位于小兴安岭南麓，铁力县南部，车站前方320米处为哈伊公路。那个时候，崔道植针对枪弹检验工作已经有了充足的经验与技术储备。从上世纪八十年代的"三张"案件开始，涉枪案件打响了"发令枪"，黑龙江省内涉枪案逐渐增加，但正是由于有崔道植这样的在涉枪犯罪方面的深耕者，公安机关尽最大可能把握了案件侦破工作的主动权。

侦查工作迅速展开，铁力县公安局连夜在庆安县兴山林场召开群众大会，向群众公布案情，介绍了三名犯罪分子的体貌特征、着装和携带的物品。5月10日上午8时，公安机关接到兴山林场退休工人张相臣的报告："有两名可疑人员从林场前边的小道向东走去了，两人的着装很像你们说的犯罪分子"。民警立即出发追击，发现目标后，在相距100多米远时令其站住。这两人顿时加快了脚步，在靠近林边的一个土堆处突然卧倒，向民警射击，民警立即卧倒还击。然后二人窜入了密林。

在崔道植指导下，经对犯罪分子在兴山枪战现场遗留的子弹弹壳检验，证实这伙犯罪分子手中不仅有六三式自动步枪，还有五六式半自动步枪。此时警方通过调查全省未破的盗枪案，发现其中只有铁力县卫国乡武装部枪库被盗案中丢失了两支六三式自动步枪和一支五六式半自动步枪。从而，警方进一步认定王杨火车站案件与铁力县卫国乡武装部枪库被盗案件是同一伙犯罪分子所为。卫国乡武装部枪库被盗案发生于1985年12月，犯罪分子用铁棍将该枪库的外门撬开，从枪库内门的上亮子钻进去，盗走了两支六三式自动步枪、一支五六式半自动步枪，然后又将弹药库门鼻剪断，盗出枪支弹匣三个，子弹100余发。

1986年4月2日晚11时，一辆停放在巴彦县兴隆镇农机供应站的北京212型吉普车被盗，更夫吴万成、徐殿福失踪。4月3日晚11时30分，有三人驾驶一台无牌照北京212型吉普车，撬开庆安县境内的铁力县农场十三连油库，偷加汽油时被更夫发现，更夫询问过程中发现三人中的一人口腔缺一颗门牙。4月14日在齐齐哈尔市富拉尔基通往碾子山的公路37

公里500米处，警方发现了这辆吉普车，已被烧毁，经勘验确认是巴彦县兴隆镇农机供应站被盗走的吉普车。5月10日兴山枪响后，警方调查访问中，兴山林场供销社服务员提供，10日早8时，有一人进店买了十二个烧饼、一瓶鱼罐头，形迹十分可疑，说话时发现该人口腔中缺一颗门牙。

5月13日，破案指挥部根据掌握的几名犯罪分子的体貌特征，以及犯罪分子的活动规律决定将王杨火车站案、卫国乡武装部枪库被盗案、兴山枪战案三起特大暴力案件并案侦查。破案指挥部召开科级以上干部会议，分析二十几处可疑人员情况，认定其中十六处属于同一伙犯罪分子。警方以此为依据，对三人进行画像，并根据画像，进一步部署侦查工作，将张福君、张福仁、张福德兄弟三人列为重点嫌疑对象进行侦查。农民刘桐相从若干照片中指认张福君就是三名犯罪分子中的大个子。

5月16日，破案指挥部研究"三张"线索，认定"三张"具备三起案件的作案条件：兄弟三人都有犯罪历史，三人都有作案时间，三人对铁力县、庆安县很熟，张福仁在卫国乡一带打过工，张福德缺一颗门牙，铁力农场十三连民兵反映偷汽油的大个子就是张福君，张福君做司机多年，开车技术好。

5月18日，根据铁力县公安局前线指挥部的侦查情况，哈尔滨市公安局查到了张福德在哈尔滨的住址，当晚调动刑警、治安警、武警，在伊春市、铁力县公安局警力的配合下，将居住在这里的张福德抓获。根据犯罪分子张福德供述，警方在铁力县农场十四连至十三连公路南侧树林内，挖出两具尸体，经家属辨认确定是巴彦县兴隆镇农机供应站更夫吴万成、徐殿福。

此时，省公安厅调动全省的刑侦力量，进入到大兴安岭，全力搜捕余犯张福君、张福仁。正是因为崔道植的一个判断，迅速确定了案件的侦查方向。

1986年6月25日，尚志县珍珠乡三道河村村主任孙广发骑着新买的日产"雅马哈100型"两轮黑色摩托车，在从五常县返回家的途中失踪。7月4日15时30分，警方在五常县冲河镇北方庄公路194公里40米处的树林里发现了孙广发的尸体。

尸体距离公路18.8米，被发现时已高度腐败，尸体上的衣服被扒光，脊椎骨第五、六、七及一、二胸椎处粉碎性骨折，背部有三处伤。距尸体南边8.5米处，警方发现了用树叶盖着的死者衣服。公路边水沟东侧10米处发现摩托车离合器手柄一个，断头呈半圆形。五常县公安局根据现场和尸体情况，起初认为死者是被人掐死的，后又根据衣服的破损形状和尸体上的创口认为死者是被螺丝刀扎死的。

冲河电话线务段工人李成、梁柏林提供了重要线索，6月25日15时30分左右，二人沿公路查修电话线到达新店村时，在距尸体现场北边200米处的公路上听到三声枪响。后来，当地农民任继河、李成于7月5日观看警察勘查现场时，在尸体现场北40米的公路西侧捡到三枚步枪子弹弹壳。接下来的鉴定工作，三枚弹壳并没有与王杨火车站作案用的六三式自动步枪发射出来的几枚弹壳认定为同一。此时，崔道植在关键时刻改变了这个结论。

无法认定的时候，黑龙江省公安厅技术处王克利同志来到哈尔滨的宾县，带着三枚弹壳找到崔道植。当时，崔道植正在宾县给公安部组织的技术侦查培训班上的学生讲课。崔道植拿到三枚弹壳后，立即对其进行技术检验，并根据自己独到的鉴定方法最终认定：案件现场提取的一枚子弹弹壳，就是"三张"在铁力县王杨火车站作案用的六三式自动步枪所击发的！现场提取的被害人上衣破损的形状和尸体上的创口是子弹弹头所形成的穿透痕迹！

五常县发现的三枚子弹弹壳上的痕迹，的确有一定特殊性，一般的枪弹检验人员很难看出端倪，没有对六三式自动步枪所击发的子弹弹壳认定为同一也是情有可原。但是，到了崔道植这里，一切痕迹便被准确识别出来了，任何枪弹上的蛛丝马迹也逃不过崔道植的眼睛。

崔道植同时注意到，现场被害人被扒光衣服、尸体被掩埋的手段与"三张"杀害巴彦县两名更夫的作案手段基本相同。从而，崔道植确认此案为枪杀抢劫特大案件，犯罪分子是余犯"二张"。崔道植的检验结果，令侦查方向来了一个一百八十度的大转弯，追击余犯的方向指向了南方，相关案情通报及余犯"二张"的通缉令经公安部迅速发送至吉林、辽宁及南方各省。

值得注意的是，由于尸体腐败，椎体呈粉碎性骨折，警方难以判断出凶器的特征。但是，黑龙江省公安厅副主任法医黄文衡检验尸体时，在死者肩胛骨的创口边缘发现了微量金属铜，死者骨折创口均系枪弹射击形成，进一步断定死者孙广发系枪支打死。痕迹专家与法医专家共同发力，见证了中国刑事技术的发展与进步。

同年8月20日，张福仁在中朝边境落网，首犯张福君9月20日被广州市公安局流花分局抓获。

第五章　特殊的较量

凶悍，残酷。张显光身体里的每一个细胞都潜藏着杀机！记得当年，在闷热而潮湿的午后，我接到采访张显光的任务，心里顿时生起阴冷的寒意。循着看守所走廊里传来的脚镣声，张显光进入了我的视野。他阴沉着脸，双眼依然寒光四射。为防不测，四名警察与其寸步不离。

无论怎样凶悍，无论怎样残酷，他一次次在崔道植这里败下阵来。

那是2006年的夏天。当我与张显光面对面的时候，完全没有想到十三年后，我能够和张显光的致命对手——公安部首批特邀刑侦专家崔道植面对面，一起谈论张显光，一起谈论沈阳运钞车大劫案。一个是登峰造极的暴力罪犯，一个是终结罪恶的世界级高手，他们之间的较量同样是默默无声、隔空进行的。他们用一种特殊方式掰手腕，彼此都在努力掰过对方，张显光肌肉强健，尤其是几个人捆绑在一起，战斗力非同一般，而崔道植身材瘦弱，他却有炯炯有神的目光与用之不竭的精力。

2003年1月18日17时50分，沈阳市大东区某储蓄所前，几名工作人员正在一辆运钞车上进行现金押送交接的时候，张显光和他的弟弟张显明、张显辉及表弟李彦波引爆了运钞车旁边事先安置的遥控爆炸装置，八名储蓄所工作人员倒在血泊里，其中三人死亡、五人重伤，装有197万元巨款的钱袋子落到了张氏兄弟手中。

2006年8月的一天，我见到的那位曾在哈尔滨、沈阳的各大酒店、洗浴中心挥金如土的悍匪张显光，一副民工模样，已经完全没有了昔日的倜傥。张显光落网前，每天靠卖苦力赚一碗面条吃，赚一瓶啤酒喝，余下的钱用来供养一名叫珍子的女子。我慢言慢语地对他说，你的老母亲提起你便老泪纵横，她曾通过媒体让你自首；你最小的儿子已经被送到了你妹妹那里，她表示要抚养他成人。我的话让张显光突然泪如泉涌。

虽然崔道植的童年也是一本苦难的书，但他在苦难中找到了自己人生的支点与方向。张显光从小生活在一个贫穷的矿工家庭，他始终觉得自己生活在苦难中，从记忆开始，便痛苦而不能自拔地活着，他没能找到人生的支点与方向。

小的时候，张显光和两个弟弟经常在煤矿的出口处等着父亲收工，从煤矿里走出的工人个个都是黑黑的煤球，他们分不出哪一个是父亲，直到父亲用他那一双大手掌向他们挥舞。当时矿上没有浴池，回到家，张显光兄弟几人一同用脸盆往父亲身上泼水，直到看见父亲的皮肤全部从黑色中露出来。接下来，他们一家人便开始享用玉米饼、咸菜构成的晚餐。那是张显光生命里最幸福的一段时光。三十多年后，谈起童年的经历，张显光脸上所有的冷酷竟然瞬间消退了，并泛起了一丝悠然的光泽。但是，这种光泽存留得很短，在谈到随后人生的苦痛时，铁窗内的那张脸很快变回了阴冷。

我深深记得，张显光提到玉米粥、玉米饼等食物的时候，一脸痛苦表情，而后来崔道植对我提起童年的玉米粥、玉米饼时，却满是幸福的表情："也很香，很香啊……"

面对苦难，很多人的表现是不一样的。对于这一点，张显光与崔道植分明是截然相反的。

张显光九岁的时候，父亲因工伤失去了双手的十指，他那双经常向儿子们挥舞的大手掌永远地消失了。父亲不再上班，家里的工资收入减少了。张显光眼见着全家人快没玉米粥喝了，便拿着一个小盆出去要饭了。那个年代，生活普遍困难，谁家也不富裕，要饭也不容易。他要来的饭，只能偶尔让家人吃饱一次。邻居们当时都叫张显光小要饭的，他们用尽所有难听的语言嘲笑他。后来，父亲知道了他要饭的事情，把他暴打了一顿，鼻子都被打出了血。父亲那没有手指的双手打起人来很疼，整条手臂就像根硬邦邦的木棒。张显光哭了，不仅因为疼，更是因为父亲那已残缺的双手。

这样的家庭，最苦的就是母亲。实在没有办法了，母亲便带着张显光到矿上推轨道车赚钱。但那点儿少得可怜的收入远远不够家里的开销。为了让母亲和弟弟、妹妹吃饱，张显光经常饿着肚子不吃饭，把省下来的食物留给他们。由于吃不饱肚子，营养不良，还要干重体力活儿，张显光当时的身体状况非常差。十四岁的时候，父亲因为肝癌去世了，这种打击使张显光一病不起，脑膜炎、胸膜炎一并来到他身上。医生给他判了死刑，家里没有钱看病，也没有钱买药，母亲把他背回了破烂不堪的家，她流着泪给他灌了一碗又一碗的姜汤水，也许正是这姜汤水救了张显光的生命，张显光奇迹般地挺了过来。

怎样面对人生苦难？怎样战胜苦难？幼年时期曾经有过死而复生的经历，也有父亲早亡的经历，崔道植始终紧握着那本《明心宝鉴》：择善固执，惟日孜孜……人有善愿，天必知之……

同样是面对苦难，张显光兄弟心里除了埋怨还是埋怨。父亲去世了，张家的生活更加困难。邻居都知道张家孩子多，穷！但没有任何人帮助他们，反而叫张显光小乞丐，叫得更欢了。十九岁的时候，张显光为了给家里买二斤肉过年，偷了别人两元五角钱，事发后被劳动教养了三年。母亲没有责怪他，对他说只要今后好好做人，改掉坏毛病，她就会原谅他。母亲当时经常提着布兜，满眼泪水地到劳改队看他，他总会在内心发誓，要痛改前非。

由于表现不错，张显光被提前一年释放。此时回到家，他发现他家在邻居当中的境遇更差了，人们都像防贼似的防着他家，还污蔑张显光是从劳改队逃跑出来的逃犯。为了这个，张显光没少和邻居打架。当时他在外边一打架，妹妹就告诉母亲，张显光一生气，就会打妹妹一顿。家里家外，他都成为了一个"暴徒"。

那段时间，张显光的心情始终不好。他在外边租了间二十元一个月的破平房，娶了一个媳妇。二十元一个月的破平房，不难想象它会有多破。这样的生活状况没能使他留住自己的老婆，他们有了孩子后，老婆就离开了他。生活上的不如意，使张显光和两个弟弟积累了对这个世界的怒火，他们当时总会在一起商议怎样才能摆脱贫穷，怎样才能有钱。抢银行！那时，他们都把"抢银行"当作玩笑。

张显光的生活在二十四岁时发生了改变，这个改变是他悲剧人生的开始。类似张显光这样的暴徒，后来的人生经历大多与童年苦难有关。对于崔道植来讲，他后来的人生经历也是与童年苦难有关的。但是，张显光一类人成为了造恶之源，崔道植却成为了罪恶终结者。

二十四岁那年春天，邻居王三又在说张显光是逃犯。张显光母亲和王三理论，王三却动手打了她，并追到张家大闹一顿，继续追打她，吓得她躲到了桌子下面。母亲受到这样的伤害，张显光怎能忍受？他带着匕首来到王家，不由分说朝王三乱刺，直到其停止呼吸。

"除了亲人，这个世界对我来说全是恶人，我痛恨在这个世界上遇到的所有的人。我恨王三，我恨这个世界。从杀死王三那刻开始，我开始用尽所有办法报复这个世界……"

苦难的生活使张显光得出了这样的结论。说起这番话的时候，他脸上的肌肉痉挛般地乱颤。他向我要了一支烟，随后开始沉重地吸了起来。

"你致命的缺点就是缺少忍耐力。在生活面前，你已经忍耐了很多，如果你再多忍耐那么一点点，如果没有那两元五角钱，如果没有因为别人的伤害而妄自斗勇斗狠，如果没有后来的抢劫杀人，你应该会是一个让母亲欣慰的人。"

张显光的陈述令我的思绪运转起来，听了我的一番话，他一副若有所思的样子。这时候提起母亲，张显光突然扔掉了未吸完的半支烟，泪如泉涌。

"忍耐，不是那么容易做到的。多么艰苦的生活都可以忍耐，但受窝囊气的事情很难忍耐。不杀王三，我做不到。我后来杀人、抢银行，都是因为自己曾经杀过人，我觉得开弓没有回头箭。"

抢劫的生涯开始了，他们兄弟在无形中把自己推向了与崔道植较量的舞台。抢劫过程中，他们动枪了。枪，成为他们与崔道植连接的纽带。

从心理上说，张显光早已是一个变态的人，他的视野里浸满了迷离的血色。谁进入这个视野里，谁就步入了一个危局……张显光因杀人从鸡西老家逃跑后，首先来到了哈尔滨，接着弟弟张显明、张显辉及表弟李彦斌、李彦波也都来到了他身边。初到哈尔滨的日子，张显光兄弟在蔬菜批发市场、家具市场做力工，那时经常有几个满身文身的地痞向他们及一些业主强行索取所谓的管理费。张显光与弟弟将那些人打得半死，他们兄弟也因此在市场赢得了一定的威信，但张显光认为这种威信完全是用拳头打出来的，在他心里依然不接受任何人的笑脸。

张显光逐渐把目光盯在了那些笑脸背后的钱袋子上。为此，张显光和两个弟弟专门买了三支猎枪——一支平管、一支立管、一支单管。为了作案时携带方便，他们把枪管全部锯短了。

有了这三支枪，张显光兄弟开始"闯天下"了，他们默默注视着那三支猎枪，每支猎枪都被他们擦得油光锃亮。他们深信，这三支猎枪会终结他们与生俱来的所有苦难，这三支猎枪无疑是他们的宝贝。他们把三支猎枪藏得严严实实，他们确信没人知道这三支猎枪的真实面目，也没人知道他们兄弟三人的真实身份。但他们做梦也想不到，一位名字叫作崔道植的瘦弱老者竟会在相隔很远的空间里，发现他们的三支猎枪，又发现他们兄弟三人的蛛丝马迹。

1999 年年末，张显光兄弟盯上了一个叫马迪的卖鱼大户，这个人原本与他们兄弟非常熟悉。正是由于熟悉，张显光知道这个人每天都有数万元货款收入囊中。1999 年 12 月 18 日 17 时 30 分，张显光兄弟手持猎枪，尾随马迪至哈尔滨市道外区南极街一僻静处时，冲着马迪的脑袋一阵乱射，随后抢走了他随身携带的十万元现金。

仅仅过了几天，张显光兄弟又盯上了批发海鲜的女货主吕寒。2000 年元月的一个晚上，吕寒和三个朋友驾车来到哈尔滨道外区中马路附近的一个车库前，骑着摩托车一直尾随的张显光、张显辉戴着头套出现在他们面前。张显光用单筒猎枪对着轿车开了一枪，车内四个人都被吓住了，随后将两个总共装有二十万元现金的钱袋子交了出来。钱到手了，张显辉又朝着吕寒开了两枪，致其当场毙命。

警方从两起枪案现场提取了几枚弹壳与一些痕迹物证。当时，崔道植已经退休，但对这两起案件依然保持了关注。

在哈尔滨作案后，张显光兄弟多次来到沈阳，抢劫作案多起，同样造成了被害人死伤。他们觉得沈阳和哈尔滨都是东北有名的大城市，在这样的地方作案，收获会大些。对于这样的抢劫，张显光兄弟依然不满足，他们总觉得是小打小闹。每当有运钞车经过他们身边的时候，他们都会有一种上去抢劫的冲动。在这种冲动的驱使下，张显光兄弟终于把罪恶的想法付诸行动了。

弟弟张显明有一件军大衣，他在大衣内侧缝制了一个枪套，枪套底部能够托住枪托，猎枪立管的准星位置又缝制了一个扣环。张显明一针一线地缝着，张显光看着弟弟的样子，笑了笑说："你这个办法不错。"缝制完毕后，张显明把那支立管双筒猎枪放在枪套内，扣好扣环，随后又将大衣扣好扣子。从外表看去，谁也不知道大衣里边会藏有一支猎枪。

张显光没有想到的是，就是这件大衣，日后几经周转摆放到了崔道植的面前。崔道植一点一点观察着大衣的每一个细节，竟然掌握了他们兄弟之间的诸多秘密。

2001年1月10日上午，张显光伙同张显明、张显辉及表弟李彦斌等人再次持枪行凶，将沈阳市沈河区某储蓄所运钞车押运人员打成重伤，抢走人民币78.5万元。初次抢劫运钞车尝到了甜头，张显光开始精心准备第二次作案。

张显正是张显光在鸡西老家最小的弟弟，他同父亲一样做煤矿工人。为了确保第二次抢劫运钞车万无一失，张显光从张显正那里弄来了开矿用的炸药、雷管，并想好了抢劫银行运钞车的每一个环节……

临近年底，张显光几人正准备实施犯罪的时候，鸡西老家突然传来噩耗，弟弟张显正在矿下作业的时候，被矿顶掉下来的一块石头砸死了！据说那天在出事地点干活儿的人很多，空间也很宽敞，但那块石头却不偏不倚砸在了张显正的头上，安全帽没有起到任何作用。

"我觉得小弟弟的死，是老天提前对自己的报应，我开始产生一种不祥的预感，但由于金钱的诱惑，我无法回头了。2003年

当时，崔道植已经退休，但对这两起案件依然保持了关注

1月18日，终于成了我的末日。"

张显光兄弟的末日，与崔道植有关……

2003年1月18日17时50分，暮色降临。沈阳市大东区东顺城街上的沈阳市商业银行某储蓄所门口，一辆白色运钞面包车前，几名工作人员正在进行现金押送交接。突然，"轰"一声巨响，紧接着"砰、砰"枪声响起，浓烟中，窜出几名歹徒身影……歹徒抢完钱后，乘坐一辆红色面包车夺路而逃。

"不好，有人抢劫！"硝烟还未散尽，储蓄所门前已是一片狼藉，门窗玻璃、护栏全被炸碎，墙上的空调被炸得变了形，门外停放的几辆自行车扭成一团。197万元现金被抢，工作人员悉数倒在血泊中，现场血肉模糊，惨不忍睹。银行保卫干事宾华和刘雪森头部、胸部、臀部和大腿布满弹片，年仅二十四岁的运钞保安刘伟和一名银行工作人员被当场炸死，运钞车司机下车时，歹徒向其开枪，子弹射穿其眼部致其死亡。

崔道植被公安部紧急调至沈阳后，他反复琢磨着群众提供的现场枪声频率，结合现场收集的子弹弹壳，开始分析研究作案枪支的类别。

沈阳"1·18"抢劫运钞车案震惊全国。对于这起案件，张显光最初认为这是自己天衣无缝的杰作。抢劫运钞车案后，张显光分得了50万，其余的给了几个弟弟。几年时间里，张显光兄弟已经制造了两起抢劫银行运钞车案及一系列持枪、持械拦路抢劫公民财物案件，敛财331万元，并致五人死亡、四人重伤、六人轻伤。

崔道植到达案发现场后，实地仔细查看，一颗子弹穿透了运钞车的玻璃，从子弹打孔痕迹和被害人倒地情况判断出了射击方向。1月19日11时，警方在沈阳市某街道附近找到了犯罪嫌疑人遗弃的红色"松花江"牌面包车以及子弹、运款袋等物品，其中还包括那件军大衣。

军大衣比较脏，很明显是犯罪嫌疑人遗弃的。这件军大衣对于崔道植来说如获至宝，他特别想知道犯罪嫌疑人比他高还是比他矮，他试穿了一下，初步判断穿军大衣的人应该身高一米七三左右。穿过军大衣后，崔道植又有了新的发现："多亏试穿了，如果不穿我也发现不了里面的'秘密'。"

崔道植发现军大衣里面缝了个枪套，外人看一眼不一定能看出来那是个枪套，但崔道植能。上边是扣环，下边有一个兜，非常标准的枪套。更为重要的是，崔道植通过查看扣环位置、枪口与大衣内侧的磨损程度，判断歹徒所用枪支系双管立管猎枪。

通过查看现场留下的子弹弹壳，崔道植发现，此弹壳痕迹与一般猎枪都不一样，只有湖南枝江生产的猎枪才会形成如此痕迹。

崔道植与张显光兄弟隔空较量的时候，张显光兄弟们却沉浸在逍遥快活中，尤其是他的几个弟弟。

每次将抢来的钱分赃后，张显光的几个弟弟总是很快地将钱挥霍完毕，张显光却舍不得花，他觉得只有将一捆捆的钱搂在怀中，他才会感到温暖和舒服。但是，他的钱最后还是存不住，因为张显光的几个弟弟花完自己的那份后，总会伸手向他要，将他的也挥霍一空。"1·18"案件发生后，张显光告诫他们不要太招摇，不要整天酗酒、嫖娼，可他们却回答："抢来的钱怎能不花？花完再抢！"

张显光对他们的表现有些失望，他为此离开了他们。张显光把自己的50万元藏到了沈阳一个情妇家的水缸中，不准备再给任何人。50万元现金，正好装满一口水缸。

"一个人兜里有钱和没钱的感觉是不一样的。我不能每天都靠杀人维护尊严，更多的时候还要借助钱的力量。我的钱，是用来维护尊严的。在维护尊严的时候，我是不会舍不得花钱的！"说这番话的时候，张显光目光狡黠却又空洞。张显光用猖狂的想法体会生命的意义，这让我感觉到他就像一只黑洞里的嗜血蝙蝠，用其他生物的血滋养着自己对世界充满仇恨的躯体，然后长久地生活在不见天日的黑暗里。

作了那么多血腥的案子，张显光从未有过恐惧感。在抢劫运钞车后，疯狂挥霍的几个弟弟却令张显光恐惧异常。他有心将那些容易误事的几个弟弟全部杀死，却怎么也下不了手。在沈阳郊区的情妇家里，张显光每天望着那装满50万元现金的水缸，感到踏实、放松，此时他会忽略几个弟弟给他带来的风险和隐患。他宁愿相信一切平安无事，努力不往坏处想。

崔道植综合分析了沈阳发生的两起抢劫运钞车案件，并同时深入研究了哈尔滨两起抢劫案件现场遗留的痕迹物证，提出了一系列观点，比如犯罪嫌疑人的身高，比如犯罪嫌疑人拥有的枪支情况，再比如考虑到相关爆炸元素，确定犯罪嫌疑人有可能来自黑龙江省的鸡西、鹤岗等煤城。这些观点促使沈阳"1·18"抢劫运钞车案在案发后二十一天便取得了突破。

当年2月8日，出现异常消费、短时间内暴富现象的黑龙江鸡西人张显明首先出现在可疑名单中并被警方传讯。在讯问专家的工作下，身高一米七三的张显明最终供述了全部作案经过。随后两天时间，除张显光外的犯罪团伙成员逐一落网。

张显明身高一米七三，印证了崔道植的判断！

张显光内心短暂的平静很快便被打破了。2月10日，他在情妇家附近散步的时候接到了弟弟张显明的电话，在通话期间，他明显感到弟弟说话反常。张显光立即联想到警察侦查破案电视节目中的一些情节，他仿佛看到了弟弟背后一张张威严的警察面孔。他感到，自己身上的衣服被冷汗浸透了……

张显光走上了逃亡之路。知道自己大限将至，他为自己量身定做了一个遥控爆炸装置，24小时挂在身上。张显光红着眼睛，随时准备与抓他的警察同归于尽。张显光不再西装革履，而是像在矿区生活时一样，衣衫褴褛。张显光的这副打扮起到了很好的伪装作用，竟然帮助他逃出了沈阳警方的包围圈。

每个人的内心都有一扇通向世界的门，有时开启，有时关闭；但是，张显光内心的这扇门在人生某个时刻永远关闭了，这从根本上决定了他不可能再接受这个世界，不再接受这个世界里的人。张显光对这个世界怒目而视，内心充满了厌恶。张显光把杀人掠货看成生活所迫，把杀戮作为自己向这个社会无限索取的手段，他认为这个社会欠他太多了。因为觉得亏欠，所以无法忍耐；因为无法忍耐，所以索取。但是，生活对每个人都是公平的，社会并没有压迫张显光，正是他的狭隘将自己逼上了绝路。

劫数，已经无法逃避，走投无路的张显光终将受到法律的制裁。他的落网进入了倒计时，张显光随时准备步入死地。张显光先后逃到锦州、公主岭、长春、哈尔滨、大庆、扎兰屯，最后又来到了齐齐哈尔。逃亡过程中，遥控爆炸装置一刻也未离开过他的身体。张显光始终不敢坐火车，他经常沿着火车道走，有时扒货运火车。他从不住旅店，困了就在草垛里睡一会儿。从沈阳逃走的时候，张显光身上有5000元现金，饿的时候就用钱随便买些东西吃。到了齐齐哈尔，疲惫的张显光不再逃了，他觉得在齐齐哈尔没有一个认识他的人，自己会很安全；自己的口音与当地人很相像，不惹眼。

在齐齐哈尔，张显光在每天上下班时间依然会到各个银行门口转悠，研究当地银行运钞环节上的漏洞。毕竟，他身上炸药、雷管齐备。齐齐哈尔的运钞车装甲很厚，押运人员可以说是武装到牙齿，张显光觉得自己势单力孤，很难下手。

张显光等四人被判死刑

作为公安部 A 级逃犯，张显光在齐齐哈尔生活了两年多的时间，最终还是被发现了。2006 年 8 月 8 日 17 时 30 分，张显光被齐齐哈尔警方抓捕归案。面对身背数条人命的张显光，为了将其成功押解回沈阳，沈阳警方派出了一支由十名精锐人员组成的押解小分队赶赴齐齐哈尔市。历经三天，行程 2000 余公里，横跨三省八市，沈阳警方终于将张显光押解回沈阳。当年 12 月 1 日上午，辽宁省高级人民法院依法公开宣判：裁定、核准刑事判决。张显光被押赴刑场，执行死刑。

崔道植对张显光的落网情况始终保持着关注，直到张显光被押赴刑场的那一刻。

数十年来，一个又一个罪犯被押赴刑场，而崔道植始终是幕后默默的推手。

第六章 技术+境界，
激情澎湃的老刑侦

八旬老刑侦崔道植的敬业精神数十年如一日，很多人亲眼见证崔道植取得成绩的时候，都会不由自主地感受到心灵的震撼。"现场论案"，崔道植总是激情澎湃，中气十足，往往让人们忽略了他吞服药片的瞬间；"现场论案"，崔道植总会拿出厚重的论据，总会发现犯罪分子隐藏的蛛丝马迹，往往让人们忽略了他已是一位耄耋高龄的老人。

某开枪杀人案件，警方难以确定凶手是故意开枪，还是在与被害人争夺枪支中因为枪支走火导致被害人死亡。崔道植应邀到达现场后，首先组织开展现场复原、重建弹道工作，还原案发现场。做实验的时候，需要有人拿枪充当凶手，有人充当被害者。崔道植二话没说主动充当被害者——一名遇害女子。

在案发的小旅馆房间里，崔道植像遇害女子那样趴到地上。他完全没有听从年轻刑警的劝阻，一边趴到地上一边喃喃自语："你们来看，我身体瘦小，我挤这儿正好，我的身形和死者差不多……"

看到崔道植高度投入案件侦破工作的神情，尤其看到他白发苍苍却依然敬业的状态，现场几乎没有人不为之钦佩。大家敬佩崔道植，又心疼他、爱戴他，却无法阻挡他充当遇害女子。接下来，崔道植给大家解析被害人是怎样倒在地上的，尸体为什么是这样的姿势，子弹怎么穿过被害人的身体，又打到墙上再反弹的，等等。

凶手把情人杀了，落网后坚持说是枪支走火把那女子打死的，这样说，也许是为了逃避法律追究，减轻罪责。崔道植通过侦查实验，确定是凶手扣动扳机打死的被害人。后来，崔道植在看守所里与凶手面对面对峙，凶手非常嚣张，拒不承认开枪杀人的事实，坚持说他收枪的时候，枪突然走火了。

然而，崔道植经过现场侦查实验已经确定，他是故意开枪的，测量数据显示子弹弹道是向下的，而且被害女子的胳膊是够不到枪的！

随着崔道植年龄增大，如果不是特别重大的疑难案件，办案单位一般不会请崔道植亲自出马。2014年2月，佳木斯市发生一起五人被杀的灭门案件。因为案件对社会造成了很大的负面影响，省委、省政府领导高度重视，要求公安机关迅速破案。崔道植应邀参与案件侦破工作，从哈尔滨赶到佳木斯，经过一路颠簸后到达目的地，他不顾旅途疲惫，随即参加案情分析会。

崔道植还原案发现场

对于这起案件，省公安厅和当地警方分歧特别大。犯罪嫌疑人到底该怎么定性？先杀的谁，后杀的谁？整个案发现场的还原工作也做得不理想，以至于下一步的侦查方向，包括画犯罪嫌疑人的头像，都没有办法确定。由于侦查方向不清晰，使得警方没有办法将精力投入到具体的侦查工

崔道植工作照

作中。

  案情分析会从中午 12 点一直开到晚上 8 点。中间只吃了一口便饭，崔道植坚持不休息，又召集大家开会，会议又进行到晚上 12 点。崔道植把所有细节掌握清楚后，从他自己观察的角度出发进行判断，重新复原、描述了现场，明确指出犯罪嫌疑人先杀的谁、后杀的谁，以及怎么杀的人，然后又怎么去拿的钱。崔道植的表述，思路清晰，逻辑缜密，所有人都觉得没问题。最先的争论，谁也解释不清，崔道植把那些矛盾点一一解答清楚，所有人的疑问也就解决了，分歧也就停止了。专案组按照崔道植的结论，研究了下一步侦查方向、嫌疑人员的筛查范围等。

  当天，崔道植的做人办事风格给在场所有人，无论是领导还是刚入职的年轻民警，上了特别生动的一课。一位年近八旬的刑侦专家，用自己认真负责的工作态度和严谨的工作作风，把所有他能想到的细节用深入浅出的语言给大家叙述了一遍，得到了所有人的认同和佩服。

分歧平息了，侦查方向确定了，崔道植才放心地回到房间。后半夜，人们看到崔道植的房间还亮着灯。专案组领导派人给崔道植送水，同时也是想叮嘱他早点儿休息。给崔道植送水的刑警发现，崔道植还拿着案件材料在床上看，刑警叮嘱他要赶紧休息，崔道植却说："我再研究研究，我觉得我说的还不是特别完美，有些小瑕疵，我需要再印证一下。"

那一夜，崔道植房间内的灯光始终亮着，直到天明。

人们去养老院看望崔道植的时候，总会同时见到崔道植背后患有老年痴呆症的老伴儿金玉伊，金玉伊会像个小孩儿那样，有时会哭闹，做出要摇打、责怪崔道植的样子，但终不会下手，令人感觉她不喜欢家中的访客，可在访客真正走进房间的时候，她又会跳起欢快的朝鲜族舞蹈，以示欢迎。这，目前算是她给访客的最高待遇了。

记得我和崔道植聊天过程中，他的老伴儿金玉伊经常会过来"搅局"，比如她一次又一次拿着老花镜来到我旁边，说送给我。我多次推托，她却反复说："我有好多眼镜，哎……送你一个，拿着……"再比如，她一次又一次很不高兴地对我和崔道植说："吃饭，该吃饭了……"

有许多次，金玉伊笑着欢迎我的到来，又很生气地要将我送出门。但无论怎样，我和崔道植的谈话完全没有被她打扰到。生命暮年的苍凉之感还是令人心碎的，可崔道植始终是那样地耐心，他像哄小孩儿那样，一遍又一遍对老伴儿耳语："不要闹，不

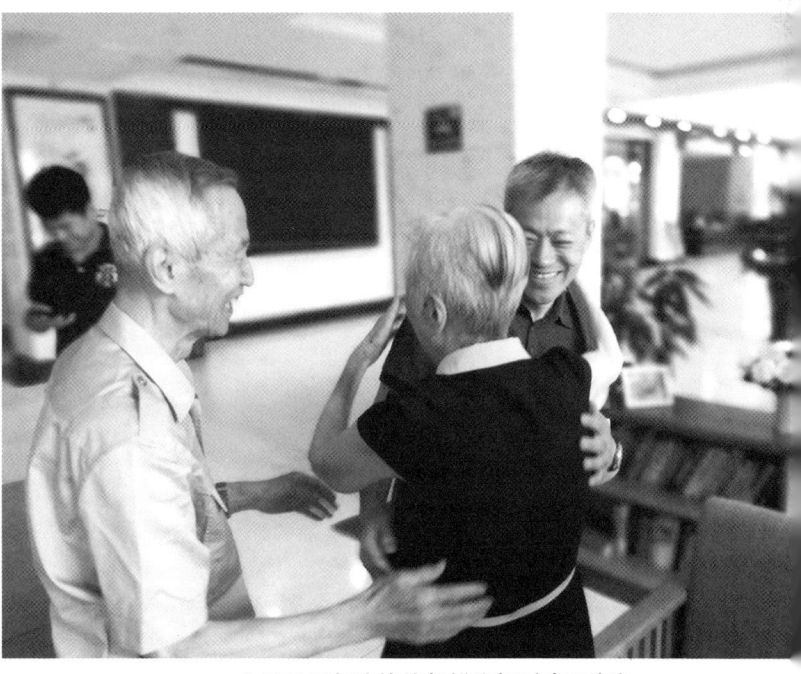

金玉伊跳起欢快的朝鲜族舞蹈欢迎访客

要闹！看电视，看电视……"

每一次，金玉伊总会为我唱一首朝鲜族歌曲，我听不懂歌词，但感觉老人唱得非常深情。于是，我问崔道植这首歌的歌词大意，崔道植告诉我那是朝鲜族歌曲《没有门牌号的客栈》，歌词大意：

> 今天还是走啊走啊，没有定处的身影；走过来的每一足迹被眼泪浸透……还给我的青春吧，我那最美好的青春！似箭般的岁月，谁能留住它！还给我的青春吧，我那最可爱最美好的青春……

崔道植的房间总是很干净，并且充满了生活气息。

锅里煮着粥，电视里播放着早间新闻，崔道植仔细打扫、擦拭着四十五平方米小屋里的每一个角落。每一天，崔道植都会亲力亲为，重复着同样的家务。如今崔道植临近九旬，做家务的频率不能不让人佩服。白发苍苍的崔道植说："亲自做家务是我多年的习惯，也是一种锻炼身体的有效方法，此类家务活儿我是从来不会请保姆做的。"

临近九旬的崔道植，看起来六十多岁的样子，他做起事来的干净利落和谈吐间的逻辑思维，给人感觉他和四十多岁的人毫无差别。采访时，崔道植为我泡茶，从他往杯子里放茶叶然后倒水的快速动作来看，他是一个标准的急脾气，完全没有那种把玩茶道的悠闲自得。我常常会提醒自己：泡茶的可是一位临近九旬的老人啊，一位享誉全国的资深刑侦专家，一位即使是柯南·道尔的神笔也难以企及的现实版"福尔摩斯"。

与崔道植有关的媒体报道，大多将其称为全国首席枪弹专家。这个评价并不全面。确切地说，崔道植应该被称为全国首席痕迹检验专家，枪弹痕检只是他痕迹研究中的一部分。崔道植的枪弹鉴定当然是权威的，但他在其他痕迹方面也是全国首屈一指的大家。崔道植在痕迹检验领域被誉为"定海神针"。

崔道植临近九旬，思维依然清晰，依然努力工作。对于常人来说，临近六十岁的时候也许就在为养老做准备了，大多数人会以老者身份定位自己了。但是，崔道植在临近六十岁的时候，工作激情正盛，干劲儿十足。

以下这个案例，是崔道植五十七岁时处置的一起疑难案件，那时他的倾情工作让所有人忘记了他的年龄，甚至他也忘记了自己的年龄……

1991年，黑龙江讷河贾文革案发生后，崔道植在茫茫黑夜里，一路颠簸六个小时，从省城哈尔滨来到讷河。轰动全国的贾文革特大强奸抢劫杀人案中，被害人多达四十一人。从现场勘查工作启动开始，崔道植便一刻也未曾离开现场。最初的时候，警方初步估算被害人数为十人左右。即使是这样的估算，人们也不大相信贾文革在自家小平房里，居然杀害了这么多人。

这一年，崔道植五十七岁。

深夜，警方打开贾文革家菜窖的时候，一个又一个被害人的腿脚暴露在灯光下，拽出一双脚也就会拽出一具尸体。死亡人数很快超过了十人。崔道植建议从周围几个市县抽调警力支援，将警力分成勘查组、挖尸组、记录组、绘图组、物证查找组等。尸体挖掘工作结束后，经警方统计，累计挖出四十一具尸体。

所有的绘图，都是崔道植亲手画的。那个年代的案件现场勘查图都是用手画的，因为那时候电脑还没普及。当时，崔道植画的所有勘查图，都是三维立体的。那时候，画立体图的人很少，大部分人画的是平面方位图。如此复杂的现场，崔道植竟然能够画出一张张三维立体图，所有人都被他的认真态度和高超的画图水平所折服。那时候，崔道植的睡眠没有固定时间点，黑夜从来没有影响他的工作效率。

现场勘查工作如火如荼地进行着。崔道植清理物证，细之又细。所有的尸体已高度腐败，就像臭豆腐一样，甚至用手一碰就会碎掉，那腐烂的气味比臭豆腐还臭、还浓。尸臭味道是常人难以忍耐的。许多到过现场的刑警到附近商店买东西时，商店里面的服务员都会问："你身上是什么臭味儿？"

尸体腐烂的气味有毒，而且对人的身体有害。下窖里抬人，法医得先往窖里扔个氧气袋，然后用绳子拴着勘查人员，竖着放下去。勘查人员把尸体系好了，人先上来，然后再拉尸体上来。勘查人员在窖里系尸体，为了呼吸顺畅，需要不停地抓过氧气袋进行吸氧，尸体上的那种毒、那种菌，在现场所有人的衣服上都会有存留。二十多天时间里，因为衣服上有特殊味道，从事现场勘查的人员都被集中在一个宾馆进行隔离，统一住宿

和用餐，由此可见勘查工作的挑战性很高。

当年所有参与勘查工作的人员都清晰地记得，最艰苦、最恶劣的环境里，崔道植是在现场停留时间最长的人，他自始至终都坚持在现场工作。二十多天时间里，任何人都没有时间、没有条件去换洗衣服，崔道植也

年轻侦查员向崔道植请教问题

是一样。大家心里都清楚，说不准哪儿摸一下、碰一下，你就可能把病菌吃到肚里了。崔道植带领勘查人员整天泡在现场，他们自己闻不到身上的异味儿，但若是别人从旁边经过，都会说他们身上的味道臭得无法形容。

有的尸体上穿着衣服，有的还有手铐、脚镣，还有犯罪嫌疑人留下的铁链、绳子等。崔道植立足痕迹学，逐一确认衣服、手铐、脚镣、绳子等特征以及捆绑方法。清理衣服和作案工具时，尸体腐烂的味道尽管令人窒息，崔道植自始至终坚持在现场。勘查工作持续了二十多天，尸体全部被抬出处理完毕后，为了获取更多的物证，崔道植戴着口罩，拿着筛子，把现场土壤能筛的都筛了一遍，甚至贾文革家的猪圈，他也用筛子把干化的粪便筛了一遍。结果，他找到了残留药物等诸多物证。

所有人都记得，崔道植在现场工作的时间和其他人比起来，要长许多。相对于崔道植立足案件本身获得的重要痕迹物证，他那亲力亲为的敬业精神更加震撼人们的心灵。

贾文革案是黑龙江省公安厅建厅以来发生的受害者人数最多的刑事案件。在崔道植的精心组织下，案件现场勘查工作还有一个称奇的地方，那就是贾文革家的邻居始终没发现警察在做什么，即使仅仅隔着一道门。崔道植选择在半夜挖地窖，对面邻居虽然能闻到刺鼻的味道，但却不知道发生了什么事情。

崔道植自始至终都在现场，这对年轻侦查员是潜移默化的引领。崔道植言语非常少，他不是喊口号的那种人，也从来没有什么豪言壮语，凡事就是一股劲儿地亲自干，率先垂范。他自己干完之后就教大家干，带着大家干，谁干得不好，他会纠正。那么多无辜的人，男的、女的，岁数大的、岁数小的，都被杀害了。所有人对死者持有一种同情感，对死者的同情和对犯罪嫌疑人咬牙切齿的恨支撑着大家努力工作。崔道植默默地干，带着大家默默地干，谁也不希望一个个家庭就这样被犯罪嫌疑人破坏了，如何用铁证将凶手绳之以法是所有人工作中思考的问题。

所有卷宗、材料都是崔道植亲自审核把关的。案卷材料的审核把关工作，不是谁都能胜任的。这项工作需要审核人员具备专门的业务知识，审核完毕后，所有绘图、照片等材料都要装订成卷。装卷是一个关键环节，卷宗怎么装？勘查照片、绘图等，需要做好取舍，要哪些？不要哪些？这考验着崔道植的业务水平和能力。

崔道植制作的鉴定书，向来都被当作教材和样本。同样的设备和同样的物证，崔道植制作出来的鉴定书与众不同，他也因此被称为教科书式的办案专家。制作案卷，崔道植宁可一两宿不睡觉，也要把它做得完美，让别人看来无可挑剔，让法官看了信服。贾文革案卷宗制作期间，崔道植在数不清的现场照片与绘图中仅仅选取了 50 多张，便把整个现场状况描述清晰了。扎实的

崔道植制作的鉴定书，向来都被当作教材和样本

现场勘查证据，成为了将贾文革送上刑场的决定性因素。

崔道植像一个发光体，温暖、照亮了所有遇见他的人。崔道植给人的感觉首先是非常干净。用旁人的话讲，这种干净是从里到外的干净，这种干净就像他那清澈的心灵，亦如他对警察职业、对党组织的忠诚。有人说他纯粹，有人说他有至高的境界。无论周围环境怎样变迁，无论别人怎么想，无论有多少丑恶的东西，似乎都奈何他不得。人们感觉崔道植自带强大的气场。因此说，崔道植像一个发光体一样，温暖、照亮了所有遇见他的人。

古语讲"虚怀若谷"、"谦虚若愚"，崔道植的低调与谦虚很特殊，与众不同，因为他从骨子里认为自己很普通。他觉得自己是一个极其普通的人，对谁都会很亲切，特别平易近人。谁要说他多么好，他就会由衷地不好意思，因为他始终觉得自己所做的事情都是应该的。

无论在黑龙江，还是在全国，无论是什么样的案件，只要有条件能认定的，只要崔道植认定了，大家就会"迷信"，这种"迷信"是崔道植在实践过程中得出来的客观结论。人们总会说："如果是崔老师认定的事，你就相信吧，不会有错的……"

崔道植用七千余起疑难案件的精准鉴定证明了自己，更凭借数十年来始终如一的人格操守问鼎了一名警察、一名共产党员的信仰高地。

作为一名从警数十年的老警察，作为一名对中国共产党有着坚定信仰的老党员，给予崔道植这么高的评价、这么多荣誉称号一点儿都不过分，而且最重要的是没有一丝关于他的杂音，但凡接触过他的人都会从心里被崔道植的人格魅力征服！数十年来，很多人在研究案件时会与崔道植争论，经常会出现不同于崔道植的意见，但最终都是以崔道植的正确结论而收场。

2000年，黑龙江省宁安县发生一起入室杀人案件，被害人系一女子，现场一张报纸上遗留了一枚由血和汗液混合而成的残缺指纹。指纹经过初步鉴定后，办案人员当即怀疑指纹是她丈夫留下来的。后来又经各级技术人员进行鉴定，均认为这枚指纹来源于她丈夫。崔道植看过后却说，不是受害人丈夫的指纹。

崔道植认定这枚指纹的背后，另有其人。

被害人丈夫的嫌疑被排除了，被害人的直系亲属却不满意了，多年来一直上访喊冤，公安机关承受了很大压力。过了五年时间，崔道植在比对指纹过程中最终锁定了真凶，防止了一起冤假错案的出现，也让所有人折服。

崔道植常常挂在嘴边的一句话，就是"要实事求是，无论做什么事，一定要实事求是"。真正做到这一点，不容易！崔道植生怕别人给他浮夸的评价，或者说对他的评价言过其实。

崔道植现在每天都在整理枪弹检验课件，想留给后人做参考。有时，年轻勘查人员需要借鉴这些课件，会借走去看，有的课件还没有制作完毕，正处于逐渐完善的阶段。每当崔道植提供出来的时候都会反复叮嘱："这还不是最终版啊，这个东西我还需要斟酌、修改。"

但凡崔道植拿出的东西，一定要做到最好，而且只要被采用，就要做

崔道植指导学生工作

崔道植向学生传授经验

到没有一丁点儿瑕疵和错误。他拿出的东西越接近真相,大家在用的时候才会越安心。崔道植始终是一个追求完美的人,达不到完美,他就会一直修改、调整。所以,人们都坚信,崔道植某一课件制作完毕后,一定是精品——那是崔道植倾注的心血!

技术+境界——很多人形容崔道植的时候,都会由衷地提出这样一个概念。

一个人,如若没有宏大的格局与视野,没有宽广的心胸,没有超凡的能力,就达不到崔道植的技术水准,更达不到他的境界。所有接触过崔道植的年轻刑警都感慨道:"向崔道植学习,技术上要学具体的东西,精神上尤其要学他的那种境界。"

从事刑事技术工作,第一需要勤奋认真,第二需要悟性。崔道植兼具这两种品质。全国公安机关从事痕迹鉴定工作的人员有七八百人,能超过崔道植的几乎没有。手、足、弓、枪……在众多领域里,崔道植是公认的大家。

　　崔道植退休后被返聘到黑龙江省公安厅刑侦总队继续工作。刑侦总队于1999年上线了一套指纹识别系统。那年，崔道植六十五岁。当时，许多年轻刑警都是学计算机的，对指纹识别一窍不通，为了掌握这一技术，最后他们都成为了崔道植的学生。

　　崔道植给大家做了课件，但他很少亲自授课，因为他特别忙，他要全国各地跑，做好课件是为了方便大家自学。崔道植还亲手做了考试试卷，考试试卷图文并茂。渐渐地，黑龙江省内各地刚刚从事指纹鉴定工作的年轻民警，听说消息后，都来向崔道植请教，大家提的问题深浅不一，但崔道植都一视同仁。无论是简单问题，还是具有一定技术难度的问题，崔道植都是逐一认真作答，直到他们听懂为止。总之一句话，崔道植把他掌握的东西毫无保留地传授给每一个向他学习的人。有时候，他怕人家学不会，还会留下电话，任何时候给他电话，他都会耐心作答。后来，黑龙江

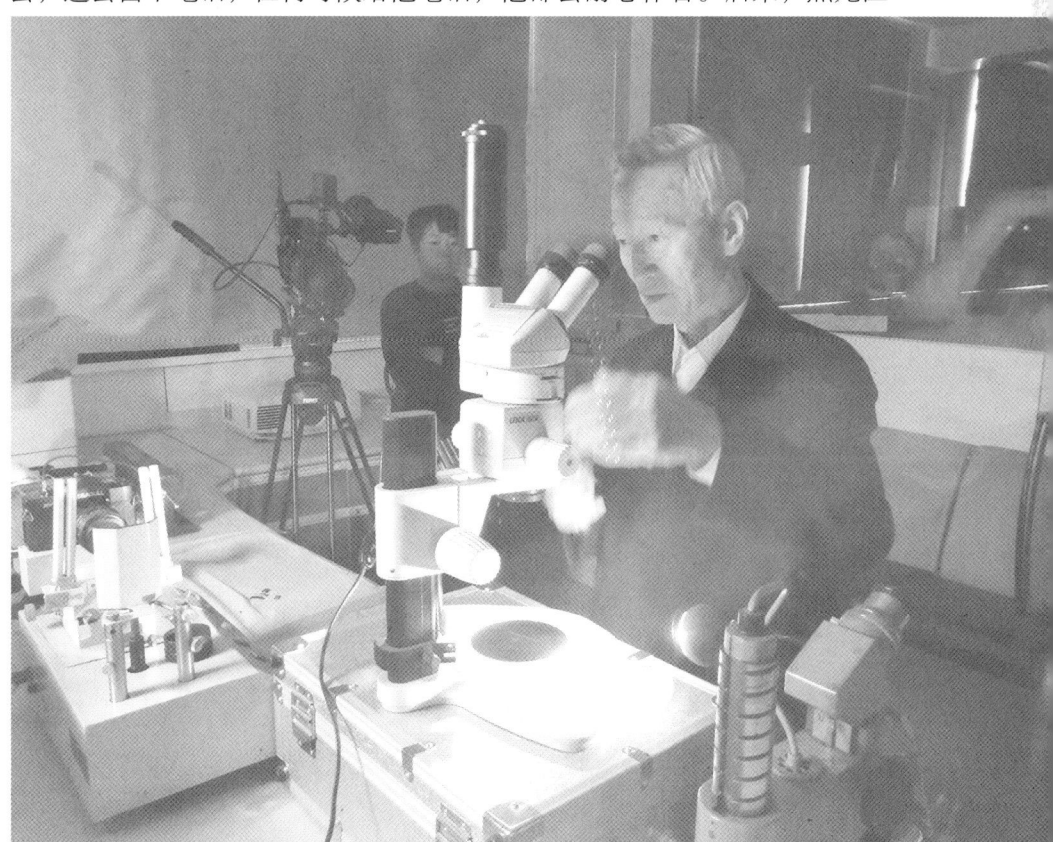

崔道植录制讲课视频

省公安厅指纹信息库建库成功，立即发挥了作用，破了很多案件。这个系统能够发挥作用，崔道植有不可磨灭的功劳。至今，他给年轻警察出的考试试卷，依然被很多人保留着。

2016年年底，黑龙江省公安厅开展全省命案、积案指纹比对专项行动。很多案件久侦不破，很多指纹是疑难指纹，很多细节特征都是经过地市、省厅痕迹专家标注的，但为什么久侦不破？于是，70多起疑难命案的现场指纹交给了崔道植。当时，人们只是希望崔道植能够在闲暇时间看一看，结果崔道植连续加班三天，全部作了鉴定，而且每一枚指纹都用图像处理软件详细地标上了小红点，具体位置在什么地方，应该怎样比对等，被他标注得一清二楚，许多积案在他标注完毕后被成功侦破了。

所有人，都被崔道植的敬业精神深深感动着。崔道植当时已经八十多岁，却常常在办公室里连续加班工作到后半夜。崔道植在这个年龄成宿加班，很多人都感觉过意不去、对不起他。大家后怕，老人家身体要是给累坏了，这个责任就太大了，损失也将无法估量。

第七章　信仰之力

2019年，国内各大媒体集中报道崔道植先进事迹的时候，他已经八十五岁了。八十五岁的老人应该是什么样子？老态龙钟、疾病缠身、药丸一瓶又一瓶……任凭你想象，八十五岁的生命黄昏形态各异，但崔道植颠覆了这所有的常规答案。老人家身体状态良好，每天早晨第一件事就是把家里擦得干干净净，坐公交、乘火车的时候看不出他有一丝迟钝犹疑，分析判断疑难案件时思维精准有力。

加班熬夜最伤害身体？崔道植依然颠覆了这个问题背后的常规答案。如今年近九旬的老人家，工作思路清晰，每天的工作量，不比一名"80后"警察少。

震惊全国的"白银案"攻坚时刻，八十二岁的崔道植从哈尔滨坐火车，一路辗转来到甘肃白银。一路上，老人沉默不语，在人群中谁也不会注意这样一位老人，谁也不曾想象这位老人会是比肩福尔摩斯的共和国刑侦专家崔道植。甚至，谁也看不出这位独自乘坐火车的老人已经八十多岁。

张君特大系列抢劫杀人案、沈阳运钞车大劫案、郑州特大持枪抢劫杀人案……在这些轰动全国的大案要案背后，都会有崔道植那清瘦的身影在案发现场一次次徘徊。正是那个清瘦的身影，有着普通刑警难以企及的力量，数千起刑事案件在他的鉴定下无一差错，他撕下了一张又一张罪恶的面具。

1988年至2002年，犯罪嫌疑人高承勇在甘肃省白银市及内蒙古包头市连续强奸杀害女性十一人，受害人中年龄最小的仅八岁，作案跨度达十四年。系列案件侦破跨度达二十八年，被称为"世纪悬案"。案件侦查期间，一枚现场遗留的指纹异常模糊，无法作为串并系列案件的依据，这个疑难点成为"世纪悬案"中的"悬案"。

随着DNA技术的发展，高承勇的一名亲属因违法犯罪被采集血样，警方比对DNA时，最终发现白银系列凶杀案嫌疑人高承勇这一线索。但是，指纹比对无法并案的案件，DNA也解决不了问题。这个时候，崔道植坐着火车，一路风尘仆仆来到甘肃白银。他将那枚模糊的指纹利用特殊技术予以恢复，很快便成为并案的依据。这位八十多岁的老人攻克了"世纪悬案"中的"悬案"，同时也为众多被害人讨回了公道。

那些原本无法鉴定出结论的检材，经过崔道植眼睛识别后，就会成为神奇铁证，而其中的秘籍就是他的信心、耐心与从警至今始终如一的初心。谁又能想到，当崔道植坐着火车一路风尘仆仆来到甘肃白银时，患有老年痴呆症的老伴儿正在家里苦苦等他；谁又能想到，崔道植一次次加班加点工作的时候，患有老年痴呆症的老伴儿被他反锁在家里。

原本以为崔道植退休后会回归家庭，但妻子与孩子判断错了。退休后的崔道植，不断接受省公安厅交给的任务，也经常受公安部的调派赴外地开展疑难案件的现场勘查工作。退休后的生活里，老伴儿一次次将他送到火车站和飞机场。但凡每一次出行，老伴儿都会送他，在送别的时刻期待着、等待着他早日回家。2011年那一次送别，却成为了一次真正意义上的送别。因为，老伴儿在那"最后一次等待"中，迷路了。此后，她再也没能出门送崔道植。

二人相识以来，金玉伊一直在等待，等待在外奔波的崔道植回家，少一些案件，少一些奔波，但她的期待始终是一种"奢望"。按理说，崔道植退休后的日子里，二人彼此可以相依相伴了，但所谓的"相伴"依然是一种"奢望"，金玉伊还是一直在等待，直到最后可怕的老年痴呆症来袭……

这个世界有着千万条路，每条路上都有着浩浩荡荡的人流。当一个人融入人流里的时候，角色定位各不相同，心态亦是各不相同。2011年，金玉伊七十八岁，那年的一个早晨，她送老伴儿崔道植到机场大巴站上车，此时人流如海，两位老人眼中流淌着不舍的泪水。崔道植接到公安部刑侦局指令，即将奔赴外省的一个疑难案件现场进行实地勘查。两位老人退休后经历了一次又一次这样的离别。公交站边、火车站前、机场大巴下，他们伫立在路边彼此叮嘱一番，然后崔道植进入了属于他的人流，老伴儿金玉伊折返回属于她的人流。

这次崔道植为什么会流出泪水呢？常年的刑侦工作，外有各种凶杀现场的考验，内有各种侦破思路的碰撞交锋，崔道植的性格里满是坚强，但面对老伴儿那不舍的泪水时，也产生了不舍的情绪。

大巴车缓缓前行，金玉伊独自走过了一条又一条街，她看到上学的孩子们匆匆跑过，她看到上班的人们风风火火地挤上公交。

这一桩姻缘中，她很少得到他的陪伴。"聚少离多"对于她来说，原本认为会有一个尽头，崔道植终将会与她永远为伴。但所有人没有想到的是，造化弄人，"聚少离多"依然在她和崔道植之间发生着。这一天，金玉伊迷路了，当一位出租车司机把电话打到崔道植那里时，他即将登上飞机，案发现场那边在等他。当时崔道植给儿子打了电话，然后独自登上飞机，心中满是对妻子的牵挂和担心，他却没有停下脚步。

这一年，金玉伊老人被确诊为老年痴呆症。

最初确诊患病的时候，家人对金玉伊的照顾是不够的，崔道植奔走于全国各大案件现场的脚步依然没有停歇，他在全国范围内奔波着；三个警察儿子每天忙得不亦乐乎，家人继续保持着对她的"忽略"，谁也没想到她的病情会越来越严重……

崔道植工作生涯里的每分每秒都那么拼，时间见证着一名优秀共产党人的清风硬骨。

每天工作的时候，崔道植一边要和因小脑萎缩导致精神障碍的老伴儿周旋，一边抓紧时间进行手头儿上的工作。由于退休后拒绝单位给他安排工作助手，所有辅助性的琐屑工作都要由崔道植自己完成，因此他的工作量远超在岗的刑事技术人员。有时，崔道植正在专心致志工作，老伴儿会突然过来，像小孩儿一样抢走他的电脑，他会耐心劝慰她并取回电脑。即使是在这样的条件下，崔道植仍然高质量地完成了公安部交给的一个个鉴定任务，又把以前成功破获的案件制作成一个个精彩的 PPT 教材，并着力研究非制式枪支建档工作。

理想信念是共产党人安身立命的根本。七十年来，崔道植衷心向党，不忘初心，这是他毕生力量的源泉。七千起疑难案件鉴定无一差错的背后，是一名老共产党员牢不可夺的精神信念。同时，崔道植"对党忠诚"的信念也深深根植在自己的家庭里，虽然家人对他曾有过诸多抱怨，但最终理解他、支持他，使他可以心无旁骛地工作。

公安部刑侦局的同志十分熟悉崔道植的工作作风：他不愿给别人添麻烦，每次来京执行公安部交给的任务，年逾八旬的他都是挤公交和地铁，从来不让专车接送……崔道植为什么独自坐着火车从哈尔滨奔赴白银？原因在于他嫌飞机票贵，他一向是能省就省，用他自己的话说就是"为国家省点儿钱"……与崔道植一起工作过的老同志都说，即使当年在工作岗位上，崔道植的工作作风也是令人称赞的，身为处长的崔道植是有公车可用的，他却常年骑着自行车上下班。

骑车也罢，走路也罢，崔道植的每一个动作都体现着一名共产党人的优良品质。作为一名年过八旬的老刑警，崔道植依然可以通宵加班；作为一名年过八旬的老刑警，他工作起来依然那么拼。

八十四岁那年，崔道植接到一个公安部指派的鉴定任务，需要他鉴定一起在深圳发生的疑难案件。这次鉴定，是崔道植从警以来最具挑战性的一次。因为就在接受任务的第一天，崔道植笔记本电脑上的背包带断裂了，背包带上的一个铁卡子弹射进他的左眼，眼皮上出现了一个L形伤口。

为抓紧完成任务，八十四岁的崔道植没有停止工作。由于右眼患有轻度白内障，左眼的伤痛给他的工作带来了极大困难，但他依然专心致志地保持工作。崔道植连续工作了三天三夜，累了就打个盹儿休息一下。三儿子崔英滨来看望他时，他已经工作了三天，满眼充血。崔英滨翻开父亲左眼皮看到那个伤口时，眼泪便止不住地流了下来，二话不说强行带着父亲来到哈尔滨眼科医院……那一次，医生处理崔道植左眼伤口时，总共缝了四针。

一份坚定执著的信仰，可以滋润人的心灵，令人收获宁静，这是最好的养心之道。崔道植的健康高寿，与数十年来始终如一的饱满的工作状态有关。怀着一份真挚的信仰，崔道植一路走来，步履始终铿锵。

童年遭遇日本侵华战乱，自幼跟随父母逃亡、忍饥挨饿，地主家锅底的一块锅巴也要和姐姐推来推去，谁也舍不得吃……直到新中国成立，不再挨饿，又有书读……崔道植深深记着共产党的好。他记得手握红缨枪担任儿童团团长的时光，记得在十七岁时加入中国人民志愿军的时光，嘹亮的军歌、军号响彻云霄。崔道植还记得军营生活里，老排长向他推荐阅读方志敏的《可爱的中国》、尼古拉·奥斯特洛夫斯基的《钢铁是怎样炼成的》。

"进入组织大门的'第一天'，我就获取了支撑一生奋斗的力量。"提起初心的起点，崔道植记忆犹新，"尤其是进入公安机关后，我先后到中央第一民警干校（现中国刑警学院）、哈尔滨业余职工大学、哈尔滨医科大学学习，党组织为我花费了很多精力与经费，我觉得自己必须回报组织，必须懂得知恩、感恩、报恩。"

如饥似渴地学习刑事科学技术，以及与之相关的医学、数学和逻辑学等方面的知识，崔道植夯实了业务基础，丰富了自己的知识储备。

1975年，公安部在郑州召开的全国刑事技术工作会议上，崔道植与来自四个省的痕迹检验专家共同承担了《人手各部位长宽度与身高、年龄、体态的关系》这一科研课题。经过四年不懈的努力，他们共搜集了一万两千五百人的指纹，崔道植运用数理统计学对国人手掌各部位长宽度进行了系统的统计分析，首次测得了国人手掌各部位的正常值与人体身高、年龄、体态的关系，为利用现场手印分析犯罪分子某些生理特点提供了新的依据。

上世纪八十年代，崔道植围绕枪弹痕迹检验先后撰写了《根据7.62mm手枪射击弹壳痕迹判断射击枪种的探讨》《64式手枪指示杆痕与59式手枪抛壳挺痕位移的研究》《枪弹底座痕迹拍照规范》《侦破涉枪案件的最有效办法——建立枪弹痕迹样本档案》《根据射击弹壳与射击物确定手枪射击位置范围》等论文，分别在公安部"枪弹痕迹档案管理教材"、"枪弹痕迹检验技术教材"和国际刑警第十届年会上发表。同时，崔道植还开创了依靠指甲同一认定、牙痕同一认定侦破疑难案件的先河。

"我退休以后啊，依然常年在外工作，和老伴儿少了交流，她整天没人说话，最后患上了老年痴呆，如果每天我能和她通个电话，她也不会患上这种病——记住，和家里老人一定要常通电话，使老人脑细胞多思考。将来老的时候啊，也要和老伴儿常聊天、交流……"

1992年6月,崔道植(左一)在法国里昂国际刑警学术交流会上与巴黎警署有关成员交流经验

采访期间,崔道植给我建议的同时,暗含着深深的自责。这种自责总结得非常精准。的确,仔细看看他退休后多年的工作日程表,满满当当的安排令人瞠目结舌。

1994年6月17日,原本是崔道植退休的日子,老伴儿在等待,儿子们在等待,孙女们也在等待,大家期待着这个数十年来始终"聚少离多"的家庭,能够在崔道植退休后走向"团圆"。但是,这个日期并没有像大家期待的那样,并没有成为崔道植人生里的一道分水岭。因为在退休后的日子里,崔道植依然悄无声息,继续工作着。

正是这一年,崔道植在其长期从事现场勘查和痕迹检验的工作中发现:有些案发现场上遗留的痕迹或者经过勘查发现的痕迹,因无法确定其特征而被弃掉;有些痕迹,从俯视的角度看不清,从斜视的角度却能看清,但因无法校正拍出来的变形痕迹,也只好被弃掉;在检验工作中,很多细小痕迹,尤其是枪弹痕迹只能进行形状比较,不能进行测角、测距等定量检验;现场平面图、立体图的绘制仍停留在依靠鸭嘴笔的手工操作上，停留在费力费时的低水平上。他觉得不解决这些问题，自己就没尽到应有的责任。

经请示公安部批准，崔道植决定立项研究"刑事痕迹图像处理系统"。研究这一系统，必须依靠当代先进的计算机技术。当时对计算机技术的了解与掌握，崔道植绝对是门外汉，一窍不通。但是为了按时完成课题任务，崔道植暗下决心开始学习计算机技术，向课题组合作伙伴、专家、教授们请教，向书本请教，没用多长时间，他竟然熟练地掌握了计算机技术。

崔道植已经到了退休年龄，但并没有获得应有的"解脱"。接下来的工作中，有时他为了掌握一项图像处理技术，竟然好多天都不回家，一直工作在实验室里，睡在实验室里。经过课题组全员的齐心努力，并对每一项技术指标进行了上千次实验，崔道植和课题组成员终于在1996年10月圆满完成了该项课题任务，并顺利通过了部级专家鉴定。

与会专家对这项课题给予了较高的评价："该项成果实现了从整体痕

崔道植（右二）参加国际刑警学术交流会

崔道植和课题组成员在 1996 年 10 月圆满完成了"刑事痕迹图像处理系统",并顺利通过了部级专家鉴定

迹至微小痕迹特征的计算机检验,既能够对拍照变形的痕迹进行复原,对痕迹物证进行自动测量和标注,又能对模糊痕迹进行锐化、亮度处理,处理后显现出更多的特征,扩大了检验范围,极大地提高了痕迹的利用率和工作效率,该系统处于国内领先水平。"

当时,将数字图像处理系统开发应用于案件现场拍照和痕迹检验工作后,该系统对国内的现场勘验工作起到了引导作用。该科研成果除了在黑龙江省内进行普及之外,还推广到内蒙古、宁夏、甘肃,收到了很好的实际效果,并获得了黑龙江省公安厅科技进步一等奖。

1997 年 3 月,黑龙江省富裕县一家四口人被杀,犯罪分子翻箱倒柜,抢走了 500 余元现金。现场地面为水磨石地,犯罪分子留下了一枚灰尘足迹,俯视去看,根本看不清;逆着光线斜着看,却很清楚。县公安局领导决定将留有足迹的现场水磨石地块实物及嫌疑人王恒文的胶底布鞋一同送往省厅,请崔道植进行鉴定。崔道植接到材料后,先进行等比例拍照,再用痕迹图像处理系统校正后,与嫌疑人王恒文胶底布鞋进行比对,很快认定了杀人现场留下的灰尘足迹就是王恒文右脚布鞋所留下来的,从而为破获这起重大杀人案提供了唯一证据。

立项研究刑事痕迹图像处理系统,仅仅是崔道植退休后工作中的一部分,大量疑难案件现场的鉴定工作也是层出不穷。崔道植最为擅长的枪弹检验理论研究也在不断向前推进着。同时,公安部刑侦局不断根据工作需要邀请崔道植进京,攻克诸多案件中的疑难点。

正是那一份信任和信仰之力的支撑,使得崔道植沉浸在实验室里专心搞起科研。退休后的日子里,崔道植频繁出入各种疑难案件现场,从未停歇。由于侦破的案件数量太多,他本人大都记不太清了,但同他共同经历过案件侦破的人却深深记得。

这是一起在2000年发生的"罗生门"类型案件。

张山腰间有一把手枪,他与李师一起行走在夜色里。月光下,两个人眼中透露出邪意。他们找来一个长期保持联系的失足女,一同走进一家宾馆,准备共度良宵。

剧情,在宾馆房间里出现了改变。

三个人开始聊得很欢乐,玩笑不断,主题没有开启的时候,失足女发现了张山腰间的手枪。趁张山不注意,失足女拔出了他的手枪,嘻嘻哈哈笑着,说:"真家伙?还是假的?"

"假的,快还给我……"

"假的,我就留下了,不给你了。我留着防身,吓唬人,我经常会遇见各种各样的坏人……"

"你先把这个还给我,回头我再送你一个。"

"我就要这个,我要留着它吓唬人,吓唬像你们两个这样的混蛋。"

张山急了,厉声说:"快还给我,少他妈废话!"

失足女笑得更加得意:"别过来,你要过来,我就开……"

话没说完,"砰"的一声,一颗子弹从手枪里射了出去。不偏不倚,直接射中了张山的心脏。失足女被枪声吓住了,看到张山倒在地上,血流如注,她开始疯狂喊叫。

这个场景,是李师向警方描述的。但是,女孩儿却不这么说,女孩儿提供了另外一个版本。

崔道植利用计算机技术进行学术研究

女孩儿说:"不是我干的,一切和我没有关系。是李师开的枪,他打死了张山……我和他们都是老相识了,彼此早就认识。他们两个吵啊吵,最后枪就响了。"

警方对李师做了检测,他的手上和衣服上果然有射击残留物。所有读过警校侦查专业的人都清楚,谁开枪谁的身上就会有这种射击残留物。这种射击残留物就是射击时产生的烟灰、火药残渣等,往往是几种物质的混合体,在自然界是不存在的。按照以往经验,在某人手上检验出这些东西就证明是该人开枪射击的。

失足女、李师,两个人谁是凶手?谁在撒谎?

这个时候,办案人员又推理出一种可能,也许是失足女、李师合谋要了张山的命,被警方抓捕后又互相推卸罪责。如此一来,本案就出现三种可能性了。就像黑泽明影片《罗生门》那样,同样一个事件,不同当事人陈述出了不同场景,失足女、李师都是立足于对自己有利的视角向警方陈述案情。这样一起"罗生门"案件里,究竟隐藏着怎样的密码?又该怎样去破解?

进一步的检测表明，失足女手上、衣服上也存在射击残留物。难道，真的会像办案人员推断的那样，此案系两个人合谋？他们都开枪了，最后又都说谎了。真相到底是怎样的呢？

无论怎样勘查现场，警方也只找到了一枚弹壳，现场勘查工作还在继续，办案人员期望再找到一些线索。案件侦查工作仿佛瞬间进入迷宫一般失去了方向，崔道植就在这个时候来到了案发现场。

当时，崔道植认真研究了案发现场，他对两名嫌疑人的供述置之不理，对三种推测也不感兴趣，他一心想通过现场勘查回答所有问题，最后得出真实的结果。

崔道植提出做现场实验，他想验证：在特定的环境下，非射击者身上能不能有射击残留物？

崔道植的实验很快做完了，结果发现在特殊封闭空间内射击，非射击者手上、身上也会有射击残留物！崔道植的这一发现，以充足的论据颠覆了警方对同类枪案现场勘查的常规判断。

以往，射击残留物始终被当作定性证据使用，凡是手上有射击残留物的就会被认定是开枪者。根据崔道植得出的结论，从证据角度来讲，对审判环节的认知也得到了全新提升，其作为证据链的一个重要部分，和以往比起来，认定罪犯的依据有了更加多维的考量，由唯一性变成了不确定性。

有了崔道植的新发现，"罗生门"案件的密码很快便被破解了。原来，李师的陈述是真实的，失足女因为开枪杀人而惊恐害怕，所以选择了说谎……

人们去看望崔道植的时候，会感叹崔道植和金玉伊的房间极其干净整洁，整个房间里都充溢着一种清新的味道。同时令人感叹的，不仅是他高超的刑侦技术，还有他饱满的精神状态和敏捷的行动能力。唯一遗憾的是，金玉伊的病情导致其情绪控制出现问题，她的行为举止有时会像两三岁小孩儿一样。

崔道植在1951年朝鲜战场上战斗最为激烈的时候参军，十七岁的他一次次递交请战书，申请上战场。昂扬的斗志，伴随着他的一生。就像当年十七岁的他一次次递交请战书、申请上战场一样，养老院里的崔道植一直"不甘寂寞"，他感觉老伴儿病情逐渐稳定了，就开始申请重返工作现场："我在养老院已经……我争取重返案件现场，很多案子不到案发现场勘查是不行的。单纯通过检材做鉴定，是不行的。"

说起具体在养老院待了多少天，崔道植的语气总是很沉重。可以看出，养老院里的崔道植，是按天计算日子的。提起重返案件现场，崔道植神色焦急。此刻，他心里想的还是工作，提起案件现场他明显"不安分"了，年近九旬的他还要"走啊走啊，没有定处的身影"……

"老伴儿的病情逐渐稳定了，我已经和三个儿子商量好了，公安部再来案件现场勘查任务，老伴儿由三个儿子轮流照顾，我还是要重返一线勘查现场。"

记得我采访崔道植期间，崔道植反复提起要重返现场。事实上，崔道植在八十四岁时，还曾接受公安部指派，乘坐飞机赶赴云南，执行一项疑难枪弹痕迹鉴定任务，后因照顾病情日益严重的老伴儿而不再外出奔赴案发现场。

但凡找崔道植鉴定的样本和检材，都是难点中的难点，都是众多专家难以定论的疑难鉴定任务。提起目前他依然可以加班工作一个通宵的话题，这位临近九旬的老警察显得很坦然，他对我说："没有感觉到劳累，习惯了。"

崔道植，也许是全中国唯一的依然保持良好工作状态的"志愿军老战士"。从十七岁申请上战场到临近九旬申请重返案发现场，崔道植的工作历程，见证了什么样的人才是"真正的战士"。综观崔道植从警生涯，七千余件痕迹、物证的鉴定结论，大多成为疑难案件侦破的点睛之笔。除学术研究、课题攻关成果获得的奖项外，他的三等功、二等功及各种荣誉称号少之又少。可以这样说，崔道植的从警生涯"虚名"少，"实绩"多，胸前鲜有"功勋章"，这充分体现了他淡泊名利的高尚情怀。

他，一直在这个院子里工作吗？他，已是八十多岁的老人了？

崔道植个子不高，布衣素履，给人的感觉很朴实。崔道植的头发雪白雪白的，步伐却轻快矫健。黑龙江省公安厅院子里的小路弯弯曲曲的，阳光明媚的早晨经常会出现一张张笑脸，摇曳婆娑的树影里闪烁着一个又一个匆匆而过的身影。这样的时候，小院子里给人的感觉充满了生机和活力。

喧嚣中，一位略显清冷孤单的白发老者总会在其间倏然而过，很少引起人们的注意。2019 年之前，崔道植的人物事迹宣传工作远远不及如今这般铺天盖地。除了与之交手的犯罪分子，除了对他深深佩服的办案民警，他对于大多数人来说是陌生的。

　　崔道植的衣服一看就是穿了许多年，却比许多人的干净、整洁。他走在路上，大多数人不会注意到他；也许是因为他走得太快，也许是因为他选择了一条僻静路线……总之，这样一位退休二十多年来却退而不休、每天依然按时上下班、并且时常熬夜加班的老刑侦，就像一个疑难案件现场的神秘痕迹。在崔道植退休后的二十多年里，大多数人并不知道他，但是，一个又一个案件现场知道他，一位又一位从他那里获得案件突破口的刑警知道他。2019 年之后，才有更多的人知道，原来他就是世界级弹痕检验专家、公安部首批特邀刑侦专家，原来他就是在退休后的第十二个年头儿获得全国公安科技突出贡献奖的崔道植。

　　既有一鼓作气的干劲儿，也有咬定青山的执著。

　　工作岁月里，崔道植一路走来，初心不改，用共产党人持之以恒的坚韧信念书写了一名中国刑警的传奇。至今，黑龙江省公安厅刑侦总队依然保留着一间属于崔道植的办公室，那间办公室的大门每天早晚都会有规律地被打开、关闭，那间办公室的灯光也会在一个个深夜里陪伴着一位年过八旬的刑侦专家直到天明。

　　什么是退休后返聘？一般情况下是力所能及地发挥余热，而崔道植却颠覆了这个问号背后的常规答案——他在退休之后对公安事业依然保持着炙热情怀，每时每刻都在为这份职业贡献着自己的力量。

　　在黑龙江省公安厅的院子里，崔道植走起路来有种脚底生风的感觉，从后边看他的身影，没有一丝摇摆，他行走的路线总是笔直笔直的，显得中气十足。所以，难怪众人不会留意他，因为没等人们注意到他时，步速极快的他已倏然而过。

　　每次见到崔道植时，崔道植的老伴儿总会反复唱着那首朝鲜族歌曲《没有门牌号的客栈》，那曲调听起来令人倍加伤感。

　　……还给我的青春吧，我那最美好的青春！似箭般的岁月，谁能留住它！还给我的青春吧，我那最可爱最美好的青春……

　　这些歌词，是崔道植四处奔波、为公安事业奉献青春的写照，更是他

崔道植接受作者（左二）的采访

的妻子默默支持他、为他和整个家庭辛苦付出的写照。每一次，崔道植都会担心老伴儿的歌声打扰了我的采访，总是一遍又一遍像哄小孩儿那样对老伴儿耐心耳语："不要闹，不要闹！看电视，看电视……"

每一声的细微叮嘱，都可以清晰感觉到其中的温暖和耐心。人世间夫妻相爱的幸福与喜悦，就在这样的互动中流露出来了。

六十岁、七十岁、八十岁……崔道植退休后完全没有同年龄段老人应有的老态，很多人说他越活越年轻，并问他如何保持年轻的秘方，崔道植说："秘方倒是有，那就是工作。每破一个案子，我就年轻一次。每攻下一个难题，我就感觉年轻了一回。我的座右铭是：人生的价值在于奉献！"

温暖的阳光洒满房间，当崔道植说出"人生的价值在于奉献"时，当崔道植说出"我这一生充分感受到了组织的温暖"时，那种真诚令人明白了，什么是"赤诚之心"。

崔道植是我参加公安工作时便一直崇拜的偶像，当时为了能够像他老人家一样心无旁骛地从事专业性很强的痕迹检验工作,我多次申请调入所在公安局刑警支队痕纹检验科,但终究没有结果。那个时候,我完全没有想到,未来的某一天我会和崔道植在一个院子里工作,更没有想到,未来的某一天我会与崔道植老人家面对面进行交谈,我得以有机会去了解和记录一段段关于他的峥嵘岁月。

在我刚刚参加工作的时候,崔道植便已经从工作岗位上退休了。但退休二十多年以来,崔道植退而不休,黑龙江省公安厅一直给他留着办公室,崔道植的传奇故事因此一直不断续写着,他成为了一代又一代青年刑警的楷模。黑龙江省公安厅的院子里,能够见到崔道植老人家的身影对每个人来说都是三生有幸。那个身影虽然显得清冷孤独,但那意如磐石的风骨、清淡如茶的人格,绝对是大多数人无法比拟的……

年过耄耋的崔道植依然精神矍铄,声音高亢洪亮,令人丝毫听不出他是一位临近九旬的老人。在一次又一次采访期间,严谨的崔道植总是对我千叮咛万嘱咐:"这两年啊,我的记忆力有点儿下降了,那些案子的大框我都还记着,细节我记不太清楚了,你一定要多查查资料,千万别弄出差错……"

第八章 "神"一样的存在

许多年来，崔道植在许多刑警心中是"神"一样的存在。每当遇到急难险阻之时，他最终都会化为云淡风清；每当遇到山穷水尽之时，他最终都会迎来柳暗花明。面对疑难杂症，他手到病除；面对重重迷雾，他拨云见日。所有这一切，都是他埋头苦干、刻苦钻研的结果，都是他迎难而上、攻坚克难的回报。正是这种勤勉敬业、精益求精的工匠精神，让崔道植每逢关键时刻，都能克服重重困难，胜利而归。他身怀绝技，一身本领不是通过捷径获取的，靠的是经年累月、滴水穿石、百炼成钢的奉献与付出。

1983年，新年刚过，黑龙江省绥棱县银行林业办事处三名职工被杀，巨额现金被抢。其中，两人被枪杀，一人被利刃砍死，通向院外的足迹有两行，都朝着同一方向。起先，根据作案的两种凶器，以及现场留下的两行脚印，当地公安局认定此案为两名罪犯所为。

崔道植到达案发现场后，首先从两行足迹着手勘查。经过精准测算，他发现两行足迹外展幅度完全一致，蹬痕有力，着力点均在脚掌前部，跟部很轻，只是其中一趟足迹的印迹比另一趟长一点儿，因此认定这两行足迹是同一个年轻人留下来的。崔道植还在现场墙壁上发现一处刃器的砍痕，立即提取保存下来。崔道植又检验了现场提取的三枚弹壳，他明确认定这三枚弹壳是由五一式手枪发射出来的。根据他的鉴定结论，侦查范围缩小到当地经济民警队的十二支枪上。崔道植对这十二支枪进行检验，发现其中唯一的一支五一式手枪，其套筒、枪座属于五一式手枪，而枪管属于五四式手枪，枪管与弹膛处曾被工具破坏过。他继续对其余的枪支进行检验，在一支五四式手枪上找到了五一式枪管，他把两支枪管调换装配，恰好吻合。

后来，办案人员以该单位值勤人员中一名佩带五一式手枪的人员作为重点嫌疑对象进行侦查，在其家碗柜中搜出一把无柄斧头。崔道植用此斧头在墙壁上反复进行挥砍，将取得的实验样本与案发现场墙壁上的砍痕进行比对，发现两者之间有七条粗细、间距不等的凸凹线条完全吻合、一致，他毫不迟疑地下定结论，这把斧头就是作案工具。原来，犯罪嫌疑人当时慌慌张张地开了三枪，只打死两人，重伤一人，他怕留下活口，匆忙回家取来斧头，把伤者砍死，然后才把钱抢走了。

1984年8月，黑龙江省双城县乐群乡发生一起强奸案，犯罪嫌疑人对该乡女子王小凤实施强奸之前，将王小凤的腰带拽断了。双城县公安局技术人员勘验案发现场后，发现该腰带断痕上有一些不清晰的痕迹，但痕迹极其模糊，不具备检验价值。他们抱着一线希望找到崔道植。

崔道植反复观察腰带断面，发现了一个面积很小且变形的指印。他经过细致观察，发现该指印有三个细节特征和五个汗孔痕迹。仅凭这几个特征能否得出相关鉴定结论？前人无论在理论上还是在办案实践中都没有遇到过这种情况。为了解决这个问题，崔道植搜集了一千多份不同手指上的乳突、汗孔捺印的样本，经过反复观察比对，发现汗孔依附于乳突纹线，其排列形态只能和本人的相同，与其他人的汗孔排列形态绝不相同。至此，他心里有了底，他从办案人员手中得到了犯罪嫌疑人苑志平捺印的十指指印样本，并经过认真仔细的检验比对，认定了被害人腰带断面上的指印就是苑志平左拇指留下的，据此警方很快破了案。这是我国历史上第一次依靠指印上的少量细节特征和汗孔痕迹破案的范例。

作为全国首批特邀刑侦专家，国内和黑龙江省内一有大案、要案发生，大家首先想到的是请崔道植过来。崔道植退休后的二十多年里，因侦破案件需要，每年公安部刑侦局、黑龙江省公安厅都要十几次甚至二十几次抽调崔道植参与案件侦破工作。

翻开崔道植的工作日记，上面详细记述了他每次参加专案侦查工作的情况：2000年12月9日，河南省郑州市某银行持枪杀人抢劫案，分析现场，判断作案枪支种类，提供侦查方向；2001年1月10日，辽宁省沈阳

崔道植（左一）与办案人员制作痕迹样本

市东陵区泉园邮政局储蓄所发生武装抢劫杀人案，帮助研究案情，分析作案枪支种类，确定侦查范围，提供线索；2001年3月16日，河北省石家庄市国棉三厂四栋楼发生爆炸案，参与现场勘查工作，分析案情；2002年4月，福建省蒲田市发生四人死亡的特大抢劫杀人案，参与现场勘查，重点解决现场指纹和足迹，提供线索；2003年2月3日，黑龙江省北安市铁路家属区发生持枪抢劫杀人案，帮助分析现场，提供侦查线索；2004年4月11日，赴吉林省帮助研究辽、吉两省系列杀害妇女案，分析犯罪分子个性特点，研究现场发现的手印，并据此展开侦查；2005年3月25日，黑龙江省军区边防一团发生五四式手枪被盗案，帮助研究现场，分析案情，确定下一步工作方向……

　　这一笔笔记录，是一名优秀刑侦工作者无私奉献精神的真实写照。崔道植的生命，为公安刑侦事业而生，因公安刑侦事业而大放光彩，他始终是那么忙碌、那么活跃，他的生命永远不会有黄昏！

　　2003年2月初，崔道植通过黑龙江省公安厅刑侦技术处一位民警的介绍，接待了一位农民的来访。上访人是黑龙江省依兰县团山子乡村民朱平福，他于1998年前后相继承包了同村村民杨成福家的200多亩土地。从1999年开始，他打算再承包200多亩地，还需要交一万元给杨成福。杨成福说："你先打一张欠条也行。"于是他就给杨成福写了一张一万元的欠条。到了当天下午他就把钱凑够，给杨成福送去了，且杨成福给他写了一张收到一万元的收据。万万没有想到的是，没过几个月，杨成福就拿着朱平福写的那张一万元的欠条到法院告他欠钱不还。

朱平福说："崔专家呀，您可得为我做主啊！杨成福给我写的收据，字是他写的，指纹也是他按的呀！不是我按的呀！为这事我已经打了三年的官司，倾家荡产，负债累累啦，我真的是无路可走啦！"他接着说，"世上还是有好人啊，我找了一位叫王龙弟的律师，他帮了很大的忙。为了解决杨成福写给我的收据上的指纹到底是谁的问题，他先后到省法院权威司法鉴定中心、最高人民法院物证鉴定中心，结果都没有鉴定出来。听别人说您为人正直，技术高超，现在我把最后的希望寄托在您身上了。"

崔道植听完朱平福的诉说，先是做了大量的安慰工作，然后告诉他回去耐心等待他的答复，这个指纹真的假不了，假的也真不了，最后一定实事求是地给他作出答复。崔道植拿过检材，在显微镜下足足看了一整天，该收据上的指纹是红印、油捺印，由于油墨多、压力大，很多纹线都看不出来了，加上该指纹捺印不全，很难确定指纹的部位。第二天早晨，崔道植坐在显微镜旁，把收据上的指纹与杨成福、朱平福的样本指纹一一进行拍照并输入到计算机中，用图像处理软件进行色彩调整、对比度处理。原来看不见的特征显现出来了，原来模糊不清的特征也变得清晰了，再经特征点测量、特征

崔道植与同事研究现场痕迹

崔道植（左一）在研究案情

点重叠等量化、比较技术的处理，崔道植发现收据上的指纹与杨成福右手食指的指纹完全相同。当崔道植将这一结论告知法院以后，杨成福最终承认了自己所作的诬告，并主动撤诉。这件事情之后，朱平福见人就说："崔专家真是为人正直，技艺高超啊！"

2004年5月，公安部接到"中国统一建设委员会"理事长宰德斌发来的函，函中称：温州乐清市北象镇下安村村长杨雄伟，于2002年11月9日与同乡黄星跃等人上山打猎，上午11时杨雄伟被枪击身亡。死者家属接到消息后立即向当地公安机关报案。但当地公安机关未做详细调查，草草作出结论，以枪支走火的结论结案。当地村民十分气愤，联名上告，引起杨雄伟的台湾亲友的高度关注，《法制日报》、《人民日报》、《检察日报》记者联合到现场采访，作了公开报道。可有关部门一直不予理睬，受害者家属为保住证据，自购冰箱将尸体保存两年之久，可算罕见。为尽快使该案得到公正解决，公安部派出相关法医和民警前往温州调查此案，以平民愤、振警威。

为了尽快查清这一命案，公安部刑侦局派特邀刑侦技术专家崔道植和法医专家陈世贤等三位同志前往当地现场调查处理。崔道植建议专家组首先直接与死者家属见面，耐心听取家属的意见和要求。死者家属只提出了一个要求：希望专家组查清杨雄伟究竟是怎么死的，是自己动作不慎、持枪走火导致自毙的，还是别人无意或有意用猎枪打死的？

法医专家陈世贤为了准确确定死因，经过家属同意将杨雄伟的尸体从冰箱移出，重新做全面细致的检验。经过检查，陈世贤确认杨雄伟左胸乳突下创伤是射入口，左背胛部创口是射出口，射入角为43度，死因是猎枪在胸前近距离射击，子弹穿透左心室，导致杨雄伟大流血死亡。并根据死者枕骨无损伤，现场地面无弹道痕迹判断，杨雄伟遭枪击时不是处于站立位和躺卧位。

那么，杨雄伟到底是在什么状态下遭枪击的呢？这就需要崔道植的真功夫了。他首先检验了案发现场尸体旁的猎枪与该猎枪枪膛内的子弹，经在显微镜下细致观察，他发现案发现场的子弹弹壳的射击痕迹特征同该猎枪内的子弹的特征完全一致，证明尸体旁的子弹弹壳是由这支猎枪射击出来的；他又认真审核了原先当地公安机关对这支猎枪、弹壳、杨雄伟胸部上的射击残留物的检验报告，确认死者杨雄伟遭这支猎枪射击而亡。再对这支猎枪的击锤断痕检验，可以看到极强的金属断端的亮点，且其边缘向枪口方向翻卷，证明该击锤是枪响之前受到由下向上的冲力而折断的。那么击锤的冲力是怎么来的？这个冲力有多大？这个冲力能否达到击针撞击猎枪弹底火的程度呢？猎枪打响时枪口距死者胸部到底有多远？这些技术难题需要通过崔道植做现场实验来解决。

在炙热阳光的照射下，崔道植为了使实验结论符合客观实际，亲自带着勘查器材一步一步爬到海拔1000余米的山顶岩石上，一边寻找可能遗留的物证，一边进行拍照和记录。第二天，他又亲自带着实验用的各种器材到野外山坡，一次又一次地进行射击实验，进行猎枪自由滑落时击锤碰撞硬物引起枪支走火的实验。当时在场的警察看到崔道植面颊、眉间不断掉下的汗水把上衣都湿透了，于是劝崔道植休息一下，崔道植却说："时间不等人啊，死者家属等了两年，多着急呀，我这点儿累，算什么！"就这样，他连续工作了三天三夜，复查的材料终于出来了，结论也出来了，弹道幻灯片也制作出来了。最后，专家组会见死者家属，从重新检验尸体、复勘现场、检验枪弹到进行多项现场实验，从理论计算到实验数据，都毫无保留地向他们做了详细介绍，结论是：杨雄伟坐在岩石边缘，持枪不慎，枪支从岩壁下滑，击锤撞击硬质物体获得动能击发子弹，从而导致其中弹身亡。死者家属听了死因讲解，看了复查材料和幻灯片后表示：感谢公安部领导派专家组帮我们解决了两年多的心病，对专家组的复查结论，我们表示心服口服，尸体我们立即火化，我们不再上访了。

2005年1月8日，在我国北部湾水域作业的渔民，撒下450多张崭新的鱼网后，准备去另一处撒网时，有三艘外国渔船进入我国水域，使用大马力卷网机抢夺我渔民撒下的鱼网。当我国渔民据理劝阻、令他们退出中国水域时，他们不仅不听劝阻，反而用武器袭击我国渔船和边防巡逻艇。在我方向对方多次劝告无效的情况下，我方被迫向对方进行了自卫性还击。事件发生后，外交部、公安部对此事非常重视，为了给对方国家说明事实真相，公安部指派崔道植、闵建雄等专家前往出事海域，对被我国扣留的对方船只及我国渔船、边防巡逻艇进行勘验。七十一岁的崔道植不顾海浪、寒风的吹打和船只颠簸，从一艘船到另一艘船，从船舱到机房，他对现场每一处痕迹物证，亲自拍照、记录和测量，白天劳累了一天，晚间又和同事们研究分析事件的经过和性质。通宵达旦的工作，令他的双眼布满了血丝，嘴角起了血泡，但他没有任何怨言。五天过去了，现场勘查记录他写出来了，现场勘查图他绘出来了，现场照片他编排出来了，枪弹痕迹鉴定书他也审定完了。崔道植向领导汇报：有充分证据证明，这起事件是一起对方国家专门武装抢劫我国渔船的恶性事件，先是抢劫我国渔民的捕鱼网具，然后武装袭击我国渔船和边防巡逻艇，严重违犯和破坏了两国海洋水域公约。至此，崔道植交出了令各级领导非常满意的答卷，在场的所有同志都被崔道植这种高度负责的态度、一丝不苟的工作作风折服了。

在培育专门科技人才方面，崔道植不遗余力。根据公安部领导的指示，为了使痕迹检验工作后继有人，崔道植十分注重通过办培训班发现人才，在实际办案中带出人才。经过他挑选并征求公安部刑侦局和黑龙江省公安厅意见后，崔道植确定了两位同志作为他的"徒弟"进行培养。经过几年的培养，两个徒弟完全可以独立解决枪弹痕迹检验方面的难题了。崔道植于2003年编著了《枪弹痕迹检验（2003）》（内部教材），该教材内容完全适用于涉枪案件现场的勘查需要，涉及内容包括根据现场枪弹痕迹如何判别枪种、如何进行同一认定检验等。此教材内容除了涉及检验军用枪支子弹痕迹之外，还写进了我国各种猎枪和各种小口径枪支子弹痕迹检验的内容，从而丰富了枪弹痕迹检验理论，满足了枪弹痕迹检验技术人员的需求。依靠此教材，公安部刑侦局已在全国举办了十期枪弹痕迹检验骨干培训班，每期都由崔道植亲自授课和布置实习题目，学员一致表示：培训效果胜过读两年书，培训教材的内容好理解，易掌握，方便解决实际问题。近年来，崔道植还给全国刑事技术人才库里的700多人授课。在讲授专业课的同时，他还以"做事先做人"为题，结合自己从小在党的培养教育下逐步成长为刑事技术专业人才的经历进行讲解，得到了广大学员的好评。

1994年10月21日，山东省农村经济开发中心总经理王某及妻子在家被枪杀，现场留下两枚7.65mm手枪子弹弹头。七年后，山东省公安机关发现了重大嫌疑人张昌文，从他手中缴获了一把比利时造"枪"牌手枪。经过山东省公安厅和公安部第二研究所检验，均认为这把手枪枪管磨损严重，无法得出鉴定结论，然后送到崔道植那里请他检验。崔道植用自己发明的"铝箔胶片"与"弹痕展平器"技术，将送检的弹头膛线痕迹全部展平后进行线痕接合检验，最终得出了"案发现场提取的弹头就是由从张昌文那里缴获的'枪'牌手枪射击的"结论。据此，警方很快破了案。原来，山东省农村经济开发中心总经理王某举报了山东省水利局局长张程震项目资金使用不当这一问题，张程震便雇用张昌文并给其手枪和子弹，让其枪杀了王某夫妇。

"铝箔胶片"与"弹痕展平器"技术，是崔道植自己琢磨出来的一个土办法。如何把自己发明的"铝箔胶片"与"弹痕展平器"技术规模化推广，并实现系统性应用？这始终是崔道植琢磨的课题，这个课题在他退休后终于有了重大突破。一个土办法，引发了一个重大课题研究。

1995年，全国涉枪案件处于明显的上升趋势，公安部在"十五攻关"规划中列入了"枪弹痕迹自动识别系统"的课题。当时，全国有九个省、直辖市的公安部门参加竞标，要承担这一重大科研项目。崔道植代表黑龙江省公安厅进行投标，但由于当时黑龙江省公安厅拿不出30万元的科研补助经费，公安部初审阶段没有予以通过。最后，由公安部物证鉴定中心和

崔道植在全国枪弹痕迹检验技术培训班授课

北京市公安局中标,共同承担了该项课题的研究。

当时,崔道植已经六十一岁,虽然已从工作岗位上退了下来,但是心里还挂念着国家弹头痕迹档案的现代化管理技术的研究进展。1997年,他参观了公安部举办的国际刑侦器材展,展会上看到加拿大、美国的"枪弹痕迹自动识别系统",心里很不是滋味儿。

"自己干了一辈子枪弹痕迹检验工作,却拿不出我们国家自己的'系统'?"

崔道植心里深感内疚,也憋足了一口气。他暗暗地下了决心,非要攻破这个堡垒不可,进一步充实"铝箔胶片"与"弹痕展平器"技术鉴定枪弹痕迹的理论支撑,并最终实现规模化推广、系统性应用。这无疑会填补我国在"枪弹痕迹自动识别系统"上的空白,甚至会成为见证"中国刑警力量"的里程碑。

搞科研就得花钱,可自己已从工作岗位上退了下来,不可能再向单位要经费搞科研,崔道植精打细算,从自己退休工资里留出生活费用,其余全部花在科研上。为了研究膛线痕迹提取技术,他访问过国内七所高等学府和三所精密仪器研究所;为了研制一种高精度制模片,他去过国内三大铝厂和几家铝箔片厂;为了研制出理想的弹痕展平装置,他先后设计了四种模型图,与四个机械加工厂商谈合作事宜。经过五年多的苦心研究,他终于发明了一种用特制铝箔胶片提取弹头膛线痕迹的技术。同时,他还设计制造了一种弹痕展平装置,用它复制出来的膛线痕迹,既清晰又稳定。他和公安部物证鉴定中心王志强同志以这两项专利技术为基础研究出来的"弹头膛线痕迹自动识别系统",于2001年10月16日取得了公安部部级专家的认可。弹头膛线痕迹展平装置于2006年9月1日被国家知识产权局授予"实用新型专利证书"。

专家点评道:"该系统具有独创性,技术水平高,不需人工干预;技术成熟,性能稳定,实用性强,容易操作,在膛线痕迹的录入时间、查准率

崔道植利用特制的铝箔胶片提取弹头膛线痕迹

弹头膛线痕迹展平装置获得"实用新型专利证书"

方面优于国外同类系统，总体技术达到国际先进水平。"公安部将该科研成果列为 2002 年度重点项目之一，进行推广。许多年来，该系统中的"铝箔胶片"及"弹痕展平器"技术已被全国 13 个省、几十个公安单位采用，并凭借此系统破获了一批涉枪案件。

这，是一位退休老刑警的"杰作"！崔道植独创了枪弹"铝箔胶片"与"弹痕展平器"技术，并获得国家专利。凭着这个专利，他原本可以获得大量经济上的收益，但他觉得有"专利"两个字在，就限制了国内其他同行应用这个技术，于是他专门到国家专利局办理了取消专利的手续。正是"铝箔胶片"与"弹痕展平器"技术，把一个又一个杀人凶手送上了刑场。

2000 年 1 月 30 日凌晨，海南省海口市文化大酒店地下停车场发生了一起枪杀案，犯罪分子将某企业负责人李某枪杀在停车场的一角。案发后，省市两级公安机关非常重视，省公安厅派技术人员到案发现场勘查。办案人员在现场提取了四枚六四式手枪子弹弹壳和三枚弹头，再无其他任何证据。经初步调查，警方认为此案是海口市某银行保安负责人所为。为了得出肯定性的结论，办案人员将该保安负责人的手枪和现场弹壳、弹头送至沈阳某学院进行复检，复检结论是：现场弹壳、弹头是用送检的手枪射击的。海南警方据此结论，审调结合，对涉案嫌疑人展开调查，将近一个月却毫无结果。

海南省公安厅为了弄清事实真相，将这把可疑手枪和现场物证火速送往崔道植那里，做进一步复核检验。通过"铝箔胶片"及"弹痕展平器"技术，崔道植经过两天两宿、夜以继日的工作，得出结论："现场弹壳、弹头不是由送检手枪射击的。"

这是一个颠覆性结论，这个结论大胆又非同小可。

崔道植应当地公安机关的邀请飞赴海南，对当地枪支档案重新进行排查，最终发现一把七七式手枪有重大嫌疑。通过"铝箔胶片"及"弹痕展平器"技术进行反复测试，崔道植将现场弹头、弹壳与七七式手枪射击出来的弹壳、弹头放在比较显微镜下进行反复细致的检验，得出了认定结论：案发现场的弹壳、弹头就是由这把七七式手枪发射的。案件，在第二天就宣告侦破了，犯罪嫌疑人是一个当地保安，为抢钱而持枪杀人。

退休后的一个又一个不眠夜晚，持续书写着崔道植一个又一个传奇。

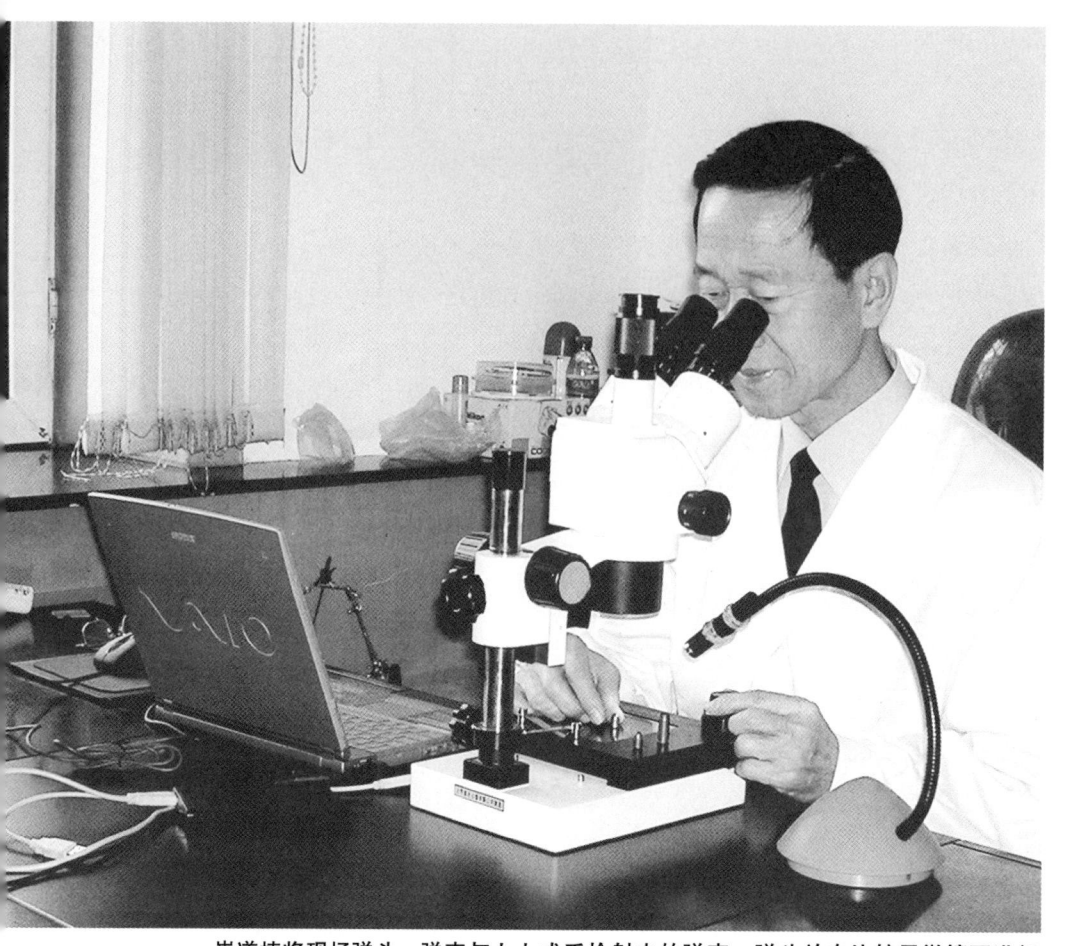

崔道植将现场弹头、弹壳与七七式手枪射击的弹壳、弹头放在比较显微镜下进行反复细致的检验

许多年来，崔道植受命于公安部，经常外出执行鉴定任务，纠正诸多起案件鉴定结论，无数次成功做出疑难鉴定，每一次他都是夜以继日、全身心投入到工作中。

2012年夏季的一个夜晚，厦门市集美区某立交桥下，两名男子正在商量事情。

"事成之后，给你余款。"

"不行，现在就给我，我要全款。干掉他后，我立刻远走高飞。"

……

争论，逐渐扩大。突然，一声沉闷的枪声响起，随后一个身影倒下了。想要远走高飞的那名男子上前查看，对方已经停止了呼吸。随后他冷冷一笑，紧接着"远走高飞"了。

正值某村村主任选举期间，被害人想当村主任，便预谋把竞争对手杀死。有什么方法？他打算雇凶杀人。当他雇凶时，他还给了这个杀人犯一把手枪，事先谈好30万成交，结果两人在一个桥底下商量细节时，出现了矛盾。被害人雇用的杀手没去杀他的竞争对手，反倒把他给打死了。他的尸体里留下了一枚子弹弹头，弹壳则卡在枪里。

现场只有一枚弹头，一具尸体，没有留下其他物证。

杀手没多久便落网了，作案枪支也被警察收缴了。收缴枪支时，警察发现了卡在枪里的弹壳。可是，认定现场弹头和缴获枪支的关系时，却因为枪管老化严重，办案人员无法得出鉴定结论。同时，杀手始终拒不认罪。此时，只有证明案发现场的弹头是由这把手枪发射出来的，才能证明这起案件直接跟他有关联。难点，短时间内没能突破。

这起案件，厦门市公安局侦查了很长时间，他们检验的时候发现这把枪的枪管检验难度特别大，于是送到福建省公安厅进行检验。同样，福建省公安厅进行检验的时候也发现这把枪的枪管认定起来特别难。当地公安机关请示上级后，逐级送检到公安部。公安部物证鉴定中心举行了专家会诊，做了很长时间工作，也难以给出鉴定结论。

当全国枪弹弹痕检验遇到难题的时候，就会有人推荐："你上黑龙江找崔道植。"厦门市公安局的办案人员也是这么想：走到最后一步，成不成我们也是尽力了，到黑龙江去看一看吧！

带着这种心情，办案人员来到黑龙江省，找到了崔道植。如今已经是厦门市集美公安分局刑警队副队长的韩队，对当年的一切记忆犹新。当他带着那把手枪四处奔走的时候，内心充满了绝望。由于乘坐飞机不方便，他一路只能乘坐火车，火车票一票难求，他就买了一个小板凳，一路颠簸来到黑龙江。接下来的事实证明，他付出的辛苦是值得的。

韩队与崔道植见面后，崔道植当即把枪支、弹壳、弹头拿到实验室进行检验，他带着几个年轻人花费了很长时间，用了很多方法。最终，崔道植利用自己发明的"膛线展平器"技术解决了问题，以充足的证据做出了同一认定结论。崔道植的"膛线展平器"技术，即利用铝箔片把膛线展平到一个平面上，随后进行痕迹比对。崔道植曾多次在全国介绍这种工作方法，但是真正能学会、能用上手的，几乎没有几个人。

崔道植凭借精湛的技艺，最终认定了案发现场的弹头就是这把缴获的手枪发射的。这种认定难度非常大。当时，耄耋之年的崔道植为了培养年轻人，手把手指挥年轻刑事技术民警一步一步工作，但真正做好拍照取证环节的人没有，他便动手亲自做。鉴定结果出来以后，所有人都被折服了。当崔道植接受厦门警方求助时，所有人心中都没抱多大希望，直到崔道植拿出确凿的结论后，大家都表示佩服他。崔道植得出的结论深入浅出，即使外行的人也能一目了然。大家知道，这就是崔道植的能力。无论是什么样的鉴定结论，只要是崔道植做出来的，完全可以让任何一个人都能看懂。

第九章　师徒接力对决周克华

周克华手里终于有了一支短枪，他就像闻到血腥味的狼。他的这支手枪是巴基斯坦生产的，他本人并不知道，他只知道这是一支属于他的枪。正是由于这支枪的特殊产地，一度让警方进入了迷雾中，而驱散迷雾的正是崔道植。

《江湖情》、《英雄好汉》、《喋血街头》、《喋血双雄》、《英雄本色》……这些香港电影，早年的周克华看了一遍又一遍。对于周克华来说，屏幕里完全是另外一个世界，他的视线顺着放映室里的光束前移，仿佛那个世界近在咫尺。周克华喜欢把自己沉浸在漆黑的剧场之中，现实的平庸和渺小就会渐渐远离他，他觉得自己是影片中提着手枪四处大开杀戒的英雄，手枪的弹匣里装着用不尽的子弹。只有在此时，周克华才会觉得自己异常强大，才会觉得自己天下无敌。当那个光束熄灭后，他走出电影院的时候，一切又回到现实，一切幻觉破灭。幻觉与现实交替，这令作为一名电工的周克华沉默寡言。

改革开放初期，那时的香港电影绝对称得上是当时内地犯罪的教学片，很多"六〇后"、"七〇后"歹徒、劫匪都曾坦言，受这些影片影响很深。回顾中国刑事案件高发期，很容易就会发现"六〇后"、"七〇后"犯罪分子制造的涉枪案件与暴力火并案件非常突出。这些影片令香港的影业公司爆赚，成就了一批巨星，但这些犯罪片对内地的不良影响也客观存在着。与很多人不同，周克华除了观看《江湖情》这类影片外，也会观看《沉默的羔羊》、《汉尼拔》，尤其是《沉默的羔羊》被他看了说不清多少遍。

也许是周克华的欣赏水平比较高，也许是周克华的变态思维使然，他对《沉默的羔羊》的兴趣远远大于《汉尼拔》。作为《沉默的羔羊》的续作，《汉尼拔》的高度显然没有超越《沉默的羔羊》。但与众不同的是，电影《汉尼拔》并不再是一部惊悚悬疑片，爱情成为了电影独具匠心的一个主题，而对汉尼拔这一高雅变态罪犯的塑造，安东尼·霍普金斯的演技得到了出色的迸发。当人们解开那变态食人凶手的外衣时，便会不寒而栗，产生一种发自内心的恐惧。很显然，周克华只喜欢惊悚悬疑类型的影片，对独具匠心的爱情戏码不屑一顾——因为他的目标比汉尼拔更加猖狂，他自己注定要主导一部让人不寒而栗的恐怖电影。

周克华自己导演的恐怖电影里，没有爱情、亲情和兄弟情，他只留下了自己和"羔羊"。周克华不停地作案，实施了一起又一起犯罪，他确信没有人能够把他所作的几起案件联系在一起。最初，通过每一起案件现场遗留的枪弹痕迹，警方通过常规方法调查，的确没有将这些案件联系在一起。首先取得突破，将这些案件联系到一起的人就是崔道植。

1991年9月，周克华在重庆沙坪坝井口半边街蒋云波家盗窃现金120元、粮票100余斤、猎枪一支。两年后，他携枪逃到武汉，被巡警发现后，他拒绝缴枪，朝地上射击并逃跑，后被抓获，在武汉汉南劳教所劳教两年。1995年，劳教结束后，周克华回到重庆，在火车东站当搬运工。次年，周克华结婚。在即将步入普通的婚姻生活时，1997年他跑去云南边境，在文山购买五四式手枪时被抓，处罚后被释放。后来，周克华回到重庆一家集装箱公司当叉车司机，随后与妻子共同营运一辆中巴车。2001年底发生的一场车祸，使周克华面临巨额赔偿。2002年春节，周克华与妻子离婚未遂后，他选择了离家出走。

周克华是个欲望超强的人，现实却让周克华过着平庸的生活，他不甘心就此认命，因为他的心中还有一部属于自己的恐怖电影，他会在那部电影里"天下无敌"。然而，高调的周克华遇到了两位低调的警察——一位是崔道植，一位是刘忠义，周克华的罪恶注定要被这两位警察终结。

崔道植是刘忠义的老师，而刘忠义毫无疑问是崔道植的得意弟子。有了师徒二人的联合，周克华不会"天下无敌"。周克华实施了系列惊天大案，很多人只会关注他最后被击毙的结果，却鲜有人知道在这样一系列载入中国刑侦史的大案里，崔道植与刘忠义师徒二人的精彩接力。

2011年，初到公安部担任副巡视员的刘忠义，奉命担任"苏渝湘系列持枪抢劫杀人案"专案组的负责人。2011年之前，反侦查能力极强的周克华多次从警方眼皮下脱逃，当时的情况是：没有人知道苏渝湘系列持枪抢劫杀人案的元凶是一个叫作"周克华"的人。甚至在随后一段时间里，没有人知道苏渝湘系列持枪抢劫杀人案中各起案件之间的关联点，也就是说，苏渝湘系列持枪抢劫杀人案的并案问题一度是个难点，而崔道植在突破这个难点方面发挥出了不可替代的作用。

后来人们回顾这个系列案件，大多会有一连串的疑问：苏渝湘系列持枪抢劫杀人案的并案问题，崔道植在其中发挥了怎样的作用？在侦办此案一年半的时间里，专案组是如何在茫茫人海中锁定周克华的？周克华的内心密码又是如何被专案组——破解的？

2004年4月22日，重庆市某公司职工赵某到江北区五黄路某银行分理处取款后，被持枪歹徒开枪打死，歹徒抢走现金七万元；接着，歹徒又将一人打伤后逃逸。歹徒的抢劫方式是直接杀人，极其凶残！

2005年5月16日9时30分，重庆市沙坪坝汉渝路附近响起了枪声，一对刚刚走出银行的夫妇被射杀，劫匪抢走现金十七万元，并将一名路人击伤。

通过这两起案件，警方可以确定，犯罪嫌疑人是单独作案。视频监控画面上的男子一直困扰着警方。他到底是谁？从哪里来？藏身何处？接下来的时间，这个人像从人间蒸发了似的，没有任何音讯。这是一个很棘手的对手，其作案手法嚣

初到公安部刑侦局任副巡视员的刘忠义

张，却极其谨慎；如果意识到危险，他一定会放弃行动。这是一个不会心存侥幸心理的对手，他永远不会冒险行动。周克华的平静持续了四年，2009年3月到2012年8月，重庆、长沙、南京陆续响起了罪恶的枪声。

此系列案件发生之后，这些案件在理论上被警方并案侦查，但从现场枪弹痕迹鉴定上看，很难进行同一认定。问题出在哪里？如果不能认定同一，侦查工作将会面临意想不到的困难。这个时候，崔道植被请到了公安部。崔道植通过对现场遗留的枪弹痕迹进行鉴定后发现，犯罪嫌疑人作案枪支极为特殊，根据他的判断，犯罪嫌疑人所用枪支产自巴基斯坦。在这样判断的基础上进一步检验，崔道植很快得出结论，这些案件可以并案侦查。

于是，公安部将此系列案件列为全国第一起"有广泛社会影响的恶性案件"，挂牌督办。崔道植在并案过程中发挥了决定性作用。刘忠义于2011年1月到公安部任职，3月1日奉命担任该系列案件专案组负责人，他接过崔道植的接力棒，全力以赴追捕真凶。

那时，此系列案件的犯罪嫌疑人还没有锁定到"周克华"这个名字，谁也不知道这个名字。距离2004年发生的那起案件已经过去了整整七年，犯罪嫌疑人一直没有被锁定。在这期间，犯罪嫌疑人频繁作案，气焰嚣张，网民给他起名叫"爆头哥"，还有人说他在境外当过雇佣兵。

接手案件时，刘忠义感觉到这个对手的目的，一是抢夺钱财和枪支，二就是要制造社会恐慌，对方有着一种强烈的反社会心理和挑衅心理。刘忠义将自己的想法讲给崔道植，并与他进行沟通，崔道植鼓励刘忠义："心无旁骛，用你的老办法一定会有所收获。"在崔道植眼中，刘忠义的办案方式和工作意志特别值得称赞，而且他的工作经验对于任何一名刑警来说，是完全可以借鉴学习的。刘忠义的战斗力，很快便被事实证明了。

2009年3月19日晚7时42分，周克华身穿浅色风衣，头戴黑色线帽，将成都军区驻渝部队十七团营房门口的哨兵开枪打死，抢得81-1式自动步枪一支。监控录像显示，周克华作案后徒步穿过了石桥铺社区，到达距现场约300米处乘坐一辆等候多时的出租车逃逸。当重庆警方为哨兵遇袭案层层设卡时，周克华已来到湖南长沙。接下来他在此生活了两年时间，其间犯下四桩血案。

同年10月14日下午两点，周克华在长沙某公园"黑松口"处枪杀了五十六岁的李某。李某是一名刚到长沙一个星期、帮女儿照顾孩子的农民，被杀时身上仅仅有二十元现金。这是周克华所犯众多案件中唯一一起未以抢夺钱财或枪支为目的的案件，且周克华并未对李某一枪毙命，而是连续开枪七次，使其身中六弹而亡。关于此案的作案动机，社会上流传甚广的一个说法是，周克华在练枪。如果细细分析，结合周克华的性格特点，这起案件可以展现出周克华多种作案动机，这里暂不赘述。

一个多月后，周克华又作下了"12·4"枪案。他在铁道学院西门外的农业银行门口，开枪打死一名刚从银行取钱的人，抢得现金4.5万元。此处距离周克华藏身的南郊公园仅两公里之遥。南郊公园紧邻一座高架桥，公园其实就是一座山林，四周仅有低矮围墙，一旦有人躲藏进去极难被发现。

2010年，长沙发生了"10·25"血案。周克华选择树木岭立交桥下的一处店铺下手，枪杀"环诚经贸公司"经理，抢走其笔记本电脑。此案集中展现了周克华对理想作案地点的挑选能力。距现场50米处有一条隶属长沙重型机器厂的货运铁路线，东边是一大片老旧小区，道路狭窄，西边则是一座高架桥，十分嘈杂，许多人听到枪响后，以为是爆胎声。

血案发生的当天，长沙警方除了设卡进行盘查围堵外，还出动警力对1690家无证经营的中小旅馆进行大规模清查，依据是"多起重案犯罪嫌疑人都曾在无证小旅馆落脚藏身"，但最终一无所获。

周克华，不是一般的犯罪嫌疑人。在警方与周克华较量的第一阶段，崔道植将他所犯下的这些案件成功并案，为后来专案组追凶打下了坚实的基础。

2009年，一个案发现场附近的监控，曾拍到过周克华。但很遗憾，几段关于周克华的监控视频，清晰度都很低，无法确定其长相，所以2011年之前，警方只能根据目击者的描述向社会发布周克华的模拟画像，进行悬赏通缉。长沙警方曾在2009年和2010年对周克华做过模拟画像。前一次画像上的周克华方脸平头、戴着墨镜，与重庆警方在2005年的模拟画像极为相似。周克华"平头男"的绰号正源于此。但在后一次的画像上，周克华摇身一变，成了一个戴着棒球帽、露着刘海的尖下巴男子。

模拟画像的大相径庭，给抓捕工作带来了巨大困难。长沙市民怀疑周克华整过容。长沙当地一家美容机构的老板在对比2005年和2009年的画像后，怀疑周克华进行过鼻子整形和脸部磨骨手术。前期侦破工作可以说是穷尽手段，警方为此耗费了数不清的人力、物力、财力。

画像不逼真，如何找到犯罪嫌疑人？接手案件的刘忠义，会使出什么高招来攻破系列疑难问题？面对这道疑难的"福尔摩斯命题"，刘忠义以他的细心和耐心，对所有材料进行重新梳理。刘忠义认真研究了已发案件的所有细节，通过对现有资料的反复甄别，提出了"二十四字"的侦查思路：抓住不变特征，回头观看视频；去除外在伪装，发现正面图像。

"发现正面图像！"怎么发现？当这"二十四字"侦查思路最初摆在众人面前时，并没有激起大家的热情。

这个侦查思路会成为抓捕周克华的良方吗？第一个问题首先来了——视频已经看了许多遍，伪装也试图去除了许多层，但是没有取得任何进展……后来人们回忆起刘忠义在这起案件中发挥的作用：刘忠义的言语少之又少，沉默寡言的他在处置棘手案件时，依然惜言如金，以至于他几次关键的表态，让大家记忆犹新；他的每一次关键决策，都对案件侦办起到了"质变"的推动作用。

事实证明，刘忠义的几次关键决策和表态，彻底改变了这起案件的侦查格局和走向。

围绕2009年10月25日长沙案件中周克华作案前踩点的视频，专案组组织了近百名民警，昼夜轮班对容量共计3500T的视频资料全面进行回看、甄别。在这些视频里，周克华作案前乘坐的905路公交车引起了办案人员的注意，但他在岳麓区某公交站下车后消失了踪迹。他不是下公交车后消失的吗？以那辆公交车各个站点为圆心延伸200米去搜查。刘忠义的这个决策，就像给大家打了鸡血，破案的希望重新燃起。办案人员采用人工方式，一帧一帧地审视着每一段视频，每个人都预备了滴眼液，累了就往眼睛滴点药水，然后接着看视频。2011年3月29日，周克华容貌的视频就是凭借着这样的工作被发现了！

那是一段周克华购买早点的视频，发生在2010年10月18日6时15分，视频显示地为长沙市岳麓区。视频中，周克华步态轻松，不慌不忙。民警见了这段视频异常兴奋。这段视频是所有视频中最为珍贵的一段了，除此之外，再无其他有价值的图像。当大家为此发现兴奋不已时，所有的线索却戛然而止了。这仅仅是一段模糊的视频，虽然周克华的面部无任何遮挡，但警方依然无法看清周克华的面部特征，无法精准地确定周克华的面容，也找不到与周克华活动规律、性格特点等有关的细节。很显然，周克华是有备而来的，偶尔的"春光乍泄"似乎无碍于他的隐蔽生涯。办案民警不禁感叹："这个对手，果然厉害。"

这段视频，就像一条断头路，给人以希望的同时却又瞬间让人走进死胡同。一定会发现他！刘忠义来到周克华买早点的位置，将自己置身于这个环境中，注视着周围的一切。

此时的刘忠义，感觉自己距离周克华是如此之近。正义与邪恶，两种力量在隔空激烈地交锋、缠斗。当时，没人在神色从容的刘忠义脸上发现什么。没人能想到，这个位置，是一个决战决胜的位置。刘忠义站在那个位置扫视周围的时候，突然发现了一个银行，于是问："那个银行，门前有监控吗？"

得到的答复是"没有"。刘忠义不放心，在银行附近勘查，最终发现了一个摄像头。通过调取这个摄像头所记录的视频，办案民警再一次发现了周克华的身影，沿着这个身影继续向前查看，发现周克华进入了一个网吧！

后来，所有的新闻报道对这个过程都没有给予过多关注，只是轻描淡写。事实上，没有刘忠义和他团队人员的细心和执著，很难发现这个网吧。细之又细，亲力亲为，刘忠义最终才能发现这个网吧与周克华的联系。

刘忠义很清楚对手，既然他喜欢挑衅，必定会关注他自己导演的"一部部恐怖电影"，然后观看警方的动静，欣赏自己的高明，满足自己的虚荣心。如何才能知道警方的动静，了解每起案件的社会影响？他是不便去打听的。而在网吧，他不但可以知晓自己的影响力，还能陶醉在自己实施的犯罪案件中，默默地观看网民自以为是的分析和评判。

刘忠义果断决策：还原网吧当时的场景，调查每一台机子的上网记录，核实上网人员身份。

专案组众人的精气神瞬间再次振作起来。结合视频，警方推断出周克华进出网吧的时间，然后排查上网人员信息，很快发现一个持周波身份证的人具有重大嫌疑。经核查，周波是一名摩的司机，从未去过网吧，身份证早就丢失了，周克华捡到周波的身份证，并使用其身份证多次在网吧上网。据网管回忆，这个男人每次上网前都会有意地将电脑摄像头挪开，极为谨慎。

通过调取周克华上网电脑的数据，网安民警终于成功找到了两张清晰的周克华面部的照片，并通过旁边邻近电脑的摄像头，同样发现了周克华清晰的面部照片——这是专案组开展工作以来，第一次发现周克华的真实面貌。由于视频角度原因，周克华的面部有些变形，但是后来，熟悉他的人能够认出他来。这是七年来警方获得的最有价值的破案线索。

周克华看军事网站和犯罪类型电影的爱好，此时已经被警方发现。很明显，他是想从影视作品里学习作案方法。调阅周克华的上网记录，警方发现《沉默的羔羊》与《汉尼拔》这两部电影，他竟然看了十遍！

七年，经过长达七年的较量，警方终于发现了周克华的清晰照片，见到了他的庐山真面目。可是，照片上的人叫啥？

获取周克华的样貌信息只是第一步。此时刘忠义还不知道他叫周克华。接下来该如何确认犯罪嫌疑人的身份呢？以两张清晰照片为依据，当时全国公安机关内部开展了大规模排查工作，重点是四川地区。下一步工作能否取得突破，取决于群众发动情况以及民警排查工作质量两个方面。

刘忠义开始耐心等待。

2011年6月初，就在侦查工作刚有了进展的时候，刘忠义却因为肝脏严重不适，不得不住进了医院。刘忠义和崔道植交流案件侦破工作的时候，从来没有提起过自己身体的不适。很多时候，刘忠义也会感到劳累和疲倦，但他每一次与崔道植互动后，都会获得一种力量。用刘忠义的话说：“每次面对崔老，不仅仅是案件业务上的受教，更多的是感受到了老人家的精神境界，从那种感受中我会获得一种激励。”

多年刑侦工作的考验，致使刘忠义身体上留下了很多伤痛，但在面对崔道植的时候，这些伤痛从来都不会成为他们讨论的话题。后来，刘忠义在追捕周克华期间做了一次大手术，这件事情，崔道植一直都不知晓。事后多年得知后，崔道植一方面佩服刘忠义的坚强，一方面因为心疼刘忠义而皱紧了眉头。

在崔道植和刘忠义身上，都体现着中国刑警艰苦卓绝的精神。崔道植在八旬高龄带着眼伤连续工作三天三夜，为侦破案件提供关键证据；刘忠义也在与疾病角力过程中，成功追捕了周克华。

刘忠义的腰椎疾病已患很长时间。腰椎的疼痛，无论多么剧烈他都选择忍受，实在忍受不了，便借助药物止痛，可肝脏的问题他却无法忍受。刘忠义在 2011 年 1 月调入公安部时，肝部血管瘤直径是 1.8cm，到 6 月时直径已达 5.2cm，肝功能已经出现严重问题。一向头脑清晰的刘忠义有时会感觉浑身无力、视线模糊，病痛甚至开始影响他的意志力与情绪了。医生对他说只要手术成功，一切就可以缓解。

可这次手术不是微创，而是胸部"大揭盖"那种手术。手术完毕后仅仅休息了二十天，刘忠义便直接奔赴长沙……

医生惊呆了，家人流泪了，但没有人能够阻拦他。没人知道沉默寡言的刘忠义在接受手术时满脑子思考着自己的对手，直到麻药发挥效力。当手术做完后，他思维意识恢复的第一秒，系列案件的画面又重新呈现在他的脑海中。

如果崔道植知道此时刘忠义的情况，一定会为他骄傲。在崔道植心中，刘忠义是刑警战线不可多得的人才，他的意志力超乎常人想象。周克华是一个亡命徒，却不知道刘忠义在缉捕要犯时，是一名不折不扣的"拼命三郎"。

刘忠义手术期间，2011 年 6 月 28 日 9 时 37 分，周克华在长沙市黑梨路选择一处与"10·25"血案中地理位置极为接近的店面门口，再次枪击杀人。当时，长沙市天降暴雨，两个小时的时间降雨量达 140 毫米，交通大规模瘫痪。

在崔道植和刘忠义身上，都体现着中国刑警艰苦卓绝的精神

除此案外，长沙警方还接到53起交通事故报警。这给长沙警方布控工作带来极大困难，周克华在暴雨中再次逃脱。

刘忠义获知这一案件时，刚刚能从病床上坐起来。去长沙！他豁出去了。

妻子和儿子知道他的性格特点，拦也拦不住，劝也没用，因为这样的工作状态就是刘忠义的生活方式，没有人能够改变他。周克华光天化日之下在闹市区开枪杀人，公然挑战社会公共秩序，危害人民群众生命财产安全，社会舆论反响强烈，警方压力巨大。此刻，刘忠义的内心是郁闷和惋惜，那些被害人的现场惨状频繁在刘忠义脑海中浮现。

身份的隐藏，成为周克华最后一道护身符。

崔道植五十三岁被提拔为副处，五十七岁被提拔为正处。如果从官位角度来说，他的履历不算精彩。但数十年公安工作与党性的磨炼，使崔道植能够正确对待自我和社会、自我和工作，甚至生与死的关系，所以他才能以"释然"的态度看待发生在自己身上的一切，能"淡然"地对待金钱、名利、地位、生死，把这些都看成身外之物，能"放下无关紧要"，消除烦恼，沉浸在自己的刑事技术工作里。也正是因为如此，他才能发现常人所不能发现的东西，比如他与周克华虽然没有见过面，却知道他手中的手枪系巴基斯坦生产，又通过这一点把系列案件并案。

崔道植的鉴定结果已经将那些案件并案很久了，刘忠义能否在此基础上发现周克华的真容呢？时间，考验着刘忠义。暴雨中作案完毕后，在2011年8月至9月期间，周克华因父亲去世回家服丧、守灵。他之所以能够安然来去，是因为他的身份信息还未暴露。此刻的周克华不知道刘忠义已经在向他步步逼近。他的名字浮出水面，只是时间问题。周克华最为关键的一张底牌——身份信息，即将被警方侦知。2012年1月6日9时54分，南京市下关区和燕路东门街2号的中国农业银行门口，江苏某建筑公司员工程某取款后走出银行大门，周克华朝其头部开枪。程某倒下后，周克华迅速捡起装有19.99万元现金的纸袋，逃离现场。

枪击案发生后，南京方面出动全城警力进行排查。周克华再一次展示了他所具备的反侦查能力。南京街头的一处监控显示，周克华在逃跑中途经此处，他好像预先知道这里有监控，刻意压低了棒球帽，用手和帽檐挡住整张脸。作案前的踩点过程中，周克华也用帽子、口罩严密地包裹住自己的脸，从不显露真容。

他的伪装，还不仅仅是遮挡面部。此案作案前的踩点视频中，周克华走路时，"外八字"步态非常明显，而且以非常夸张的幅度左右摇晃肩膀，"外八字"这一特征也出现在随后的通缉令中。作案后，周克华走路时，肩膀却十分平稳。

这一次，周克华仅仅是暂时躲开了南京警方的搜捕，却栽在了刘忠义为他编织的更大法网之中，他不知道自己的相貌已经被刘忠义清晰地掌握了。总结了2011年6月长沙枪击案的教训，刘忠义通过多种方法组织了更大范围的群众工作。长沙警方在悬赏，南京警方在悬赏……此前在网吧获取的两张周克华的照片被贴满苏湘渝地区的大街小巷，以及所有网吧的电脑桌面上。

如何持续保持民警侦破案件的信心与激情？确保群众工作高效有力？这是刘忠义心中一直思考的问题。拖着尚未痊愈的身体，刘忠义频繁地往来于苏湘渝地区，给办案民警加油鼓劲儿，确保每一座发生案件的城市始终处于全城"紧急"状态。

重庆、长沙警方均派民警赶赴南京。重庆警方还提供了多个可疑人员的名单供比对参考。重庆市公安局沙坪坝分局井口派出所在排查中，发现辖区内有贩卖枪支前科的周克华长期不在家，民警拿着通缉照片与周克华照片认真观察比对，越看越像，于是将其列为重要嫌疑人之一。当地警方提取周克华父母的DNA样本，与南京警方所获的DNA样本比对，结果完全相符——就此确定犯罪嫌疑人是周克华。

2012年8月14日凌晨6时50分，周克华被两名便衣民警悄

2012年8月14日，周克华在重庆沙坪坝区童家桥被公安民警击毙

悄跟踪着，便衣民警被周克华察觉，随后双方发生枪战，周克华最终中枪倒地，抽搐，死去。枪击、潜伏、折返、现身闹市，这一套动作多么熟练。过去八年里，周克华如是反复，接连犯下大案，他不仅以凶残闻名，更以其作案后的从容而令公众恐慌。从容的周克华，遇到了更为从容的对手——先是崔道植后是刘忠义。

苏渝湘系列案件的侦破，是正义终将战胜邪恶的规律使然，参与此案的办案人员付出了难以想象的艰辛，崔道植与刘忠义在其中发挥的作用更是关键所在，二人的共同点就是能够发现常人难以发现的突破点，这是他们高超的侦查能力决定的。

第十章 "实事求是"
创造独有的传奇

跨越时光岁月，克服艰难险阻，忍受孤独寂寞……无论遇到什么样的困难，崔道植始终用"实事求是"四个字严格要求自己，并且始终如一地坚持信仰，最终创造了属于他自己的传奇。

李新明是哈尔滨市公安局刑事技术支队副支队长。因为他从事的工作也是痕迹检验，所以他跟崔道植接触的机会比较多，但不是在单位，而是在崔道植家里，因为李新明参加工作之后崔道植已经退休了。所以说，很多时候，学习也好，请崔道植帮助研究案件也好，都是在崔道植家里，就在省公安厅的家属大院里。崔道植退休后在家里研究猎枪弹头比对建档工作，就是李新明协助他完成的。

李新明是幸运的，他可以近距离感受崔道植的工作状态，一次次见证崔道植的神奇。从李新明外表看去，他是一个很朴实的人，说他朴实也就意味着他不是那种八面玲珑、善于讨人喜欢的人。崔道植认可他，尤其认可他的钻研精神。崔道植从来不会以貌取人，总会对喜欢钻研的人青睐有加，倾其所有本领引导对方。

对于李新明来说，崔道植是他的一位良师，通过崔道植侦破的众多案件，他感受到了崔道植高超的技术与崇高的人格境界。

2000年11月，黑龙江省木兰县一个储蓄所在夜里突然着火，火光冲天。虽然是半夜时分，但周围聚集了大量围观群众。火灾过后，警方认定这是一起抢劫案件，其中三人死亡。勘查现场后，警方发现，劫匪杀完人后又泼油纵火，现场有价值的痕迹几乎全被烧毁了，最后警方只是在用于纵火的盛装汽油的塑料桶上面发现了一枚模糊指纹。

这枚指纹，让警方如获至宝。

那个塑料桶，曾经装满了汽油，劫匪将桶里汽油全部泼洒到现场，然后纵火焚烧现场。李新明在塑料桶上面提取了一枚指节位置的指纹，作为案发现场留下的唯一的痕迹物证，这枚指纹的鉴定工作成为了重中之重。所以，围绕这枚指纹进行的案件摸排工作非常仔细，摸排的嫌疑人也非常多。当时，李新明摸排的第一批对象，就多达300多人。这300多人的指纹全部被提取了，李新明看了一遍，首先把明显不符合要求的剔出去，最后剩下一百多枚指纹无法确定了。因为桶上提取的指纹是枚变形纹，呈弯曲状，它不像那种在平面上留下的平整的指纹那样清晰，因为指节一弯曲，再印在油桶上，纹线就发生了变化。所以，剩下的一百多枚指纹很难进行进一步的排查。

一百多枚指纹，可难坏了所有参与案件侦破的人。这一百多枚指纹，对应着一百多名嫌疑人。想认定这一百多枚指纹，条件严重不足；想否定这一百多枚指纹，极有可能让真正的犯罪嫌疑人逃脱。这一百多人就悬在那里，留不行，被彻底排除更不行。案件侦破到这个节骨眼，就剩一个字——难！

疑难与困惑出现的时候，李新明一定会去请教崔道植。一天下班之后，李新明来到崔道植家里，他把那些指纹拿来让他看。崔道植的家简直就是一间办公室，桌子上面几乎没有太多的物品，只有一台显微镜最为显眼。除了那台显微镜，还有一个马蹄镜，所有用于痕迹检验的小工具也摆放在桌上。

上世纪九十年代末的时候，崔道植家里还没有电脑。崔道植要想研究这些指纹，只能靠人工一点点研究分析，工作量令人难以想象。这样的情况对于崔道植来说绝对不是第一次了，他面对巨大的工作量从来没有任何怨言。崔道植明白，喜欢钻研的李新明都束手无策，一定是遇到硬骨头了。

每否定一枚指纹，都不是闹着玩的，其中暗含着巨大的责任，一不留神就可能会漏掉真凶。接过一百多枚指纹，崔道植随后开始了一个又一个不眠之夜，他一枚一枚仔细核对，针对每一枚指纹，均拿出了令人信服的鉴定依据。崔道植把李新明叫到眼前，逐一告诉他自己是如何做出鉴定结论的。讲解过程中，崔道植无形当中一直在教李新明怎样识别疑难指纹，尤其怎样识别变形指纹，还有在看指纹的时候应当注意哪些事情。表面上是在讲解破案，其实崔道植在手把手地传授李新明鉴定疑难指纹的工作秘籍。后来，崔道植竟然把李新明送去的一百多枚指纹都否掉了。

鉴定一百多枚指节纹，多么大的工作量啊，而且每一枚指纹都要拿出准确的鉴定报告。一百多名嫌疑人被排除了，极大缓解了基层刑警的工作量，无形当中也推动着侦查工作朝着正确方向前进。

后来，此案又出现了一个作案嫌疑极大的嫌疑人——一名保安。很多办案刑警甚至已经想当然认为这名保安就是犯罪嫌疑人，各种推理分析也越来越"合理"。接下来，崔道植重点研究了这名保安的指纹，几天后得出结论：不是他！

崔道植把这起案件的调查对象逐一否定后，基层刑警不断调整工作方向，功夫不负有心人，警方最终发现了真正的犯罪嫌疑人。这样一起疑难案件，如果没有崔道植的助力，弯路就会越走越多，整个侦破过程耗费的资源是不可想象的，警方很有可能会在错误的工作方向中漏掉真正的犯罪嫌疑人。

2000年9月的一个清晨，哈尔滨市南岗区宣西小区发生一起杀人案件，一名女子被杀死在家里。该女子躺在沙发上，系被人扼住咽喉，窒息而死，在其头部位置放着一台冰箱。

这是一起非常蹊跷的案件。在这起案件里，嫌疑最大的就是与她同居的男友。该女子家里总共住着三个人，除了这名女子还有她的孩子和她的男友。他们三个人共同在这间屋里生活，李新明在勘查过程当中，发现了他们的大量指纹。作为同居男友，被害女子家出现他的指纹是很正常的。在开始时，侦查部门已经把她男友的作案嫌疑排除了，她的男友在清晨起床后便去送她的女儿上学，她女儿能证实这一点，因此他的作案时间就这样被否定了。

这是一对可怜的母女。女儿放学后，再也见不到妈妈了。该女子的孩子前段时间刚开学，经常叮嘱她好好学习的妈妈，在这一天永远离开了她。她的妈妈被掐死在自己家的沙发上，怒睁着双眼不肯瞑目，那是对凶手的恨和对年幼女儿的不舍啊！为了侦破这起案件，刑警们也是穷尽了手段，但没有任何进展。

被害人男友的嫌疑虽然被排除了，但现场一系列指纹还是引起了李新明的怀疑，尤其是在冰箱侧面提取到的一枚她男友的汗液指纹。

勘查过程当中，尸体在沙发上，而紧邻尸体头部的就是这台冰箱。因为是9月份，这枚汗液指纹比较新鲜，比在房间内采集到的其他指纹都要新鲜，可以据此判断是最新遗留的。犯罪嫌疑人假如是她男友，而她男友在此居住，有汗液指纹很正常。当时要紧的是，怎么来确定这枚指纹是她男友平日生活留下的？还是作案时所遗留的？两者之间的鉴定结论，是非常关键的。

这枚指纹有利用价值吗？如何利用？参与案件侦破的工作人员犹疑不定，一筹莫展，而李新明从直觉上判断此案就是被害人男友干的，但直觉归直觉，难题依旧摆在那里，谁也无法突破。既然被害人男友已经从作案时间上被排除作案嫌疑了，要想定罪于他，就必须拿出令人信服、可以瞬间揭穿他谎话的严密证据。

这个难题实在是难！李新明来到崔道植家。李新明把现场的照片，包括那枚指纹，给崔道植看了。仅仅通过这些照片，崔道植就拿出了充足的论据，证明冰箱侧面提取的这枚指纹就是被害人男友作案时所遗留的。令人称奇的是，崔道植充分利用那些指纹痕迹的轻重与形成的不同位置，像过电影一样再现了被害人与其男友之间的短暂搏斗，最后被害人因窒息而丧命的整个过程。至于被害人男友没有作案时间这一问题，崔道植以被害人男友带着被害人孩子离开现场时间为起点，精准算出了被害人男友离开现场又利用很短时间回到现场、行凶后再次离开现场等所需的最短的时间。

为了确保鉴定结果准确无误，崔道植又来到案发现场实地勘查。崔道植模拟被害人躺着的姿势，模拟被害人男友行凶时的站位，最后确定了那枚指纹是如何形成的。崔道植当然也非常清楚，由于被害人男友就在现场居住生活，现场遗留了大量他的指纹，又因为他没有作案时间，因此认定他是犯罪嫌疑人是一件难度极高的事情，一不留神也许就会冤枉一个无辜的人。但崔道植就是崔道植，他通过令人信服的侦查实验证明了一切。对于被害人男友没有作案时间的问题，崔道植首先假设自己就是犯罪嫌疑人，他设计了多种方式躲避警方侦查。因此，崔道植认为被害人男友说没有作案时间并不成立。

最后，哈尔滨警方根据崔道植的鉴定结论，把被害人男友又重新纳入了侦查视线。当讯问民警按照崔道植的提示，一步步再现其害死女友的作案过程以及利用短暂时间差出入现场的情景时，被害人男友额头上涌出豆大汗珠，他的心理防线瞬间瓦解了，最终他承认了一切。对于没有作案时间这个问题，果然是他精心设计的，他没有想到会被一名退休老警察戳穿。

其实，崔道植的成功秘诀就是"专注"和"敬业"。简简单单四个字，概括了崔道植一生的工作状态。2013年，崔道植已经七十九岁了。那一年，吉林省公安厅的办案警察来到黑龙江，两地警方在太阳岛研究系列跨省案件，吉林警方由于怀疑其中一起发生在黑龙江省哈尔滨市双城地区的案件与发生在吉林的系列案件类似，因此需要拿出准确的鉴定结论，才能将该案与那些系列案件并案，吉林警方与黑龙江警方对此案进行了研究。因为当时此案发生在双城，归哈尔滨管辖，所以黑龙江警方这边动用的侦查力量仅仅局限于哈尔滨市公安局。经过一系列研究，此案与那些系列案件基本上被串并成功，但是在最后一个关键环节出现了问题。案件中，犯罪嫌疑人使用的枪支，无法确定其与吉林案件中的枪支是同一把。这个时候，哈尔滨市公安局请崔道植出山了。

七十九岁的崔道植，早上8点多来到哈尔滨市公安局刑事技术支队，然后整整工作了一天。当时针对该疑难案件的枪弹痕迹，刑事技术人员意见不统一，出现了分歧。到了晚上下班的时候，李新明亲自把崔道植送回了家。李新明清晰记得，他当天下午6点左右把崔道植送回了家，然后自己就回家休息了，因为白天工作一天很累了。李新明没有想到的是，第二天早晨5点的时候，崔道植给他打来电话，兴奋地告诉他，鉴定成功了，结果出来了，一点问题没有，可以百分之百将此案与其他案件并案——七十九岁的崔道植为了这个鉴定竟然一夜都没有休息，他研究了一晚上。

崔道植给李新明打电话的时候，李新明还在睡觉。李新明原本还处于半梦半醒当中，崔道植已经在电话那边滔滔不绝起来了，告诉他那个痕迹是如何形成的……李新明潜意识里已经意识到崔道植一夜没睡，立即问了一句："崔老，您，难道一夜没睡觉啊？"崔道植告诉他："没有，一夜没睡，我刚刚得出结果。"

通过这个案例，崔道植的专注与敬业精神可见一斑。一位七十九岁的老人，能够从早上 8 点一直工作到第二天早上 5 点，勤勤恳恳，没有片刻休息，这样的人该如何评价？有人这样说，现在在黑龙江的刑事技术人员谁能超过他、赶上他，这是不可能的。第一，你付出的时间和精力永远赶不上崔道植；第二，论严谨和执著，谁也赶不上崔道植；第三，崔道植平易近人，不论你是谁，是哪里的刑警，只要有困难，他就把你的事当成自己的事来做。不论是大案件还是小案件，不论是部长批示要求侦办还是普通的技术员来找他解决问题，崔道植都一样认真对待。

2011 年的时候，李新明和崔道植共同研究了钢珠击打某单位玻璃的案件。面对玻璃上一个又一个孔洞，他们思考这些孔洞是怎样形成的呢？研究过程中，二人遇到了很棘手的问题：哪个孔洞是由钢珠枪击打形成的？哪个是由弹弓击打形成的？在此之前，他们已经确认这些钢珠是由钢珠枪和弹弓打出来的。

这是一个全新课题，李新明和崔道植一直愁眉不展。以往，研究此类疑难问题都会由崔道植率先打开突破口，但这一次李新明首先有了收获。同崔道植共同工作了许多年，耳濡目染之下，李新明愈发刻苦工作，这样的付出也给他带来了许多意想不到的收获。

李新明买了很多玻璃，运到没有人的地方，分别用钢珠枪和弹弓射出钢珠击打玻璃。那些人搞恶作剧也好，寻衅滋事也罢，他们在钢珠击发瞬间也许会有某种变态的快感，而李新明每每击发一次，注意力都会集中在钢珠形成的孔洞上。玻璃打碎了一大片，李新明也为此花费了许多钱。

一天晚上，李新明发现了其中的一些规律后，兴奋地给崔道植打电话："崔老，我对钢珠击打玻璃形成的孔洞有一点儿新发现，用钢珠枪和弹弓分别击打玻璃，形成的孔洞是有所不同的，比如同样是发射钢珠，最后在玻璃上形成的孔洞，直径不大相同，而且有一定的规律性。"

接下来的第二天、第三天，崔道植都会早早地来到李新明的办公室，到了那里就开始研究李新明发现的规律，而且拿着一个又一个鉴定材料，不断向李新明问着："和我说说，这个，你到底是怎么看的？"然后，李新明很耐心地把他做的每一次实验，一一向崔道植说得清清楚楚。仔细问过后,崔道植又把相关照片拿出来看,仔仔细细地研究起来。看完照片后他问李新明:"能不能把你拍的这些照片给我?我回去再看看。"李新明高兴地说:"没问题啊,您随便看。"李新明心里非常愉悦,有崔道植老人家为他把关、复核,说不定还会发现更多东西。一位老人家,对工作这样认真负责,李新明心里除了佩服还是佩服。

崔道植把那些照片拿回家后,两天时间里,一步也没走出家门。当得出自己独到的见解后,他马上给李新明打了电话:"太好了,确实是有规律可循,接下来我再给你布置几项任务,你按照我说的去做,应该还会有新收获……"当听到崔道植给自己布置的那些任务时,李新明由衷地感觉到了崔道植身上无人可及的敬业精神,一项项任务是那么扎实,是那么让人受启发,是自己忙了许多天却没能意识到的关键问题,通过崔道植提出的这些任务,李新明感觉到了自己和崔道植之间的差距。

从1996年参加工作到现在的二十多年时间里,李新明认为与崔道植接触是一件最为幸运和最为快乐的事情,凡是有拿不定主意的时候,凡是遇到难点、心情灰暗、感觉迷茫的时候,他都会与崔道植打电话沟通,或者是直接上崔道植家里。崔道植既能对案件拨云现日,更能一次次激发他的斗志,使其加班加点工作。李新明和许多接触过崔道植的人都深深知道,崔道植的敬业精神,崔道植的严谨作风,还有他平易近人的态度,永远是年轻人学习的榜样,他身上蕴含的品质是所有人高度敬仰的精神之地。

一次又一次,数不清多少次,崔道植的身影不断出现在基层公安机关,无论他走到哪里,那里隐藏极深的犯罪分子就会现出原形。但这时,崔道植反而是担心自己麻烦他人。崔道植做所有事情都非常仔细,每当有人给他打电话,请求他帮助研究案件,他总会乘坐公共交通独自前往,他那瘦削的身影总会像一阵清风,在一处又一处基层公安部门突然而至。本来是帮别人研究疑难问题,他反而总会把"怕给大家添麻烦"挂在嘴边。崔道植从来不在基层单位吃饭,总是自己带着水和面包,他总是说:"什么都别管我,你们忙你们的,我弄明白了就告诉你们。"

崔道植就是这种劲头儿,你不用陪着他,你也别接他,你也别送他,找他吃饭他根本就不去。一次又一次,当崔道植瘦削的身影离开办案单位时,人们望着他远去的背影,总会忍不住流下感动的泪水。

长期与崔道植接触的人,都会发自内心地心疼他。很多人慕名而来,不管大案小案，只要有疑难问题，崔道植就会伸出援助之手，而且他对每件事都认真对待，只要有人找他，不管此人职位高低，他都一视同仁。有时，很多没有接触崔道植的基层刑警，会找到一些熟悉崔道植的中间人——比如李新明，请其帮忙找崔道植。当有人找到李新明的时候，李新明往往会带着情绪说："咱们能不能自己解决，能自己解决最好别找崔老师了，他身体真是承受不起为这么多人干活儿。如果你不认真解决问题，就来找崔老师，我是不会同意的。你自己先做，你努力做了，确实做不到，咱们再找崔老师。"

就这样，有些案件会被李新明挡在门外。确实没办法，人的精力有限，崔道植还要解决许多疑难问题，而那些慕名而来的求助，只要他接手他肯定会付出百分之百的心血，这样的话，他的身体肯定吃不消。所以，像李新明一样熟悉、了解崔道植的人都心疼他，总会尽量帮他推掉一些案件，用李新明的话说："你自己没尽力做好的事，就把问题拿来给崔老师看，那我们肯定是不答应的。"

齐明是黑龙江省公安厅刑侦总队侵财支队刑警，他于2002年到省公安厅刑侦总队工作后，最初在大案支队工作了十三年。在此期间，他的办公室和崔道植的办公室相距不远，他陪着崔道植前往现场的次数也比较多。他每天都能看到崔道植早早来到办公室，又很晚地离开。

2003年1月31日，黑龙江省北安市发生枪案，那次前往现场对齐明来说印象极深，因为那是他第一次陪同崔道植前往现场。此前，齐明已经听过很多同事讲述，也看过很多资料，了解了崔道植的神奇与不凡。这一次，是他第一次接触崔道植，他的第一印象是崔道植并没有多么神奇。但齐明看到了崔道植工作上的认真态度，也被崔道植感动了。

那是一起制式枪枪杀两人的案件，而且是入室杀人。齐明和很多刑警一起到达现场后，在现场勘查了一会儿就撤出来了，然后崔道植带人进去勘查。齐明原本认为崔道植进去勘查，也会很快出来，起码不会超过两三个小时，但没有想到的是，崔道植一进去，半天没出来。大概过了两天左右，齐明再次回到案发现场，发现崔道植依然在专心致志地研究子弹弹道。当时，也没有什么好的工具设备，崔道植拿着绳子，将一端拴在固定点上，另一端不停地变换和测量，又不停地计算。屋子里画了很多弹道轨迹，齐明看到那一切的时候感觉很震惊，一位退休的老刑警竟然如此敬业，竟然把现场研究得那么细致和透彻。那一次，齐明明白了，现场不研究个底儿朝天，不研究个透透彻彻，崔道植根本就不会撤，只有崔道植认为所有的疑问都解释清楚了，他才会"善罢甘休"。

从专业技术角度来说，崔道植是毫无疑问的侦查专家，他对现场勘查工作极其重视。很多时候，他会在一个痕迹上抠了又抠，也许这个痕迹不会直接指向破案线索，甚至别人认为这是一个没有价值的痕迹，但崔道植总会有自己的独到理解，每一个陪同他进行过现场勘查工作的人，都会从他身上学到许多东西。崔道植认为，现场勘查工作做到位了就等于把犯罪分子的整个作案过程重新复原了，无论是指纹、足迹，还是一些工具痕迹、枪弹痕迹，所有的这些痕迹串联在一起，就相当于把犯罪分子的作案过程描述了一遍，只有所有现场勘查工作都做到位了，后期才可以根据这些工作来分析犯罪分子的作案时间、作案性质、作案目的。

不同的犯罪现场，分别有不同的"表情"。每一个犯罪现场，也都会有神色各异的"表情"。就像世间的指纹没有雷同一样，这些"表情"也从来没有雷同，只不过常人难以发现。闻名于中国刑侦界的老刑警崔道植，其神奇之处就在于能够精准捕捉这些"表情"——这些"表情"，很多时候也只有他能够捕捉到。捕捉"表情"，需要立足现场呈现出的那些痕迹，所有的结论都是依托现场的痕迹得出来的。现场勘查工作是所有案件最关键、最基础的环节，正是由于崔道植和众多刑事技术人员的大量工作，才为案件侦破工作提供了大量支撑。案件侦查只有依托于现场，才能知道下一步应该采取什么侦查措施，往哪个方向去攻克。疑难案件发生之后，具体是什么性质，有时在短时间里很难辨识，只有通过刑事技术人员进行现场勘查，把现场整个作案过程分析出来，才能进行下一步分析。

案件侦破工作，从最开始现场侦查到最后起诉、审判，刑事技术工作是极为关键的。前文提到的厦门案件，历时一年多的工作后，检察院想起诉到法院，但一直迟迟没进行诉讼，原因就在于那枚弹头没有被认定。如果那枚弹头最终没有被崔道植认定的话，可能这个案件审判的结果就是相反的，因为现场那枚弹头是很重要的证据。实际上，刑事案件现场勘查工作既艰苦，又耗费精力、体力。尤其是在有尸体的案件现场，崔道植会和法医一起参与解剖，那种尸臭的味道是任何语言都描述不出来的，一般人根本就受不了，但崔道植经常停留在现场，一待就是好长时间。

从事公安工作后，崔道植大多数时间都是独自一人进行工作，工作量非常大。1964年至1966年间，省公安厅里分配了两个大学生到崔道植所在的科室工作。因为那时候搞社教，来的大学生必须参加社教，所以这两个大学生又被分到县里面搞社教去了。崔道植一个人工作的状态就这样持续了很多年，上夜班、加班加点，崔道植始终任劳任怨地工作着，因此他在技术处里面比较出名。崔道植那时候的出名，还没有完全体现在他的高超技术上，主要是因为他勤勤恳恳的工作态度。崔道植当时也想带新人，好把他工作上的收获及时分享给新人，但是客观环境不允许，他只能独自坚持着。

"文革"期间，崔道植和很多人一样，被下放接受劳动改造，但他是黑龙江省公安厅中下去最晚的人，因为刑事案件接二连三地发生，他要下去了就没人勘查现场了。那时候，黑龙江省公安厅由部队接管。在部队同志的领导下，一有刑事案件发生，崔道植就要前往案发现场。所以，崔道植于1968年7月才到北安劳改农场报到，那已经是黑龙江省公安厅最后一批下放的人员了。劳动改造期间，崔道植坚持白天劳动，晚上学习。到了1969年末，崔道植在农场劳动了将近一年半，由于全省刑事案件频繁发生，勘查现场的部队保卫处的同志忙不过来，案件现场勘查知识不足导致工作效率很低，于是又把崔道植提前调了回来。调回省厅后，崔道植专心投入到刑事案件现场勘查工作中，他成为了"文革"期间黑龙江省公安厅劳动改造时间最短的人。

崔道植的一生，见证了共和国刑侦事业的发展。"文革"刚刚结束，全国公安机关的刑事技术工作亟待重新开展起来，不管是人员、理念，还是警用装备都比较落后。邓小平同志恢复工作后，一切得到了很大改观。那时，国家非常注重培养年轻干部，也正是从那个时候开始，黑龙江省公安厅来了不少大学生，这些刚毕业的大学生中有很多被分配到崔道植所在的技术处，技术处里边大学生最多的又在痕迹检验科。那时，崔道植在痕迹检验科当科长，科里一口气来了五位大学生，人手顿时充足起来了。除了人才补充到位，公安部当时考虑到全国各地公安刑事技术器材比较落后，在经济状况非常困难的条件下，依然不断组织刑事技术人员到国外参观学习，又陆续购买了先进器材。就这样，崔道植身边来了新人，器材也不断地得到更新。

崔道植工作干劲儿达到最佳时，他会对年轻同志说："你们看，以前啊，我要是能有一台日本的比较显微镜，就会很满足了。你们看，这台比较显微镜不是日本的，而是德国的，不是一台还是两台。还有，显现粉末不光是那老三样了，显现粉种类齐全，有从日本进口的，有从德国进口的，还有从苏联进口来的。无损检验灯，红外光源、紫外光源也很多……"

崔道植的喜悦之情鼓舞着年轻人努力工作。器材丰富了，人才到位了，崔道植工作起来也就更顺手了，他开始专心致志地把自己许多年来的工作经验分享给年轻人。但是仅仅过了三年，情况就发生了变化。当时，省公安厅由于重视培养年轻干部，崔道植办公室里的大学生都成了省公安厅的宝贝。

就这样，痕迹检验科里的那些大学生慢慢地只留下来了一个，其他几个同志都被调到别的部门了。黑龙江省公安厅成立了很多新部门，比如过去没有专门的计算机管理处，现在也有了。崔道植身边的年轻同志纷纷走到新岗位上，有人很快被提拔为副处长、处长。最后，身边只剩下了一个年轻同志，崔道植感觉也挺好的，那个同志是当时科里最年轻的。但好景不长，厅机关党委书记看中了他，问他："你愿不愿意来我们厅机关党委，到厅团委来工作。"年轻同志说："能行吗？"机关党委书记说："你想不想？你愿意就行。"

就这几句简单的对话，预示着崔道植很快又要成为"光杆司令"了。对于这个问题，崔道植给组织的答复是："确实应该。"这位年轻同志找到

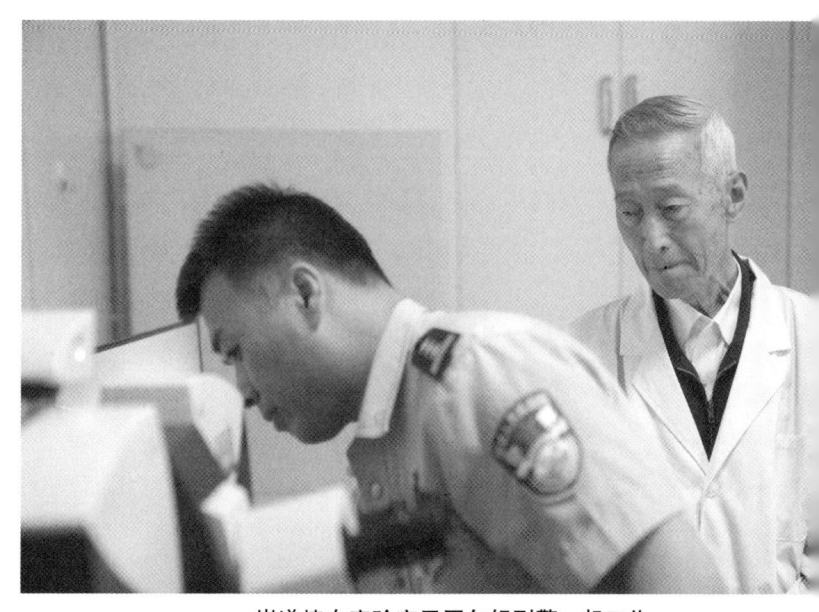

崔道植在实验室里同年轻刑警一起工作

崔道植，他说："崔老师，我想要到厅团委里面去，您看能不能放我。"崔道植考虑到别的大学生都走了，于是说："你走吧，我自己在这里，再请其他人干也行。"就这样，最年轻的大学生最后也走了，只剩崔道植自己了。

2006年，崔道植参加全国公安科技大会，他成为全国公安科技突出贡献获得者，作为全国公安科技大会代表上台发言，崔道植当时向全场参加会议的年轻一代刑事技术工作者感慨道："现在，你们赶上了这么好的时代，从事刑事技术工作过程中国家会不断把你们送到刑警学院学习新技术。如果时光能够倒流，你们到我三十年前的实验室看看，一个放大镜，一个勘查箱，一个破旧的立体显微镜，那时候日本产的还算不错。现在，刑事技术部门引进这么多先进的器材，不好好工作，能对得起党吗？"

崔道植对年轻人的工作要求特别严，在他科室工作过的年轻同志经过他的严格培养后，都会很快成为一名合格的共产党员，而且崔道植特别喜欢给年轻人做入党介绍人。但凡经过崔道植培养入党的年轻人，他们对崔道植的严厉总是充满感激，他们一直以接受崔道植的培养为荣。

第十一章　四十年的互动

"从事我们这项工作，最要不得的就是官僚主义，要对党负责，要对人民群众负责……没有亲力亲为和实事求是的工作态度，就发现不了工作精髓……"

四十年前的这句话，来自于崔道植对他的一位学生的授课。这句话，这位学生牢记了一生，也贯彻了他的职业生涯。

1978年初春，二十二岁的嘉荫县公安局刑警曹力伟来到伊春市带岭区参加黑龙江省公安厅举办的全省刑事技术培训班。当时，他完全没有想到，在这次培训班上，会留下一段让他终身难忘的记忆。这次培训班上，也让身为授课教师的崔道植深深地记下了曹力伟这个名字。

每个人都有属于自己的生活和工作频率。说不定什么时候，人群里你就会遇见和你频率相同的人，那种相同频率产生的共振，会成为彼此之间的一种鼓励。那一年，崔道植四十四岁，曹力伟二十二岁。在崔道植眼中，那时的曹力伟还是一个孩子。许多年以后，崔道植始终会说："1978年，我在伊春搞培训，遇到一个名字叫曹力伟的孩子，他是我常年搞培训过程中印象最深的一个人。你看后来，他为党和人民作了那么多贡献……"

1978年初春，一个满是寒雾的早晨，二十二岁略显瘦削的年轻刑警曹力伟走进课堂时，面容与身形同样都很清瘦的崔道植进入了他的视野。崔道植的授课内容深深吸引了他，除了出神入化的刑事技术知识，崔道植还讲起了自己童年、少年、青年时期的经历。这不仅令所有听课的人收获到了难得的刑事技术知识，也在不知不觉之间接受了一堂人生教育课。崔道植忆起党的恩情，讲起作为一名公安民警如何回报党和人民，是那么亲切自然。这不禁令曹力伟想起曾经担任过县委书记的父亲，在他参加工作的第一天就叮嘱他："心中始终要有党和人民，对群众二字永远要有敬畏之心和谦卑之意……"

"文革"时，曹力伟父亲蹲牛棚，县里许多百姓时常会集合在一起拉他出去"批斗"，他们其实是把老书记接出去"一顿款待"，他们拿出自己平时舍不得吃的鸡蛋、油饼等，让老书记改善一下伙食，然后再给他挂上牌子送回牛棚。曹力伟父亲对他说："如果你能做到，用一颗热心对待群众，群众就会用极大的热情回馈你，所以老百姓永远是最可爱的。心中始终要有党和人民，对群众二字永远要有敬畏之心和谦卑之意……"

回忆当年一幕，崔道植说："那年，我们开办的是一个由全省刑警骨干参加的步法追踪培训班。当时，那个名字叫曹力伟的孩子学习特别用功，后来我就跟处长建议，能不能把他调来，这样可以缓解人手紧张的难题，他来了以后会学得更好。"

曹力伟对自己刚踏上工作岗位不久就聆听到崔道植授课这件事，一直心存感恩，并在这样一堂课上坚定了父亲为自己规划的"初心"。与崔道植同频共振，曹力伟一路走来，始终心怀着党和人民，也始终难忘与崔道植互动的点点滴滴。就在那一堂课上，曹力伟问了崔道植一连串刑事技术业务问题，这给崔道植留下了很深的印象，崔道植当即决定要把这个年轻人推荐到省公安厅。崔道植认为，这样的年轻人就应该到省公安厅工作。

1978年6月，曹力伟果真在崔道植的推荐下进入省公安厅，并且来到崔道植身边。

2009年，黑龙江省公安厅党委提出"全省公安学大庆"的号召，指出要在宣传调研工作当中配合大庆市公安局打开工作局面，尤其要在时任大庆市公安局局长曹力伟人物事迹总结方面打开工作局面。2010年6月，时任省公安厅政治部主任陈晓林指派我赴大庆开展调研工作，研究如何打开公安宣传调研工作的突破口。

一次典型事迹总结深挖工作，像是一场战斗那样需要打开一个突破口，然后通过这个突破口进一步扩大战局。我到大庆调研时，曹力伟早已经在当地公安民警与群众当中拥有了极高威望。我当时有缘接触其相关事迹，顿时感觉大庆公安与曹力伟本人身上有种很特别的东西，那是一种与社会发展密切相关的新时代元素。那时,我没有想到十年之后能够聆听崔道植老人家回忆起他的早期学生曹力伟,见证他们之间为数不多的互动以及可贵的点点滴滴。现如今可以清晰地发现,正因为崔道植与曹力伟之间有着对党和人民信仰的传承,二人之间才会拥有共同的光芒。

公安宣传调研工作如何打开突破口?最主要的方法是俯下身子,心无旁骛地去了解采访对象。公安工作上的先进典型,他们身上往往蕴含着巨大的艰辛,作为采访者首先要和他们拥有共同的频率。那一年,我三次采访曹力伟,每一次都仔细地观察他,用心体会他在工作中的点点滴滴。就像采访大庆公安和曹力伟一样,十年后我去打开关于崔道植宣传工作的突破口,也是采取这样的方法。我与崔道植一次次长谈,原本不喜表达的他最终打开了记忆之窗。十年前与十年后的宣传调研工作效果如出一辙,崔道植与曹力伟的信仰境界如出一辙。这令我不得不在这里多赘述一些文字,说说曹力伟与崔道植之间的信仰传承。

记得那时我在百度上搜索"曹力伟",找到约41400条结果,再加一个关键词"改革",有15500条结果。网上再多的关于"曹力伟"的介绍也不如现实中见了他本人之后给我留下的印象深刻。初识曹力伟,第一感觉他是个温文尔雅的人。微卷的黑发,半框眼镜,他的眼神里写满了睿智和包容,说话时总是略带微笑。和他聊上一会儿,你很快就会发现他的全部心思都在工作上——大庆公安的警务改革、机制创新、执法理念、民警队伍,他都了如指掌、烂熟于心。你偶尔聊起点儿别的,还没说几句,就被他不知不觉绕回到了工作上。

"从事我们这项工作,最要不得的就是官僚主义,要对党负责,要对人民群众负责……没有亲力亲为和实事求是的工作态度,就发现不了工作精髓……"这句铭心的叮嘱,其意义远远超过刑事技术工作本身,曹力伟把崔道植的叮嘱带到一个又一个岗位中,这句话促使他走上了大庆市公安局局长的位置,他被誉为"勇闯公安改革'深水区'的实干者"。对于一个有着坚定理想信念和群众观点的公安局长来说,曹力伟的改革无疑会在一个又一个细节中体现出人民性。

2005年,大庆警务新政悄然"破茧",70个城市派出所全部被撤销,取而代之的是20个整齐划一的城市公安分局。大庆公安改革取消的是派出所的牌子，而不是派出所的功能。新政使基层一线警力增加了105%，基层运转经费也有了保障，原先的派出所功能得到了强化。外界看到的是曹力伟对改革的坚决，看不到的是他对改革细如发丝的精心设计和长远谋划以及对可能遇到的问题的充分预判和周密准备。他跑遍全市的派出所搞调研，成立专门工作组进行可行性论证，与市公安局党委成员反复讨论修改方案，向省公安厅和大庆市委、市政府详细汇报并争取有关部门支持。

崔道植带出的学生，在公安事业面前都有如他一般的顽强毅力与攻坚克难精神。

时至今日，提到大庆公安改革，人们往往会把注意力集中在"取消派出所"五个字上，没有从更深的角度去理解大庆公安改革是对旧有派出所功能的全面强化。可以说，曹力伟是一位改革的实践者。甚至有人说："大庆不就是有钱吗？有钱当然好改革。"其实，曹力伟的改革并非是"烧钱"，而是为了省钱。大庆市公安机关用事实和数据作出了回答：通过改革，市公安机关大大降低了运行成本，办公场所从之前的90个左右缩减到20余个；改革后的第一年，公用经费就节省了2310万元，破获刑事案件数量却比改革前增加47.9%。

当年，崔道植认真研读了有关曹力伟与大庆公安改革的所有调研报告，他知道自己的这位学生是在用心、用情、用力做工作，崔道植由衷地感慨道："曹力伟多亏没在刑事技术岗位上一直干下去，否则就是耽误了自己的才华。在局长岗位上，他为党和人民作了那么多贡献……"

实践证明，曹力伟的改革取得了完全成功。但曹力伟并没有就此止步，而是不断推出新政，环环相扣，一步步将改革推向深入。2010年，大庆市公安局启动了社区警务、交通管理、消防管理三项改革。"人无我有，人有我好，人好我新"，这是曹力伟对改革的执著追求。翻开他写的《公安改革全方位探索》一书，290页的书稿，几乎找不到一句公文式的套话。

作为崔道植的学生，曹力伟工作起来也总是有使不完的劲儿。曹力伟腰杆笔挺，身体硬朗，他的工作成果令人肃然起敬。

学刑事技术出身的曹力伟，骨子里是一名地地道道的刑警。曹力伟常说的一句话是"邪不压正"。他在打击犯罪上的"铁腕"和指挥办案时的"雷霆万钧"，表现得淋漓尽致。在大庆工作期间，曹力伟领导大庆公安机关侦破涉油案件2.5万余起，打掉犯罪团伙800多个，取缔非法炼油点

2500余处。自2007年起，作为全国最大的陆上油田，大庆市彻底摘掉了多年的"重点整治地区"帽子。

崔道植说："当一次警察，如果没当过刑警，那将是很遗憾的一件事情。"对于这一点，曹力伟用自己当局长的经历证明了属于他的刑警本色。涉油违法犯罪人员具有很强的社会交际能力。打击涉油犯罪活动最为艰难的时候，曹力伟依然坚持自己"铁腕"的工作作风，涉油违法犯罪人员想重金收买曹力伟，但是这对曹力伟不管用；他们甚至把电话打到了曹力伟家里，威胁他的家人。很多时候，曹力伟不禁在心中发出感叹："不是我打掉他们，就是他们打掉我！"

这时，崔道植鼓励曹力伟说："工作一如既往严要求，永远没有错。就像你刚刚到我身边工作那样，严格要求自己，那样才是真正做好了一名警察。作为一名共产党员，是不能相信歪风邪气的。"

提起一个"严"字，崔道植和曹力伟之间还有一个故事。1979年的春节，是曹力伟来黑龙江省公安厅工作后的第一个春节，曹力伟放假回家之前，崔道植将他叫到办公室，拿着他写的一页纸说："你写的字，我不是太满意，你的字还得练一练。因为写字水平啊，在我的理解里，能反映出一个人的性格，也反映着一个人的工作态度认真与否，所以我要求你的字一定要写好。"

短短的一个春节假期，曹力伟哪里也没去，一直在家里练字。春节假期结束回来以后，在一起案件现场勘查中，崔道植让曹力伟做笔录。结果，崔道植看到那笔录上的字迹惊呆了，说："这是你写的?"曹力伟回答："是我写的，除了我也没别人啊！"

"我叹服了！"四十年来，崔道植每每提起这一幕时，都会用"叹服"二字形容。崔道植本人的书法是"童子功"，有着深厚的功底，他能认可曹力伟写的字，说明了曹力伟书写的进步。后来崔道植以这件事情评价曹力伟："这样有毅力的人，这样有勇气的人，做什么工作都可以做出成绩，做什么工作都能做好。"

崔道植是一位富含毅力与勇气的老公安，他的学生曹力伟也做出了让他欣慰的成绩。

"从事我们这项工作，最要不得的就是官僚主义，要对党负责，要对人民群众负责……没有亲力亲为和实事求是的工作态度，就发现不了工作精髓……"崔道植的叮嘱一直言犹在耳。面对危险，曹力伟总是冲在最前面。有一年，大庆市红岗区发生了一起重大轻烃泄漏事件，现场随时可能发生爆炸。在事故核心地带，曹力伟一边协调专业人员处置，一边迅速调集警力疏散附近村庄的群众。单鞋薄衣，他在夜里的寒风中一站就是五个小时。

崔道植与曹力伟都很忙，数十年来两人之间的交流虽然不多却十分清晰，崔道植对于"群众"二字的深情解读，鼓励着曹力伟走向人民群众深处。2009年8月21日，大庆市龙凤区永泉村部分村民因上世纪七十年代遗留的占地补偿和就业安置等问题，在大庆石化总厂办公楼前聚集上访。上午8时许，个别人开始打条幅、喊口号，欲冲进办公楼。曹力伟没有急于下令处置，而是只身一人深入群众中了解情况。9时20分，现场一名中年妇女认出了他："他是曹力伟，前段时间我到公安局反映问题就是他接待的我，他是个好局长。大家要听他的！"听到这一席话，现场村民立即平静下来，开始听曹力伟讲话，事态最终被曹力伟顺利平息了。

崔道植曾经还叮嘱曹力伟："对任何人都要保持公正，不因强势而不管，不因弱势而无原则怜悯。"

又逢一个星期三，曹力伟端坐在大庆市公安局接访室里，仔细查看着手中的上访材料。在他身后，"人民公安为人民"几个大字庄严肃穆；在他面前，远道而来的上访者目光中充满期待。同时，市局各警种、各部门人员也在现场，各县局主要领导通过视频在分会场参加接待会议，随时解答老百姓提问。曹力伟信守每周三接访的承诺，直到离开大庆公安那一刻都未变。他累计接待上访群众近两万人次。"坐得住、听得进、查得实、处得公"，这是他始终未动摇的信念。

在一次关于上访人赵某诉说其丈夫被人诬陷的接访中，曹力伟上午11时听完了赵某的陈述，11时15分就带领同事驱车赶赴案发现场，仔细调查、详细询问事情经过，12时20分回到市局继续开会研究案情，最终案件得到了妥善解决。

令我印象最深刻的，不是曹力伟握着上访人黝黑且布满老茧的双手凑到面前，听他们哭诉，不是在上访人恶语连连面前，从不皱一下眉头，而是他"对任何人都保持公正，不因强势而不管，不因弱势而无原则怜悯"。

一次，一位农民工来上访，说别人将他打伤了，办案警察偏袒打人者，对打人者处罚过轻。曹力伟叫来了当时的办案民警，详细询问事情经过，仔细查看案卷，然后表扬办案民警："你处理得没有问题。"同时指出"上访农民工也有伤人情节，应当一并处理"，随后向农民工解释原因。上访的农民工表示无话可说，接受了处罚，办案民警则心悦诚服。

在大庆工作期间，曹力伟一共做过两次手术。一次是胃息肉切除手术，手术后第三天赶上接访日，他一边用手按着胃止痛，一边耐心倾听群众的种种述说，不顾头上直掉的汗珠，坚持解答群众的每个问题。这一天，他连续接访了九个小时。另一次是声带息肉切除手术，医生嘱咐他十天内不能说话，否则有失声的危险，他在单位里只好写字与人交流。但到了周三，他又去了接访室，几天内第一次开口说话，他用沙哑的声音和群众交流了十个小时。

有人说他作秀，有人替他愤愤不平："作秀一天可以，两天也行，连续七年风雨无阻、雷打不动地接访，谈何容易？"有一次，一名市民带了两个馒头、两瓶水坐在接访室门前，坐了一整天，说是想看看公安接访是真心为人民群众排忧解难，还是做样子。结果发现接访的公安局局长曹力伟连午饭都没顾上吃，一整天时间中，仅花了两分半钟去了趟厕所，这名市民这才对公安接访信服了。

就像崔道植下基层办案自己带水和面包一样，他的学生曹力伟和他有着一样的工作作风。正是因为有了像他们一样的人，中国刑侦事业才一路常青。当年曹力伟在崔道植身边工作的最后时刻，崔道植感觉他人才难得，于是推荐他到当时的黑龙江省公安厅团委当团委书记。然后，曹力伟又被派到佳木斯市富锦县当县委副书记，后来回到省厅又被派至大庆市公安局出任局长，一步步走向正厅级领导干部岗位。曹力伟如今面对崔道植的时候，总是说："您对我要求得很严，我心中一直特别感谢您，正是您一贯的认真与严格，让我在工作生涯里持续严格要求自己……"

实事求是、光明磊落，要永远认识到自己的普通——崔道植这样要求自己的学生，也这样要求自己。崔道植五十三岁时被提拔为副处长，五十七岁时被提拔为处长。如果从官职来看，可以说崔道植是"大器晚成"，也可以说，他淡泊名利，在他临要退休的节骨眼，"名与利"主动找上了他。但无论怎样，崔道植一路走来始终如一，无论取得怎样的成绩，都会把自己看得很普通，他把"实事求是、光明磊落"八个字做到了极致，也激励了曹力伟等晚辈刑警。

怀着崔道植"实事求是、光明磊落，要永远认识到自己的普通"的教诲，曹力伟一路走来也是始终如一。曹力伟的办公桌上，始终放着两个写有各单位名字标签的笔筒——无论谁来检查工作，他喜欢用抽签的办法确定受检单位。24个分局、县局事先不知道要被检查工作，所以也不用费时间特地去做准备，有什么就报告什么。

一位民警说："曹力伟不为改革成功图升迁，不畏改革失败，更不想借改革之机拉人得实惠，所以改革才取得了成功。"

做领导不应高高在上，对待下级不能官僚主义。大庆市公安局党委班子成员之间出现不同意见时，曹力伟从来都不颐指气使、靠强制命令来统一意见，而是始终以商量的口吻与大家沟通，以平易近人的态度对大家循循善诱，加以引导。有同事这样评价他："当市长没有官气，当局长没有霸气，当班长没有傲气。"

全国五一劳动奖章、全国政务公开先进集体、全国公安机关执法示范

崔道植荣誉照

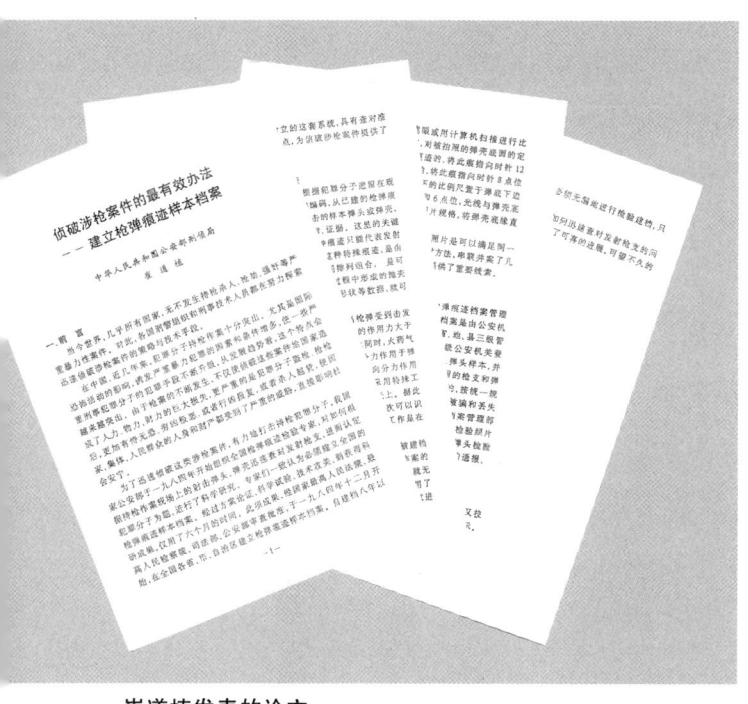

崔道植发表的论文

单位、全国公安机关信访工作先进集体……曹力伟个人获得的荣誉很少，大庆市公安局获得的集体荣誉却很多。曹力伟说："和别的警察一样，我只是很喜欢警察这个职业，我应该忠诚于公安事业，尽力把它做好。我是个很普通的警察，很普通的公安局长。"

崔道植与曹力伟的警察生涯，从思想境界角度来说如出一辙。曹力伟作为崔道植心中高度牵挂的"老学生"，他用自己的工作生涯兑现了"从事我们这项工作，最要不得的就是官僚主义，要对党负责，要对人民群众负责……没有亲力亲为和实事求是的工作态度，就发现不了工作精髓……"

记得最初相遇，曹力伟来到崔道植身边工作的时候，崔道植刚刚完成《人手各部位长宽度与身高、年龄、体态的关系》这一科研课题。从公安业务角度来说，那时候曹力伟心中的崔道植就是一个传奇，因为崔道植刚刚运用数理统计学对国人手掌各部位长宽度进行了系统的统计分析，首次测得了国人手掌各部位的正常值和它与人体身高、年龄、体态的关系，为利用现场手印分析犯罪分子某些生理特点提供了新的依据。这一科研课题对于曹力伟来说简直是大开眼界。

后来的时间里，崔道植围绕枪弹痕迹检验先后撰写了《根据 7.62mm 手枪射击弹壳痕迹判断射击枪种的探讨》、《64 式手枪指示杆痕与 59 式手枪抛壳挺痕位移的研究》、《枪弹底座痕迹拍照规范》、《侦破涉枪案件的最有效办法——建立枪弹痕迹样本档案》、《根据射击弹壳与射击物确定手枪射击位置范围》等论文，分别在公安部"枪弹痕迹档案管理教材"、"枪弹痕迹检验技术教材"和国际刑警第十届年会上发表……这些厚重的业绩，清晰地留在了共和国公安刑侦史册上，也深深镌刻在曹力伟的心中，当曹力伟在基层公安岗位上创造了不俗业绩临近退休之时，他最大的愿望回到了"初心"上：他那时听说老师崔道植眼睛出现了问题，便热切地希望自己能够回到省公安厅接下老师的显微镜，继续从事早年的痕迹鉴定工作；能够像自己心中挚爱的老师崔道植那样，在显微镜下去发现一个个微痕；期望自己像老师崔道植那样，能够忘记年龄，恪尽职守，怀着对他的深深敬畏，为这个职业继续奉献自己的余热……

第十二章　对峙青纱帐

"即使你打死我，我也不想干了！"

青纱帐里，陈小这句话可闯了大祸，他话音刚落，便响起了一声枪响，他的左胸当即被打穿。这一瞬间，子弹弹壳从枪膛里蹦出来，在空中旋转飞舞，最后落到了一个僻静处，茫茫青纱帐里这枚弹壳就像大海里的一滴水，飞落过程结束后无声无息地躺在那里。这枚弹壳见证着开枪者与被害者的荒谬一幕。

不远处的江边，有很多人在那里烧烤、露营，开枪后的王厚军忽然有些慌张，他担心有人听到枪声会闻声而来，于是立即跑到附近一个高地，观察是否有人听见这边的枪响。当他再回过头来看陈小时，胸部中枪的他竟然飞一般地跑出草丛。王厚军认为自己应该是打中了陈小心脏附近的位置，他判断陈小根本活不了了，于是驾驶摩托车离开了。

那边的人正在推杯换盏，也许他们没有听到枪声，酒醉迷离当中，他们完全没有把那一声脆响与枪声相连，更没有与杀人相连。

这一幕发生在2009年8月29日19时。此前的五天时间，陈小见到王厚军就会浑身瘫软，他担心这样和王厚军混下去说不定会惹出什么样的大麻烦。除了从警察那里抢来的手枪，王厚军的手里还有30发冲锋枪子弹，他总是念叨着要抢一个哨兵，搞一把冲锋枪，每当陈小想起这些，便会浑身冒冷汗。这天晚上，王厚军又骑着摩托车载着陈小去市里抢劫，当行至哈尔滨市松花江公路桥头东侧野地时，陈小突然提出不想干了，并且如实说出了自己的想法，令他万万没有想到的是，王厚军竟然对他下了黑手。陈小最初也是认为这枪打中了心脏，认为自己快要死了。但直至他跑到松花江边的一个烧烤摊，他的心脏依然跳动有力，他见人就喊："救救我……"

那枚弹壳依然静默在那里，它在等待着一个人，那个人就是崔道植。茫茫野地里，寻找这枚弹壳可谓大海捞针，但难不倒细心的崔道植，他从陈小那句"救救我"那一刻出发，一点点回溯到枪击现场，一点点接近那枚弹壳，直到最后发现它。

崔道植与王厚军的较量就此拉开了帷幕。

2009年5月5日19时30分，哈尔滨市铁路公安局滨江车站派出所民警张辉身着制式警服，正在道外区公益街第一胡同与铁路线交叉口位置执勤，当一列火车轰鸣着驶过的时候，他面对着火车耐心地等待。突然，一人从背后用斧子猛击其头部，张辉瞬间倒在血泊中，并且那人将他腰间枪纲拽断，七七式手枪及五发子弹被他抢走了。作案歹徒在火车轰鸣着渐行渐远的时候逃之夭夭。张辉脑部严重受损，左眼眶骨折，左眼球已经被打爆，后枕部及额部有八处钝器创，右手无名指骨折，经医生全力抢救才保住性命。因现场光线不足，几位距离现场较远的目击者都没有看清凶手的体貌特征。案发后，由于现场周围群众聚集过多，现场勘查民警没有获得凶手的足迹。

案发当晚，省公安厅专门调来一只功勋警犬，警犬在现场周围细细嗅了一番后开始追踪，但追出了仅仅不到一公里便失去了方向。为寻找可能被犯罪嫌疑人抛弃的被抢枪支和作案凶器，警方还利用案发次日凌晨行人稀少的时机，组织地方公安和铁路公安300余名警力在现场附近搜索，结果仍是一无所获。

次日上午，黑龙江省公安厅向东北三省发布了紧急通报，并上报公安部向全国发布。这是一起惊天要案，公安部领导作出重要批示、指示，要求尽快破案。当时，在铁道部公安局和黑龙江省公安厅的直接指挥下，铁路公安与地方公安通力合作，展开侦查，但由于与案件有关的线索很少，历时近四个月的侦查过后，侦破工作未能取得突破性进展。四个月的时间里，黑龙江省各地大街小巷警车密布，清查过往车辆的堵截卡点随处可见。

道外区公益街第一胡同与铁路线交叉口位置是哈尔滨城区最为落后的地区之一，附近到处是低矮破旧的平房，并且分布凌乱，大大小小的胡同蜿蜒曲折，这里对于整个城市来说是一片微不足道的区域。"5·5"案件的发生，使这片棚户区成为了哈尔滨市乃至全省关注的地方。自5月5日开始，存在于这里的巨大恐惧慢慢扩散开来，随着公安机关破案难度加大，那种恐惧逐渐演变为一种慌乱，很快将整个哈尔滨笼罩。所有办案民警都在忧虑，他们担心被抢枪支会在某一天以某种方式打响，造成更加恶劣的影响。"走夜路"因此成为了哈尔滨市民心中的一个挑战，人们都在担心那名犯罪嫌疑人会在某个角落突然出现。

崔道植在案发之后，便受邀加入勘查工作。他与刑事技术部门的工作人员反复检验了张辉的伤情，认真研究了成伤机理，判定作案工具为一种锤斧类钝器，断面为长方形，长2.8厘米至3厘米，宽2.3厘米至2.5厘米。凶器应是犯罪嫌疑人自带，作案后被其带离了现场。这是案件现场留下来的唯一确凿信息。但此前曾有目击者说，犯罪嫌疑人是手持木棒袭击的张辉，甚至连张辉本人也这样说。这样的说法与鉴定结果存在着矛盾，但是，崔道植坚持自己的判断。

报送公安部做进一步鉴定后，公安部特邀刑侦专家、刑事犯罪物证鉴定中心法医室主任闵建雄复核后同样认为，成伤工具为一种锤斧类钝器，断面为长方形，长2.8厘米至3厘米，宽2.3厘米至2.5厘米。

一次又一次，崔道植盯着那钝器形成的伤口照片陷入沉思……

执勤民警配枪被抢后，黑龙江省、哈尔滨市、道外区三级刑侦、刑事技术等部门始终保持着高速运转，同时与铁路公安机关保持着密切协作。为确保指挥联络顺畅，增强快速反应能力，黑龙江省公安厅在第一时间成立了案件侦破指挥机构。案件一天不破，哈尔滨城区"四门落锁"的状

"5·5"案件案发现场

态便一直延续着，公路上盘查卡点密布，城区大街小巷到处都是巡逻警力。哈尔滨市公安局专门部署全市各级经济保卫部门以及其他相关部门采取措施，切实加强金融、党政机关驻地等要害部门、重点目标的安全保卫工作，严防犯罪嫌疑人抢枪得手后，实施其他恶性犯罪。

办案人员首先设想了一种可能，即张辉与他人由于某种原因结下仇怨，犯罪嫌疑人对他的袭击是一种蓄意报复行为，但在调查中发现，张辉自参加公安工作以来积极努力，经常受到旅客和领导的好评，而且平日里行事低调，为人一向不温不火，多次被评为先进个人。从家庭角度来说，他与妻子感情良好，家庭和睦，张辉本人无任何不良嗜好；从亲朋角度来说，他与亲朋间无债务关系，未发现他与复杂人员接触，与邻里相处和谐；从工作角度来说，张辉平日很注重工作方法，分管工作属于服务性质，不涉及强制管理和行政处罚，难以与旅客、行人形成足以引发案件的尖锐矛盾，不存在与执法对象结下严重仇怨的可能。鉴于这些情况，这种假设被排除了。

三条锃亮的铁路线、低矮破旧的平房、几条宽窄不一的碎石路、一排水泥电线杆，夜色里注视着这些景物，会给人一种破败与苍凉之感。崔道植记不清自己多少次重新回到案发现场，深入案发现场是他数十年来一直保持的习惯。每一次，崔道植都会细心观察现场的每一个环节，他的视角不断改变，有时候他把自己看作张辉，有时他把自己看作目击群众，当然更多的时候他还是把自己看作那名犯罪嫌疑人。他反复揣测"自己"是怎样来的，当时心情是怎样的，作案时应该怎么做才会顺利地实现心中的目标，逃跑时又应该选择哪条胡同……每一次来到现场，他总会带着许多启发回去，在与指挥部成员认真研究后，不断调整侦破思路。他和所有参与案件侦破工作的刑警的想法一样：尽可能快速破案，让恐慌远离这座城市。

全城戒严，那时崔道植已是一名七十五岁刑侦老兵，他是否能够再一次创造神奇？以他特有的力量打开侦破工作突破口？就在崔道植思索如何打开突破口的时候，就在警方紧锣密鼓开展调查时，犯罪嫌疑人竟然在这时顶风作案，而且作案地点依然选在了道外区，这其中是否暗含着"5·5"案件的侦破玄机呢？

从事设计工作的刘杨经常会在单位加班至深夜，因此晚归对他来说是家常便饭，每次在加班结束后的夜晚开车回家，他总会把车速放慢，来一段节奏舒缓的音乐，这是让脑神经放松的最好方式。他从报纸上得知，5月5日傍晚，道外区发生了一起袭警抢枪案件，当时看了这条新闻后他心里也曾涌上一丝紧张，所以每当深夜回家时，便多了几分警惕。因此在5月5日过后不久的日子里，刘杨深夜开车的时候总会左顾右盼，生怕有坏人跟踪。一旦开车进入自家小区，更会倍加小心地仔细观望，车大灯的远光和近光一顿变化，努力把视线以内的一草一木看清楚，防止有坏人隐藏其中。随着时间的推移，他的这种警惕性逐渐弱化了。他开始这样想：道外区那么大，我不会那么倒霉，不会被犯罪嫌疑人盯上。

随后发生的事情证明，刘杨警惕性的松懈，等待他的是一场灾难。

8月24日深夜，刘杨轻松地驾车进入了位于道外区的自家居民小区，来到了车库门前。遥控按钮一按，车库门缓慢抬升，刘杨小心翼翼驾车进入了车库。然而，就在他走下车，要走出车库大门的时候，两个人突然冲到他的面前，其中一人手中握着一把手枪，乌黑的枪口对准了他的胸口。刘杨原本放松的心情骤然紧张起来，他浑身颤抖着。

"要什么都给你们，别伤害我！"

刘杨浑身冷汗淋漓，说话时已经是带着哭腔。两人将其五花大绑，又从他身上搜走了手机和1000余元现金。刘杨以为一切到此为止了，拿枪对准自己的那个人收起了手枪，却举起斧头向他砍来。刘杨顿时感觉头皮发凉，血水很快蒙住了眼睛，斧头依然在不断击打着刘杨的头部，最终他昏死了过去。

"成伤工具为一种锤斧类钝器，断面为长方形……"这与"5·5"案件中作案工具的鉴定大致相同，虽然仅凭这个特征还不能把两起案件串并在一起，但崔道植还是隐约感觉到两起案件有着某种联系。

经过一番抢救，刘杨保住了性命，但语言表达功能出现了严重障碍，因此他没能向警方提供过多有价值的信息。崔道植在他家车库内提取了两个可疑脚印，但这两个脚印痕迹不是很清晰，除了能看清大致花纹轮廓，细节并不是很清楚，无法据此判断犯罪嫌疑人的特征。这两个脚印分别来自两种旅游鞋，民警带着这两种旅游鞋的鞋底图案走遍了哈尔滨大街小巷的体育用品商店，却没有任何一种品牌的旅游鞋鞋底特征与其相符。一名售货员说那两种鞋一定不是今年新品，而且应该是杂牌儿。侦破工作就此失去了线索，但崔道植坚信，此案一定与"5·5"案件的犯罪嫌疑人有着某种联系。从这一起案件开始，崔道植建议对在这段时期发生的每一起案件，都要多加注意，尽可能去寻找与"5·5"案件潜在的衔接之处，他希望从中获取重要线索。

公安机关连续工作了几个月，最终的结果还是一无所获。"犯罪嫌疑人作案后不是跑着逃掉的，而仅仅是快步走，似乎很从容镇静……"不见犯罪嫌疑人任何踪迹的时候，崔道植又想起了某位目击者的话，这令他对此案愈发有种神秘叵测的感觉。临近8月底的时候，参与"5·5"案件侦破工作的民警都陷入到了一种沮丧的情绪中，依然承受着公安部对于此案必破的压力，在参与案件侦破工作的民警心中，他们在沮丧的背后同样始终保持着一种自我加压状态。很多人把目光集中在崔道植身上，崔道植仍然一刻不停地思考着，他没有被巨大的压力压垮，这种压力也很快成为工作取得突破的动力。这个时候，令崔道植意想不到的是，哈尔滨江北区一起蹊跷的枪杀案竟给此案带来了意外转机，先前的神秘叵测在陈小进入崔道植的视线后得以化解。

崔道植看到，陈小胸部的枪伤，仅仅是伤到了陈小的左肺叶，他没有生命危险。陈小交代，自己是被一个叫王厚军的狱友打伤的，并指出王厚军就是"5·5"案件的犯罪嫌疑人，王厚军开枪打自己是因为自己不同意和他一起去抢劫，而自己不愿意与王厚军一起作案的原因是：他觉得王厚军脾气秉性残暴，作案手法过于凶残，担心自己与其这样混迹下去，必是死路一条。

陈小还交代，道外区车库抢劫案就是他和王厚军干的。崔道植最为感兴趣的，当然是与案发现场有关的一切，对其脚上的旅游鞋进行查看发现，其鞋底花纹与现场所留的一个足迹的确一致。陈小交代，王厚军左脚早年曾受伤，没有奔跑能力，至多只能快速走，所以他无论到哪里都骑摩托车，摩托车就是他的腿。这一点有效解释了一个疑点，即"犯罪嫌疑人作案后不是跑着逃掉的，而仅仅是快步走，似乎很从容镇静……"同时，陈小还交代，王厚军作案时总会用绳子把斧头紧紧捆绑在右胳膊上，目的是防止斧头脱手，使得他挥动斧头时，斧头总会与胳膊处于一条直线上，在远处看起来就像一根僵直的木棒来回挥舞，这也合理地解释了为什么目击者说犯罪嫌疑人所持的凶器是木棒。

犯罪嫌疑人虽然确定是王厚军，但陈小却向办案民警交代：你们很难抓到王厚军，因为他野外生存能力太强了，他独自一人完全可以在野外生存很久……

从陈小那里，警方得知了王厚军的性格特征，以及野外生存能力超强等特点。针对王厚军的性格特征，如果不能尽早将其缉捕归案，让这样的亡命之徒流窜到社会上，无疑会给全省、全社会的稳定带来严重威胁，直接威胁广大人民群众的生命财产安全，特别是严重威胁国庆60周年庆祝活动的安全。为了实现短期内抓获王厚军的目标，黑龙江省公安厅领导要求：要将缉捕行动作为全省公安机关维护社会治安稳定的头等大事，作为国庆安保工作的首要任务，务必在国庆节前将王厚军缉捕归案。为尽快缉捕王厚军，黑龙江省公安厅把缉捕工作上升为全省"09一号缉捕行动"，发布了通缉令和悬赏通告，公安部发布了A级通缉令，在全国范围内公开缉捕犯罪嫌疑人王厚军。随着抓捕行动轰轰烈烈地展开，黑龙江省各地大街小巷转眼之间贴满了悬赏通告，电视、广播也纷纷发布相关消息。

夜，一个人的夜。旷野独守，寒风阵阵，一瓶烧酒醉至天明。这是王厚军所认为的极品景致。沉浸于其中的时候，他的双眼总会熠熠发光，俨然荒野中的一匹孤狼。但是，无论多么凶猛的狼，总会有猎人在围猎它。这样的狼性，崔道植也不是第一次面对了。崔道植就像是一位专门围猎王厚军的猎人，为此他做了大量准备。

不远处的松花江刚刚解开冰封，压抑了一个冬季的江水不时发出阵阵吼声。抢劫怎么了？杀人怎么了？抢了警察的枪又怎么了？现今谁能逮着我呢？王厚军想着，轻轻抿了一口烧酒，嘴角不时掠过阵阵冷笑。他手里把玩着那把抢来的七七式警用手枪，将弹夹退出后又把子弹一颗一颗地取出，在手心里摆成一排。王厚军仔细端详着子弹，然后深吸一口香烟，一股浓烟伴随着呼气在那排子弹周围徘徊。他坚信，自己的命运会因为眼前这五发子弹而改变，一笔巨大的财富蕴藏在它们的后面。

枪、斧头，崔道植已经通过这些作案工具把王厚军所做的一切编织到一起，但这还不是全部。

活了三十八年，其中有十七年在监狱中度过，王厚军觉得自己亏透了。自从2007年5月6日走出监狱大门的那天起，他便在心里暗暗发誓：

我永远不会再回来！两年后的5月5日，王厚军为了纪念出狱的那一天，于是实施了一个蓄谋已久的阴谋。

由于自幼生活在被誉为世界地质公园的五大连池市，王厚军这辈子似乎永远也离不开山林旷野和江河湖泊，打猎摸鱼是他的拿手好戏，他可以骑着摩托车，带着简单的生活用品在野外生活，想活多久就多久，因为王厚军觉得茫茫青纱帐才是他真正的家。刚抢了警察手枪后的那段日子，王厚军没有急于作案，他觉得自己需要躲躲风头。王厚军的摩托车上永远会有一个渔具包，里边装着鱼竿、大塑料布、锅碗油盐及捕猎野鸡、野兔的套子。警察忙得不可开交的那段日子，王厚军却悠闲无比，独自身处野外，终日渔猎饮酒，困了便用那个大塑料布将身体裹严，呼呼大睡。有时，王厚军骑着摩托车在某条公路上也会与警车或警察遭遇，但没有人会对他产生任何怀疑，因为从外表看来，王厚军是一个典型的钓鱼爱好者。天罗地网就在身边，他却骑着摩托车超越巡逻的警车，也曾大摇大摆地徒步走过警方设置的卡点，甚至在警察清查车辆的时候混杂在围观人群当中看热闹。这时，王厚军就会感觉很刺激，轻狂的内心开始暗暗发笑。

王厚军不会让自己永远这样轻松下去，他的心里每分每秒都暗藏着杀机与阴谋。为自己过完"生日"，王厚军便开始掰着手指一天一天地计算，他在等待一个狱友刑满释放的日子。为了实施一系列阴谋，他特别需要一个得力的帮手。

自从出狱那天起，王厚军花的每一分钱都带着鲜血，他把荒野当作自己的家，把城市当成了"狩猎场"、"提款机"：囊中有钱沽酒、买肉、享受春色的时候，他会带着酒肉和女人回到荒野，囊中羞涩的时候则会带着斧头来到城市里的某个街巷……无论在荒野，还是在城市，王厚军走到哪里，那里的空气就会战栗。王厚军喜欢烈酒、浓烟以及厚厚的钞票。

王厚军在家中排行最小，他有四个姐姐，三个哥哥，全家人都曾对他寄予很高的期望，也都很宠他。很小的时候，一位大仙给王厚军看过生辰八字，说他将来必干大事，而且和"肩牌"、"枪炮"有关，他的名字里因此有了一个"军"字。但是，王厚军还未成年，便接连惹祸，偷鱼、抢劫渔网、偷甜菜，他因为这些小勾当屡屡被公安机关教育。发展到后来，王厚军从原来的小偷小摸转向盗窃价值较高的摩托车、吉普车，最终获重刑入狱十年。这样看来，那位大仙说的不错，戴着"肩牌"的警察始终在打击和管束着王厚军，而他袭警抢枪无不与宿命有关。

王厚军自幼喜好荒野渔猎，但家人没有想到这样一个简单的爱好竟会引他走上一条不归路，谁也不会想到打鱼摸虾、套野鸡、打山兔之类的事情暗含着王厚军的死亡密码。十几岁的时候，王厚军时常往家里带回各种野物和鱼虾，那原本是王厚军和家人都很愉悦的一件事情，但后来的一切变了，王厚军因为偷别人的鱼、抢别人的渔网被警察抓了。王厚军心里别提多窝囊了，他觉得警察因为打鱼摸虾的事情对他大动干戈，这是对他的羞辱和伤害，他对告发他的人更是有着刻骨铭心的仇恨。虽然后来他又因为偷盗其他物品被判刑，但王厚军始终认为是警察和那个告发他的人毁了他一生。想起那一幕，他的脸总会因生气而涨得通红。2007年出狱后，王厚军返回五大连池市，一心想实施一起报复行动，结果却酿成了另外一起要案。

2007年5月5日出狱后，回到五大连池市的王厚军开始寻找当年的"仇人"，并计划对警察下黑手，那时他就准备抢一把手枪作更大的案子，但回家后终日疯狂豪饮令他每天醉得一塌糊涂，他的全部计划因此而改变了。

当年6月20日，天气很闷热，夜里大醉的王厚军在这天上午独自来到五大连池水边，想散散酒气，他在这个时候发现了一名独自散步的外国女游客。王厚军尾随这名没有任何防范意识的女游客来到一个僻静处，趁其不备用随身携带的斧头猛击她的头部，接下来抢走了她包内的10000元人民币和400美元。王厚军担心被警察发现，当晚便离开了五大连池市。巨额赃款给了王厚军启发，他把报仇的念头抛在一边，因为抢劫的诱惑已经令他忘乎所以。王厚军决定抢一支枪，并找个帮手与自己一起干抢劫的勾当，他开始一步步实施计划。

这把斧头，就是后来一直陪着王厚军亡命天涯的那一把。作为一起涉外案件，在侦破无果的情况下，现场有关的一切被送到崔道植的案头上。崔道植对作案凶器有着特殊的敏感，他曾经准备了刺刀、斧子、锤子等工具，在一面土墙上刺、砸、砍，而后默默注视着那些痕迹，做好各种不同角度的拍照与记录。对于五大连池这起案件留下的痕迹，崔道植记忆尤为深刻，一直存留于脑海。因此，铁路警察枪支被抢案件发生后，被抢民警张辉身上的伤痕，还有道外区被害人刘杨的伤情，令他瞬间联想到五大连池案件……

崔道植的脑海，就像是一部电脑，里边存储着很多与犯罪现场有关的数据，而他又总会在某个成熟的时机，瞬间检索出常人难以发觉的信息。五大连池案件中被害人伤情特征与眼前系列案件相比，从作案工具角度来说，已经有足够证据印证它们的同一性。当然，这种印证只有崔道植特殊的测量与准确的鉴定报告，才可以证明。

王厚军与陈小同龄，二人系凤凰山监狱共同服刑的狱友，他们都是因盗窃罪被判处有期徒刑十年。2009年8月3日是陈小刑满释放的日子，当他顶着刺眼的阳光走出监狱大门时，王厚军正满脸微笑地等着他。出狱时不见家人令陈小非常伤感，而王厚军的到来却令他感激涕零。接下来的十天里，王厚军和陈小每天都是烂醉如泥。

"五十岁之前得干点儿大事，要不就白活一回了。咱俩以后就是亲兄弟，有福同享，有难同当！""先干几票，然后金盆洗手做正规生意"……王厚军开始给陈小洗脑。

王厚军脾气暴躁，言谈较冲，但性格内向、倔强，报复心理强，为达目的不惜采取各种手段。陈小对于这一点心知肚明，但王厚军给他制造的这些诱惑还是令他难以抵挡，最终决定一切按着王厚军说的去做。

王厚军最初的想法是持枪抢劫金银首饰店，他带着陈小先后来到吉林省松原市、绥化市青冈县，由于此类店铺防范严密，未能得手。最后，王厚军和陈小返回哈尔滨市，在江北船厂一个偏僻处租下房子。自从租下这个房子开始，大部分时间都是陈小独自一人住在那里，而王厚军则来去无影，像幽灵一样飘忽不定，因为他这个人喜欢待在野外，有时宁可裹着塑料布睡在外边，也不愿意回到自己的住处。这令陈小感觉怪怪的，甚至有些恐惧，他感觉王厚军就像狼一样。但是，真正让陈小感觉恐惧的还在后边，王厚军的疯狂举动很快超过了他所能忍受的极限。

干完8月24日的道外区抢劫案后，陈小感觉王厚军下手过于狠毒，人都被绑了，钱也抢了，为什么还要置人于死地呢？陈小对王厚军的举动极为不满，当他把这种意思直接表达给王厚军并提出散伙时，王厚军却凶狠地吼道："把我惹急了，连你也杀！"陈小顿时吓得走不动路了。但是，当王厚军几天后再次带着他外出抢劫时，他还是冒死提出了散伙的想法，结果王厚军果真用一颗子弹回答了他。

　　王厚军用一颗子弹回答了陈小，却也给了崔道植一个答案，参与案件侦破的刑警就会顺着这个答案一步步找到王厚军，同时也找到追捕他的路径。

　　为了谨慎起见，办案刑警最初对陈小提供的每一个细节都进行了认真分析，以鉴定其真伪。办案刑警当时也在怀疑会否是陈小抢了枪，而嫁祸于这个叫王厚军的人，他中枪会不会是一种苦肉计，是为了给自己金蝉脱壳？他身上的枪伤毕竟没有致命。理论上还有其他可能，那就是陈小抢了枪，而这枪又被叫王厚军的人，或是其他的某个人抢走了；或是干脆就是陈小为了掩藏一切，已经把王厚军杀掉了……

　　正是因为找到了那枚弹壳，然后崔道植在陈小所言的被枪击现场进行了充分的侦查实验，结果表明陈小的确是被人枪击后外逃。这样扎实的证据，首先印证了陈小所言的真实性。以此为基础，警方围绕王厚军的亲属关系、朋友关系进行了认真调查，并重点分析了他的性格特征。王厚军周围的很多人都指出，他出狱后一直就有抢枪的想法，而且他手里有30多发冲锋枪子弹，他一直预谋着要抢一支军用冲锋枪，他存在着抢枪的强烈动机。由此推断，王厚军是"5·5"案件的唯一嫌疑人。

　　对于警方来说，王厚军的行踪飘忽不定，他的藏身之地在短时间之内成为了一个谜，王厚军本人也依然继续做着自己的白日梦。王厚军想继续作案，却发现无论他走到哪里都会看到自己的通缉令，甚至连路边的电线杆子上也有。通缉令上清楚地写着：此人经常骑摩托车……

　　怎么这么快就暴露行踪了？大事不好，得逃跑！王厚军在地上捡了一块砖头，在贴自己通缉令的墙上歪歪扭扭地写下：谁也别想抓到我！

　　2009年9月8日早6时许，大庆市公安局指挥中心接到了七十三岁老人唐景芳打来的报警电话："你们要抓的人，就在我的捕鱼窝棚里，位置是头道汀江湾……"

　　接警民警对于"头道汀"的"汀"字有些听不准，因此反复问了五遍，老人也重复了五遍。老人最后焦急地对电话这边的民警说："我现在是在苞米地里打电话，不能再和你说了，否则出去晚了，那个人该怀疑我了。"电话随后掉线了。

接到唐景芳老人打来的电话后,破案指挥部立即调集警力赶赴"头道汀"江湾,民警以最快的速度找到了那个捕鱼窝棚,唐景芳老人当时满头是血,昏倒在距离窝棚不远处的苞米地。由于不清楚王厚军是否还在窝棚里,民警小心翼翼地靠近窝棚,经过仔细搜索发现王厚军已经没了踪影。所有民警都断定,王厚军不可能逃得太远。

在民警的声声呼唤下,老人很快苏醒过来,他见到民警后,脸上立即露出了愉悦的神色,并焦急地对民警说:"快追,别管我,那个坏蛋一定不会跑远,千万别让他跑了,要不然他又要去祸害别人了!"

9月8日一大早,天刚蒙蒙亮的时候,唐景芳老人便早早地走出窝棚,来到水面上开始打鱼。许多年来,老人的日子一直这样惬意地过着:夏天来到这个窝棚里居住,捕鱼又种地;冬天回到不远处的家中,在热炕头上猫冬。他同样钟情那茫茫的青纱帐,常年与其相伴,老人知道这青纱帐里是暗含着危险的,因为那里时常会有狼出没。但是,老人无论如何也没有想到,这青纱帐里竟会出现远比狼更加危险的角色,即公安部通缉的带枪逃犯——王厚军!

老人这辈子从来没有遇到过任何惊天动地的事儿,数十年来过的就是平凡老百姓的家常日子,他更是从来没有想到自己能在某一天和"英雄"两个字挂上边,但这样的事儿在9月8日那天悄悄地到来了。老人打鱼归来,回到窝棚里,做了早饭,炖了一铁锅鱼,又焖了一锅豆角,整个窝棚里热气腾腾。此时,老人没有意识到不远处有一双危险的眼睛正死死盯着他的窝棚,这人正是公安部A级逃犯王厚军。地上警察密布,天上还有飞机盯着,王厚军野外生存能力再强也经不住这样的搜捕。王厚军当时已经多日没有进食,精神也近乎崩溃。不难想象,这个窝棚对于他来说极具诱惑。

"有手机吗?"老人端起饭碗正要吃饭时,王厚军突然闯进窝棚问他。王厚军在饥饿到如此程度的情况下,首先想到的还是安全问题。

仅仅是打了个照面儿,老人便认出了王厚军。几天来,老人通过广播和电视已经看过许多次通缉令了,而且他家村子里的民警也多次当面向他讲起过王厚军的事情。别看老人已经七十三岁,脑子反应却极快:"没有手机,这里有手机也没有用,没网没信号啊!"

"这里距离县城多远?"王厚军接着问。

"七十多公里,但这里通县城的路很难走啊,我们这儿常年没人来,我们也常年不出去。"老人说这番话的时候,表现出了一种很无奈的神色,这令王厚军紧绷的神经立即放松下来,他瞬间觉得自己安全了。"我是对面风华村的,给人家放牛放羊,但东家不给我工钱,我不干了。你能给我点儿吃的吗?"

"这里有一大锅饭,你尽管吃吧!"

王厚军一边吃着,一边开始和老人聊天。老人是打鱼高手,过去也曾是个好猎手,这些都是王厚军非常感兴趣的,两个人竟开始交流起各自的渔猎经验来。老人点燃了一支烟,悠闲地吸了起来,吸着吸着,眼见王厚军一个劲儿地盯着自己的烟,他便从烟盒里抽出了一支递给王厚军:"吃饱后,来一根……"

逃亡的这几天,王厚军早就没烟吸了,他本人也是个烟枪,烟瘾大得很。他见老人递过一支香烟,顿时来了精神,一边吃着饭,一边点着香烟,吸了几口。接下来,他是几口饭下去,又会加上一口烟,他那狼狈相使老人不由自主地笑了起来,于是叮嘱王厚军说:"饭有的是,烟也有的是,你吃完饭再吸呗?"

听了老人的话,王厚军笑着说:"我边吃饭边吸,吃完饭更吸。烟瘾大,没办法。"王厚军对老人彻底放松了警惕,两个人聊着聊着,老人像是想起了什么,表情突然僵硬了一下。这一下不要紧,王厚军观察到老人的表情后,突然一惊,不由分说地刚要准备对老人下黑手,却发现老人

搜捕王厚军

起身到床铺下摸了摸，摸出来两个咸鸭蛋递给了王厚军。这一下可不得了了，王厚军一下子被彻底打动了，激动地对老人说："爷们儿，我一辈子也忘不了你，以后我若是发达了，一定会来给你修个金窝棚。"

"嗨！金窝棚、银窝棚，不如我的草窝棚！"老人也打趣似的对他说。老人这时心想，等你发达了，说不定得有多少人遭殃啊！"你要没什么事，就跟我一起打鱼吧，这里下套子，还可以套到野鸡。窝棚虽然是小点儿，但咱们两人一起住，还能住开。"老人心里虽然那样想，嘴里却依然在和王厚军热聊。

王厚军对老人的这个邀请非常感兴趣，他觉得这里简直是最佳的藏身之地，于是欣然表态："行啊，有什么重体力活儿尽管对我说，我也不要工钱。"

王厚军的神经彻底放松了，继续狼吞虎咽地吃着，他的肚子像是个无底洞。

"我出去看看鸭子……"老人很自然地起身，王厚军没有任何怀疑。王厚军吃得依然很入神，老人独自走出窝棚，来到苞米地中间躲了起来，然后掏出腰间手机拨通了报警电话。

当老人挂断电话，走出苞米地时，令老人绝望的一幕还是出现了——他走出苞米地的一刹那，恰好与王厚军撞了个正着！王厚军嘴里一边嚼着食物，一边恶狠狠地问："老不死的，是不是去报警了？"随后对其拳打脚踢……

民警到达现场后，一边派专人将老人送往医院，一边顺着王厚军遗留的踪迹沿江搜索。在肇源镇双胜村松花江江边，民警在一片苞米地外发现了王厚军抛弃的羽绒服，那种情景给人的感觉是王厚军已经逃进苞米地了，但民警进一步仔细查看，苞米地内部没有一点儿有人进去的痕迹，这说明王厚军在此放了一个"烟雾弹"，目的是让追捕他的警察认为他已经逃进了一望无际的苞米地，然后让警察在苞米地里展开集中搜捕，分散警方精力。这种声东击西的伎俩很快被经验丰富的追捕民警识破。随后不久，松花江边有渔民报警称，他家的两只船丢了一只，四只船桨没了三只，这使民警意识到王厚军已经走了水路，他留下一只船桨就是防止有人驾船追他。破案指挥部立即启动围捕预案，派出冲锋舟在江上搜索，同时通告对岸的吉林省松原警方沿江堤围堵。9月8日10时许，警方在肇源镇松花江的一处江心岛附近发现了犯罪嫌疑人王厚军。此时，吉林省松原警方也已在江对岸部署了大量警力，王厚军已是插翅难逃。

王厚军被击毙现场

经警方多次喊话、鸣枪警告后，王厚军跳入江中，大庆市公安局的刑警、特警随即跳入水中，展开涉水追捕。当时水已经齐胸深，王厚军根本无处可逃，但他仍然拒捕，举枪向缉捕民警打了一枪，并有继续射击的意图。大庆市公安局特警果断开枪，当场将其击毙。随后，民警在江中找到了哈尔滨市铁路公安局民警张辉的七七式手枪。

对于在这次缉捕行动中积极提供重要线索、英勇负伤的唐景芳老人，除了立即兑现十万元的奖金外，当地政府还授予唐景芳老人"见义勇为"荣誉称号，同时号召全省人民学习他英勇无畏的可贵精神和见义勇为的模范行为。

通过这起案件，社会各界牢牢记住了七十三岁老人唐景芳，却不知道还有一位时年七十五岁的老警察崔道植在幕后默默作出了巨大贡献。崔道植就是这样，很多扑朔迷离的案件背后都有他发挥关键作用的身影，在案件侦破之后他则会默默淡出所有人的视野。

第十三章　硬骨与险滩

"人民对美好生活的向往，就是我们的奋斗目标。"

习近平总书记指出的奋斗目标，也是崔道植的奋斗目标。

崔道植是一名充满热情的中国共产党党员。作为一名1953年入党的老党员，他的奋斗脚步从未停歇。尤其是他退休后，虽然心脏不好，但他靠着一粒粒救心丸，一路走来。当心脏不舒服的时候，他也常常会为此伤感，可命运之神的眷顾，又让他充满信心。接下来的生命时光里，无论在家里，还是在各种场合发言表态，他都会充满深情地强调："余生短暂，唯有奋斗！"

倒，也要倒在办案路上；倒，也要倒在显微镜前。奋斗历程，荆棘密布，但崔道植心中始终有一个温暖的中国梦，与他相伴。他相信，中国梦一定要用党员的热血铸就。烈士暮年，壮心不已。崔道植依然有良好的健康状态和工作能力，为中国梦奉献汗水与热血，他为国家的日益繁荣强盛而感动，为"中国共产党"五个字而感动。带着这样的情怀，崔道植渴望继续攻坚克难、披荆斩棘。

党的十八大后，习近平总书记第一次到地方调研，选择了改革开放中得风气之先的广东。习近平总书记强调："要坚持改革开放正确方向，敢于啃硬骨头，敢于涉险滩。"崔道植认为，啃硬骨头，敢于涉险滩，适用于各行各业的共产党员。

中国的警察，是有信仰的警察。中国警察的信仰，不信神，不信鬼，中国警察的信仰体现在中国共产党党章上。所以，中国的人民警察，有着旺盛的战斗力和钢铁般的战斗意志。

站在七十八岁的人生节点，崔道植用自己的奋斗姿态助力中国梦的实现，他和全中国警察一道，和全中国共产党党员同行，携手步入新时代。随后的十年，崔道植的传奇继续，崔道植的故事依旧。凭借敢于啃硬骨头、涉险滩的意志力，崔道植年龄来到八旬时，迎来了又一个事业黄金期。

硬骨头说来就来，险滩说到就到。

福建省厦门市发生了一起特大持枪杀人案，厦门众刑警心中怀着唯一破案希望找到崔道植。崔道植不分昼夜，加班加点，用他发明的痕迹展平装置解决了相关鉴定难题，使得案件得以顺利提起诉讼，犯罪嫌疑人得到法律严惩。十八大之后，崔道植的开局之战旗开得胜。

接下来的十年，硬骨头、险滩一个接着一个，崔道植奋斗的脚步从未停歇。2016年，公安部组织开展全国命案积案攻坚会战，崔道植作为公安部专家组成员赶赴甘肃省参加白银系列强奸杀人案侦破工作，在认定元凶高承勇的一个关键涉案证据上发挥了重要作用。同年12月，崔道植与公安部物证鉴定中心、北京邮电大学共同研发完成"非制式枪射击弹头痕迹自动识别系统"。该系统在多起疑难涉枪案件弹头痕迹物证串并和比对认定工作中发挥了重要作用。

身着黑色风衣的崔道植，时常走在茫茫黑夜、走在日月交替之间、走在黎明之后的艳阳里。每一次行程，他都要日夜兼程，直到最后为众人找到一条正确的案件侦破之路。那一袭风衣，是上世纪九十年代赴沈阳侦破一起疑难案件时，崔道植专门给自己买的，为成功突破案件难点做纪念。风衣的材质一般，但三十年来崔道植始终把它洗得干干净净，熨烫得平平整整。这件风衣伴随着他步入一个又一个案件现场，伴随着他

身着黑色风衣的崔道植，时常走在茫茫黑夜、走在日月交替之间、走在黎明之后的艳阳里

步入耄耋之年。崔道植行走的时候，风衣的下摆随风飘动，步履节奏稳健有序。

2020年春节，老伴儿刚刚去世，崔道植独自待在养老院房间里，沉浸在一段自己喜欢的诗文里，一遍遍抄写着他最喜欢的诗文：

问君西游何时还？畏途巉岩不可攀。但见悲鸟号古木，雄飞雌从绕林间。又闻子规啼夜月，愁空山。蜀道之难，难于上青天，使人听此凋朱颜！连峰去天不盈尺，枯松倒挂倚绝壁。飞湍瀑流争喧豗，砯崖转石万壑雷。其险也如此，嗟尔远道之人胡为乎来哉！

三子崔英滨看着父亲抄写，心里盘算着自己的"小九九"。英滨不希望父亲在悲伤时刻，还要去战胜什么"蜀道之难"。当一名刑警因为一枚疑难指纹向崔道植求助时，英滨站出来，忧伤而坚决地说："不行，我父亲现在这个状态，你怎么能忍心让他继续工作？"

这名刑警听到英滨的话语后，立马红头涨脑，出了一脸汗。

长子崔成滨得知情况后，他的态度与三弟英滨完全不同，他对三弟说："越是这个时候，越要给咱爸活儿干，要是有犯罪现场才好，咱爸到了犯罪现场就什么都忘记了。"

兄弟二人争论的节骨眼儿，那名站在旁边的刑警觉得很不好意思。

"大螃蟹，这个案子，线索查到了这个地步，如果还不能破，你呀，名声就彻底没了……你的一世英名，就彻底毁了……"

刑警大谢，从一个噩梦中醒来，惊出一身冷汗。梦里责难他的这些话语，在侦破案件期间，每时每刻都浮现在他脑海里。而且，随着一种无奈感不断增加，各种责难的话语在他的脑海中不断涌现。

刑警大谢，为什么被称作"大螃蟹"呢？因为，在他手里从来就没有破不了的案子，无论遇到什么样的案件，大谢都可以横着膀子"逛"，无坚不摧。大谢从来不吹牛，作风很低调，而且他本人姓谢，于是人们结合他的工作能力，给其冠以"大螃蟹"美名。

大谢破案，无坚不摧。但对于眼前的一起积案，他却涨红了脸，吃不好也睡不好，整个人变得非常憔悴。一次，大谢照镜子，看到自己红彤彤的脸颊出了一层油，哭笑道："真的像螃蟹了，煮熟的！"

这起积案是发生在1986年至1992年之间的系列抢劫强奸杀人案件。这起积案的破不破，其实与大谢的一世英名没有直接关系。因为，系列案件都发生在大谢参加公安工作之前，后来大谢听到很多老同志经常议论这起案件，而且由于案件性质极其恶劣，大谢对这起积案便保持了关注。案件即使不破，无外乎就是接着传递，留给后辈。但大谢这个人，拗不过这股劲儿，好像这起积案不在他手里被侦破，他就没有脸面活下去。

八岁女孩小林，是系列入室抢劫强奸杀人案件中的第一个被害人。犯罪嫌疑人用小林的红领巾紧紧勒住她的脖子，一个幼小的生命就这样消逝了。那鲜红的红领巾照片，是全部案卷的第一页，所有翻阅过案卷的民警，脑海里都会记下这条红领巾。对于所有看过案卷的民警来说，回忆起那个场景，几乎都说出同一句话："那条红领巾，就像紧紧勒住了我的脖子。"

从小林被害案开始，参与办案的民警除了感觉到犯罪嫌疑人的凶残，还清晰地感觉到这个对手正想尽一切办法与警察进行角力。所有犯罪工具都是现场取材，每起案件的犯罪现场都经过精心清洗，警方在犯罪现场很难提取到有价值信息。

1986年5月，犯罪嫌疑人总共作案三起，案发时间都是白天。除了上面提及的被害人小林，另外两起案件的被害人，分别是一位二十七岁的中学女教师、一位十四岁的女学生。作案工具包括菜刀、斧子、尖刀等，犯罪嫌疑人都是在被害人家里"就地取材"。通过现场情况看，被害人临死前都遭受了非人折磨。1986年至1992年间，黑龙江省东南部的一座小城，累计发生了多起类似入室强奸杀人案件，随后犯罪嫌疑人便消声匿迹。犯罪嫌疑人在作最后一起案件时留下了一张字条：你们警察不是厉害吗？抓我啊？

这些案件有一个共同特点，那就是犯罪嫌疑人总会在作案现场大吃大喝，将被害人家里的食物洗劫一空。此犯罪嫌疑人堪称"魔鬼"。转眼过去了近三十年，该系列案件的侦破工作由大谢负责。大谢把所有案卷翻阅了不知多少遍，并将所有信息刻于脑中。针对犯罪嫌疑人在作案现场进食这一情节，他推测犯罪嫌疑人可能患有糖代谢类疾病。

案件侦破的关键，最后集中在一枚花生米大小的血指纹上。犯罪嫌疑人在每个案发现场都进行了专业细致的清洗，但在其中一起案件，可能是犯罪嫌疑人用水舀子在现场冲洗痕迹，不小心在水瓢把位置留下了那枚带血的指纹。这枚血指纹非常宝贵，但因受到一定冲洗，识别起来十分困难，很多刑事技术高手都进行了尝试，均未取得突破。有人想到了省厅刑事技术专家崔道植。

大谢就是带着这个任务去找崔道植的。

犯罪嫌疑人猛卒经常会回忆那些作案细节，回忆的目的是努力思考自己是否在某个现场遗漏了不该遗漏的东西，他也经常关注、搜索"白银案""白宝山案"等相关案件信息。白宝山案、白银案，崔道植都参与了案件侦破工作，并发挥了重要作用。猛卒不知道崔道植，也完全想不到会有一股强大的正义力量将他推上绞刑架，而这正义力量就来源于崔道植。

"大螃蟹，这个案子，线索查到了这个地步，如果还不能破，你呀，名声就彻底没了……你的一世英名，就彻底毁了……"大谢无限接近真凶，案件侦破近在眼前，却迟迟不能取得突破。

猛卒作案手段极其凶残、变态，而且他逐步升级了残害女性的手段。有一被害人心脏被他用刀刺了七下，有一被害人头部被他用斧头砍致颅骨骨折，有一被害人颈部气管、食道被他用菜刀割断，有一被害人被他活活用力摔死，还有一死者的阴道内被他插入了油瓶、塑料花、木棍，最后那名死者的胸部、阴部还被其用锥子刺伤，身体被喷涂银粉。

大谢与猛卒之间的较量，那枚血指纹成为了关键。大谢的破案希望，寄托于那枚血指纹；大谢的焦虑，也源于那枚血指纹。那枚利用影像学技术重新修复的血指纹，被黑河市一位经验老到的刑事技术人员识别出来。但这枚指纹，也给了大谢等人一步之遥的无助感。

要想成为铁证，作案现场遗留的这枚血指纹需要同猛卒的指纹比中八个特征，才能作为呈堂证供。没错，黑河这位经验老到的刑事技术人员比中了猛卒，的确是关键一步。如果不能比中八个特征，就无法最终认定现场遗留指纹与猛卒的指纹同一。崔道植在得知两个儿子所争论事由后，便终结了他们兄弟二人之间的辩论，毫不犹豫地接受了大谢的求助。

之后，大谢和同事也没闲着，而是前往城市的每一家医院。他们走了一家又一家，但凡猛卒看过病的医院都走了一遍，最终惊喜地发现，猛卒很早就患上了糖尿病，而且是非常严重的糖尿病。这从另一个角度验证了：犯罪嫌疑人为何会在每个犯罪现场大吃大喝。还有那张字条"你们警察不是厉害吗？抓我啊？"经过笔迹比对，初步确定是出自猛卒之手。

两个关键环节已经查清，大谢无限接近真凶。这两点让大谢看到了破案曙光，但并不能作为定案依据。侦破案件的关键，只能指望那枚血指纹。因此，大谢等人才会产生犯罪嫌疑人近在眼前却不能定案的无助感。

有的人，明明就是一只猫，却非得在脑门上拧巴出个"王"字，让别人看起来像一只老虎。这种人无论走到哪里，总会摆出一种"虎虎生威"的气场，无论走到哪里都是"震耳欲聋"的吼叫状态，加上一些捧臭脚的献媚造势，让人乍一看，还真像个老虎。猛卒，就是一只沉浸在自己世界中的病猫。在自己的世界里，他认为自己是一只凶悍的老虎。每次作案时，他费尽心思、绞尽脑汁，往往弄得自己神经衰弱，他为自己变态的执念而沾沾自喜，甚至想象自己拥有一种无比强大的力量，让他可以战胜所有警察。

猛卒的父母就是为了要生一个儿子，才会在接连生下几个女儿后继续再生，最后终于生下了猛卒。作为家中独子，猛卒从小就受到了溺爱，偏执式的自恋自大是他最为典型的人格特征。虽然，没有人给猛卒捧臭脚和献媚，但作为一个任性的孩子，他是不需要这些的，因为在他灵魂深处，他认为这个世界属于他，他在任何时候都可以用自己想当然的方式，想象自己拥有一种主宰世界的力量。

家人给他起的名字叫猛卒，是别有一番心思的，主要目的是希望他具备男子汉的勇武。猛卒后来做了很多凶残无度的事，反而处处彰显出了他那虚弱不堪、肮脏丑陋的灵魂。有一次，猛卒走在黑夜里，在一个胡同里遇见一个人，他开始盘算：如果，此刻我杀了他，我不信警察能抓到我。猛卒轻蔑一笑，攥紧了拳头，和那个人擦肩而过时，露出了诡异的笑容。那个人注意到了猛卒的笑容，感到莫名其妙。

好，恭喜你，你捡回了一条命！猛卒没有动手，却感觉自己掌握了他人的生命。

猛卒叫了一辆出租车，出租车载着他在黑夜里疾驰。猛卒的大脑依然在胡思乱想，突然他发现出租车行驶的路线和自己回家的路线不一样，如果按照出租车行驶的路线，自己会多花一两元钱。于是，猛卒怒了。

猛卒和司机争论起来，他想掐死司机。这时，猛卒想起了自己的对手——警察，他觉得自己这样做下去，太容易暴露了。已经有路人看到他们的争论，出租车内也有录像。猛卒决定忍一忍，否则警察一定会轻而易举抓到自己。他相信自己是最厉害的，他不能给警察任何抓捕自己的机会。

"今晚，你捡了一条命，但你等着，我一定会要了你的命。"

争论中，司机骂了他一句很难听的话，又将唾沫吐到他身上，这令猛卒更加坚定了杀死他的念头，只能暂时忍一下，他是不会在自己的对手那里轻易暴露的。他记下了车牌号，又仔细端详了司机的脸，甚至拿出手机给司机拍照，给车拍照。司机又甩来一口唾沫，说："用不用把我家位置也告诉你？"

接下来，司机又甩来几个耳光，常年患有严重糖尿病的猛卒，怎么能是司机的对手呢？他眼下唯一的念头，就是想办法日后杀了司机。

猛卒这口气还没得到消解，警察就成功抓捕了他。在等待崔道植出鉴定结论期间，猛卒在讯问室里吹牛："如果你们不抓我，我的确是要杀人的，我要杀了那个出租车司机。""麻烦你们告诉那个司机一声，他应该感谢你们，你们让他捡回了一条命。"

猛卒还把车牌号和司机照片，交给了警察。这次被警察抓了，猛卒认为自己再也出不去了，却不知道他遗留的血指纹，此时正面临无法作为证据的尴尬局面。如果这样下去，猛卒会逃脱法律制裁。猛卒唠唠叨叨的时候，大谢等人因为鉴定血指纹一事，正处于深深的焦虑之中。

那枚血指纹来源于系列案件中的一起案件，时间发生在1986年6月。

猛卒寻找作案目标都是随机的，他盯上姜兰母女也是这样。那天下午，天空飘着小雨，姜兰休班在家照看女儿，女儿当时已经五岁了。姜兰在一家工厂上班，丈夫从事一份普通的工作，他们夫妻的生活可谓美满幸福，二人对未来的唯一规划就是好好养育女儿。当时计划生育抓得正紧，他们想这辈子也就养这一个女儿了，女儿是他们未来生活的全部。姜兰家住平房区，不远处的平房正在陆续拆迁，他们之前盘算，女儿读小学的时候就能住上楼房了。当时，五岁的女儿，正不顾雨水满院子乱跑玩耍着，姜兰则在厨房洗衣服，她一次次呼唤女儿进屋，但女儿还是在雨水里撒欢。

锅里炖着菜，冒着热气。厨房里很热，姜兰洗着衣服，弄得自己汗流浃背。好不容易休班放假，很多衣服需要在下午洗完，她把洗好的衣服用力拧了几下，然后拿到院子里一个遮雨棚下边晾起来。

猛卒透过门缝，静静地观察着院子里的一切，甚至闻到了厨房里的菜香味。

猛卒轻轻敲响院门，女孩儿像给父亲开门那样，热情地打开院门……雨，一直下着。猛卒喜欢这样的天气，也喜欢在这样的天气里走进这样一个院子。姜兰并没有注意到院门打开的声音，猛卒突然出现在姜兰面前的时候，姜兰惊讶地大叫了一声："你是谁？"

姜兰因为惊吓，说话声音有些颤抖。女孩儿也意识到不对劲儿，开始大声哭泣。刹那间，猛卒抓住女孩儿双脚，把她提起来，然后重重摔在地上。女孩儿头部先着地，瞬间停止了哭泣。那时，猛卒的女儿刚刚两岁，后来作案完毕，晚上回到家，他抱着自己的女儿天旋地转地玩闹，就像白天什么事情也没发生。

姜兰很快成为了任其宰割的羔羊。猛卒对她实施了强奸，然后将她割喉杀害，接着吃完了锅里的炖菜。猛卒享受着那锅炖菜，就在母女尸体旁吃得津津有味。猛卒不慌不忙，也不害怕有人进来，当时他心里想，来一个杀一个。猛卒吃饱后，拧开水龙头，让自来水不断注入水缸，然后拿起水舀子，但凡能够想到会留下痕迹的地方，他都用水舀子反复泼水冲洗。当时，猛卒的手中还沾有被害人的血液。

最后，猛卒开始处理水舀子上的指纹痕迹了，他戴上事先准备好的手套，然后把水舀子拿到水龙头前冲洗。觉得差不多了，他把水舀子扔在地上。离开作案现场时，厨房地面上都是水。外边的雨，依旧下着。这样一来，猛卒确信屋里屋外不会再有他的任何痕迹了。

无影无踪，一切就这么简单。

案发现场，勘查人员依然在水舀子把柄处位置，发现了一枚花生米般大小的血指纹。也就是说，任凭猛卒怎样冲洗，这个位置还是被他忽略了。那枚血指纹，因为被水稀释，一部分变得模糊不清。一般勘查人员看了，都会认为该指纹不具有鉴定价值。但这枚指纹，始终是每一名参与案件侦办的刑警的重要线索。虽然那枚指纹的状态让人感到失望，但这失望中又蕴含着一丝希望。

这枚花生米般大小的指纹，在2020年春节的时候，通过刑警大谢送至崔道植的案头。这枚指纹，虽然如同花生米般大小，在崔道植眼中却是一片山林。在这片山林里，一位年近九旬的老人坚持走了九天九夜。

一枚指纹，就像一片山林。显微镜下，一枚血色指纹清晰地呈现出来，就像一片寂静的山林被如血的残阳笼罩着。

这是一片崔道植善于行走其中的寂静山林，血色残阳里他没有一丝恐惧。指纹的隆起，就像是山峰；指纹的沟壑，就像是山谷。而在指纹清晰线条之外的那些杂乱特征，就是河流、树枝等。独自行走在这片寂静山林里，火红的山峰、山谷、河流、树枝等，清晰可见。无论荆棘密布还是激流险阻，无论山峰之巅还是幽深峡谷，崔道植日夜兼程行走着，就像一位不惧各种野兽的独行客。步履匆匆，从未停歇。这样的寂静山林，不是一般的寂静，这不是普通的山林。很多时候，这片山林的险峻完全可以用李白那首《蜀道难》来形容。崔道植身处其中，也会"云深不知处"，也会有短暂迷路的时候。每当崔道植有一种难以逾越山峰之感的时候，他就会默默背诵《蜀道难》。

崔道植要做的，就是要寻找两片能完全重合的寂静山林，他要通过山峰、山谷、河流、树枝等，进行详尽标注，最后证明两片寂静山林是完全一样的。

现场留下的这枚花生米般大小的指纹，叫作检材。犯罪嫌疑人手上提取的指纹，叫作样本。检材与样本寂静无声，却又会在特定条件下发出响亮的声音。二者在显微镜下被放大后，就像两片寂静山林。作为一名刑事技术工作者，需要从两片山林中找出诸多细致且详尽的特征，去验证它们是两片完全一样的山林。每一名刑事技术工作者，俨然都是一名独行客，他们会在确定两片完全一样的山林后，将原有指纹放大数倍，标注好特征后，再制作鉴定书。

作为一名独行客，崔道植无疑是享有盛誉的。

行走在这样的山林中，作为普通人也许会迷失方向，而崔道植会走出迷茫，走出山林。尽管山林中充满了神秘，但崔道植会孤身前往，并于静谧与孤寂中找到前行的道路。

2020年春节后，正是新冠肺炎疫情肆虐之时。崔道植心无旁骛，埋头工作，他的案头上是这枚指纹。就是这样一片难以寻迹的山林，众人感到无助的时候，崔道植独自一人孤身行走其中……

第十四章　马头琴低音和一碗白米饭

改革开放四十多年来，崔道植对公安刑事技术工作发展变化的感触异常深刻。比起改革开放初期，如今公安刑事技术设备不断完善，科技成果日益增多，公安侦破案件应用的新技术、新手段也多了，比如过去没有的视频监控，令现在发生的案件可以得到更加快速的侦破。

在过去的岁月里，侦破案件中痕迹发挥了很重要的作用，警方可以根据现场遗留指纹判断出犯罪嫌疑人的年龄，也可以根据现场提取的足迹判断犯罪嫌疑人的年龄，以及行走姿势、步态特征等，甚至还可以推测犯罪嫌疑人一边走一边做了什么动作……这都给刑侦部门提供了案件侦破方向。刑事技术部门向刑侦部门提供这些特征之后，刑侦部门会按照犯罪嫌疑人的年龄、性别、身高、体态等特征去开展工作。比如，刑事技术部门确定了犯罪嫌疑人穿的某种鞋后，刑警就可以查出这个鞋出厂是哪儿，哪儿销售的，销售范围就是侦查范围。现如今，视频证据往往非常清晰，每当有案件发生，犯罪嫌疑人开始从哪儿出发的，又到了哪个地方作案，接着又逃哪儿去了，都会非常清晰，这也是侦查工作比以往进步的地方。但是，新技术再多，传统刑侦手段也不可能丢弃，时至今日一些传统手段也经常会发挥决定性作用。比如周克华案件中，刘忠义就是在视频侦查基础上，通过重要目标嫌疑人周克华的步态，推断出他的一个重要特征，这样的侦破环节考验了侦查人员的传统侦查能力。

在坚持传统侦查技术的基础上，崔道植也积极应用新技术，他在新技术应用领域总是会走在前列。比如视频监控刚刚兴起的时候，西安市曾经发生一起案件，当时犯罪分子朝着被害司机打了四枪，然后立即逃掉了。

现场一个弹壳也没找到，司机虽然保住了性命，却对枪支情况一无所知，什么信息也提供不出来。这四枪到底是由什么枪支射击的？这是一个巨大疑问。这个时候，崔道植发现了一段珍贵视频，他通过视频一帧一帧看，最后确定是由九二式手枪射击的。在这起案件的侦破过程中，崔道植的工作量极大，得出这个结论并不轻松，他在视频里一帧一帧比对，发现作案枪支大致模糊影像后，又在世界手枪图谱和中国手枪图谱中，一个一个与其进行对照，最后推算出来是什么手枪。案件侦破后，收缴的作案枪支印证了崔道植的判断。

随着视频监控的广泛应用，现如今的犯罪分子经常会在作案过程中实施巧妙伪装，比如作案过程中极力规避各类视频探头，这时现场遗留的枪弹痕迹、手印、足迹、工具痕迹等，毫无疑问是非常重要的。

记得崔道植八十五岁时，一天下午，他突然对时间充满了感慨。他对我说："如果能退回三十年，哪怕是退回二十年，我想我一定会干得更好、更来劲儿，现在，说实在的，我的记忆力下降了。我觉得，人啊，七十岁是一个拐点，八十岁更是一个拐点，状态完全不一样，精力、状态完全是两回事。"

崔道植依然前行着、努力着、坚持着，而小他两岁的另一位公安部终身特聘刑侦专家乌国庆却先于他陷入了病痛的泥沼，再也没有挑战刑侦侦破工作的机会了。2019年6月24日上午9时，八十五岁的刑侦专家崔道植打开电脑里的PPT课件，他的视线定格在一张照片上。这时，电话响了。当崔道植听完电话那边传来的消息时，顿时泪如雨下。

五天前，八十五岁的崔道植刚刚做过白内障手术，医生叮嘱他不要过早看电脑，更不要激动，尽量不要流眼泪。五天过去了，崔道植惦记着自己的那些课件，手术过后第一次打开电脑开始了课题研究，却没有想到听到了乌国庆去世的噩耗。

"听到乌老走了，我心里咯噔了一下子，我们在一起工作了几十年！""他一走，我这心啊……"得知乌国庆病逝的消息时，作为与乌国庆有着数十年情谊的老战友，崔道植怎能不泪如雨下！

乌国庆去世后的两天里，崔道植比往日显得郁闷许多，家人说他经常会默默地在窗边抹眼泪，谁也不好劝他什么。两位老人都是共和国培养的第一代刑侦专家，他们在数十年的案件侦破、密切协作的岁月里，结下了一种令人终身难忘的宝贵友谊。

一个个疑难案件现场，乌国庆与崔道植一起眉头紧锁，一起茶饭不思。他们一次次在重重迷雾当中拨云见日，一次次将似乎不可能突破的难点变作可能。

许多年来，乌国庆和崔道植每次见面或是忙于工作，或是讨论案件，即使是两人一起步入八旬老人行列的时候，他们的思维依然清晰、敏捷，谈论起早年某个经典案例的时候依然记忆犹新。尽管两个人没有一次得闲去某个饭馆儿坐坐，也没有一次得闲喝杯小酒、聊聊天儿，但两个人的情谊很深很深，他们彼此钦佩，也彼此鼓励对方，他们一起携手在公安刑侦史上书写了一个又一个传奇。

乌国庆和崔道植的友谊，正应了那句话——君子之交淡如水。

"我真的想去北京参加乌老追悼会，但是家里事情太不凑巧了。"崔道植一边抹着眼泪，一边给公安部刑侦局局长刘忠义打电话。原来，崔道植

崔道植（中）与乌国庆（右二）早年的合影

崔道植（左）与乌国庆（右）

白内障手术住院期间，老伴儿夜里去卫生间时不小心摔倒了，摔断了三根肋骨，加之老年痴呆症的困扰，崔道植最近几天实在不能离开她。

崔道植在电话里对刘忠义局长说："请刑侦局代我送上一个花圈吧！"

"乌老最让我感动的是，他的事业心很强。"提起与乌国庆之间的点点滴滴，崔道植对一切都记忆犹新。十多年前发生的昆明公交车爆炸案，是二老合作侦办的最后一起案件，他们在很多侦查难点上达成了共识。在崔道植心中，乌国庆一直是案件侦办的带头人和主心骨。乌国庆研究案子的思路、逻辑与常人很不一样。

"非常缜密，尤其是每个环节连接的那一块儿，乌老总是抠得很细致、很认真，所以我对他很服气。"崔道植说。

崔道植依然记得1999年9月9日，第一批公安部退休刑侦专家聘请会上，部领导对他和乌国庆提出，要选好接班人，每个人至少得选两个接班人。短短二十年过去了，如今共和国刑侦事业蓬勃发展，后继有人。

"乌老在办理案件的时候，就像医院会诊组的组长一样，组里每个人具体能发挥什么作用，他都很清楚。"崔道植说，"但在选徒弟问题上，我们都说不好选，因为搞案件研究久了，必定会天天不在家，谁喜欢干？我们说是这么说，公安队伍还是后继有人的，刑侦队伍可以说是一代更比一代强。"

乌国庆前年大腿骨折后，崔道植曾经去看望他，在乌国庆简朴的居所内，崔道植默默注视着他的大腿，乌国庆也把目光集中到了自己的大腿上。两个人那天的话很少很少。当时，两位老专家共同的惆怅是：这样下去，很难再出现在案发现场了……

乌国庆和崔道植有一个共同点，就是"高龄不下火线"，他们都曾在高龄状态下奔赴一个又一个疑难案件现场。同时，他们还有一个共同点，那就是在奔赴案件现场前、选择交通工具的时候，他们都是能坐火车就不坐飞机，如果必须坐飞机也要选择机票最便宜的那次航班。无论是公安部的订票点还是黑龙江省公安厅的订票点，订票人员对这两位老人的订票特点都非常熟悉，他们这样做的目的都是一样的——给国家省点儿钱！

对于乌国庆和崔道植这样的刑侦大家来说，他们的生命力永远都在案件现场当中。近两年，乌国庆因为腿伤不能出现在案发现场，崔道植因为照顾患有老年痴呆症的老伴儿而搬进了养老院，但他同时也搬去了鉴定设备，养老院成为了崔道植的办公室。乌国庆不能工作了，崔道植却依然在养老院里坚持工作，并且经常对三个儿子交代："你们母亲的病情已经稳定了，也就这样了，再有案件任务我还是要去现场的，到时候你们轮流照顾她。"

崔道植还曾和乌国庆在电话里约定："早点儿养好病，再有疑难案件一纸调令，我们一起上！"

就在乌国庆去世前的一个月，乌国庆还曾给崔道植打来电话，两个人一起聊了许多过去侦办的案件，聊了很多顺利的环节，也聊了很多不顺利的环节。

事实上，乌国庆比崔道植小两岁，乌国庆是蒙古族，崔道植是朝鲜族。乌国庆身材魁梧，崔道植清瘦。但是，他们在侦办案件和为人处世上都有着一样的坚持，一样的付出，他们彼此钦佩，又彼此鼓励。

每年春节，崔道植都会首先给乌国庆打电话拜年，但在2019年，乌国庆却抢先给他打来电话拜年。崔道植说："现在看来，冥冥之中有一种告别的意味吧……"

"老——崔——啊——"崔道植深深记得，每次乌国庆同他通电话，声音都很柔和、深沉，并拉着长调，有点儿像马头琴发出的低音。崔道植流着眼泪说："再也听不到他马头琴低音一般的声音了，那声音特别柔和、亲切、真挚，但在生老病死的自然规律面前，谁也没有办法……"

人的一生，总会在心底存有最值得珍藏的深情。除了乌国庆马头琴低音一般的声音，崔道植心中还有一碗白米饭。

记忆中的那碗白米饭，一粒粒白米晶莹洁白如玉。数十年后，崔道植始终清晰记得，那碗白米饭呈现出玉一样的光泽。那碗白米饭来自爷爷亲手栽种的稻谷，爷爷一点点浇水施肥，一根根拔掉稻田里的杂草，直到谷穗饱满。世界上，再也没有比那碗白米饭还要香甜的食物了。少年时的崔道植，捧着那碗米饭的时候是充满虔诚的，那种虔诚延续了他的一生。米饭芳香缭绕，那种芳香也是缭绕他一生的。少年时的崔道植，将那白米一粒粒放进口中，感受其中的香甜与来自爷爷的深爱之情。有了那样一碗白米饭，少年时的崔道植是不需要吃菜的，什么菜也不用吃，也能把那一碗白米饭，一粒一粒吃得干干净净。

灾祸，也是那碗白米饭带来的。现如今的人们，怎么会想到一碗白米饭竟然会带来灾祸？在崔道植少年时，答案却是肯定的。日本人统治东北的时候，吃白米饭属于日本人的特权，中国人吃了就是罪。那时，属于中国人的只有打过谷穗之后的稻草，中国人可以用它来烧火，可以用它焚烧逝去的亲人。按照当时的习俗，亲人逝去的时候，遗体最终会被一捆捆干干的稻草火化成灰。

正因为爷爷在深秋为孙子崔道植私藏了稻米，才有了爷爷被日本人抓走、严刑拷打的事情发生。旧时代的中国，印在崔道植心中的痛苦远远深过许多人。残酷的经历，让崔道植深深记住了旧时代，也深深记住了爷爷对自己的深爱之情。

为了让孙子吃上一碗白米饭险些丢了性命，爷爷对崔道植的爱永远是那么地深。那时的崔道植，因为有了爷爷他才感觉到生活的温暖。在崔道植很小的时候，爷爷便开始手把手教他练习书法，又带着他熟练背诵《千字文》、《三字经》，还有指引了他一生的《明心宝鉴》。正因为有了这样的文化底蕴，参军以后崔道植才能在那么多人当中脱颖而出，被选为连队文书。

崔道植转业到黑龙江省公安厅以后，每月工资中只留下一点儿生活费，然后将剩下的邮寄给爷爷。晚年的爷爷一直沉浸在幸福之中，因为他知道孙子先是一名优秀军人，后来又成为了一名优秀警察。崔道植到黑龙江省公安厅工作以后，总会定期给爷爷写信，详细告诉爷爷自己现在做什么，情况怎么样。爷爷收到信后总会特别高兴，然后一字一句反复读那些文字。有一次，崔道植写错了一个字，他把姐姐的"姐"字写成了"妹"。崔道植曾经给爷爷写过很多信件，但错字仅此一个，却被爷爷发现了。在黑龙江省公安厅工作之后的唯一一次探家，爷爷见到崔道植就问："道植啊，你那些信，我都看了，我很高兴，但是有一封信里，你那个姐姐的'姐'，怎么写成了'妹'呢？"崔道植很不好意思地说："是吗？我应该是粗心了。爷爷，我认错。"

爷爷叮嘱崔道植，凡事要一丝不苟才好，家信有错字还可以，工作上可不行。于是，爷孙俩会心地笑了。若是儿时，爷爷的手板就会打过来了。也许正是爷爷自始至终的严格教育，才会让崔道植在日后工作里一直保持着严谨。那一次探家相聚，是崔道植和爷爷的最后一次相聚。离开家的时候，爷爷依旧穿戴黑色笠帽和洁白长衫，在村口一动不动地望着崔道植前行，崔道植一次又一次不断回头张望，直到最后彼此消失在对方的视线中……老人的泪水与年轻人的泪水，汇聚在那一条分别的长路上！

爷爷去世前的一两天，发生了很多奇怪的事情。一天早晨，爷爷起床后，对崔道植的姐姐、姐夫说，要去一趟外地看望老朋友，只是去看一看，玩一玩。路程大约是二十多里地，八十四岁的爷爷是走着去的。当晚，爷爷就睡在了他朋友家。第二天下午，爷爷对他的老朋友说："不行了，我得回去，我可不待了，你得赶紧给我套个爬犁，拴个牛，把我送回家……"

老朋友把爷爷送回家后，一起吃过晚饭就回去了。这个时候，爷爷一切看起来还是正常的。吃过晚饭以后，客人也走了，爷爷突然指着窗前房梁的大酱块子对崔道植的姐姐说："去，把那个都拿下来。"崔道植的姐姐说："爷爷，大酱块子还没发好，

第十四章　马头琴低音和一碗白米饭

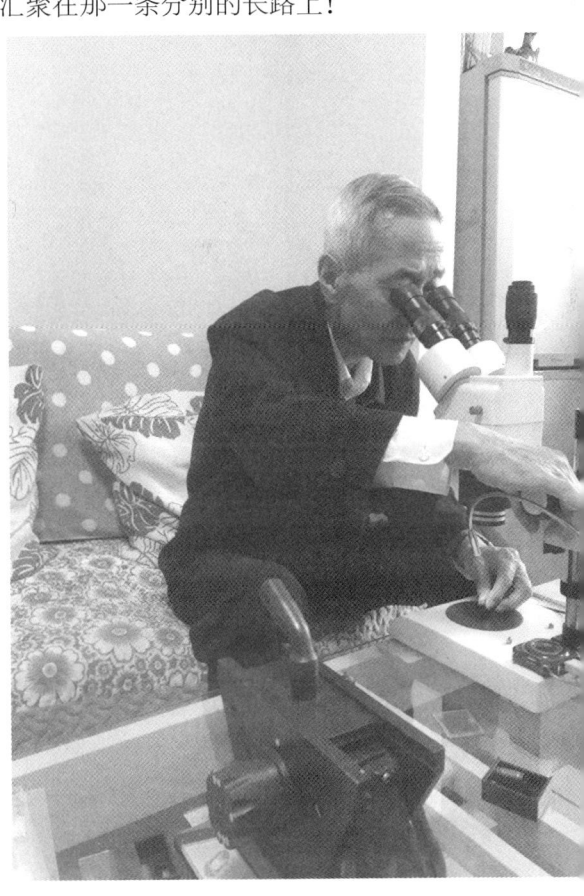

崔道植在家中工作

不能拿。"爷爷说:"我让拿,一定要拿,明天你们就知道是怎么回事儿了。"

按照朝鲜族的习惯,大酱块子都是用稻草捆好,在梁上一个一个吊起来的。崔道植的姐姐就按照爷爷的话,把大酱块子一个一个拿了下来,最后都堆到炕梢上,还抱怨着说:"爷爷,你这是干啥呀?还没有发好呢。"爷爷接着说:"你不知道,以后你就知道了,你们赶紧睡吧。"

油灯灭了,大家都睡了。

第三天早晨,崔道植的姐姐把饭做好后,说"爷爷吃饭了",但怎么喊也不见爷爷起来。上前仔细一看,爷爷没有了气息,爷爷去世了……

按照朝鲜族习俗,大酱块子吊着的时候,死者的魂魄就不能出去,去外边上天,就会上不去,只有把家里的一个个大酱块子取下后,一切才能顺利。后来回忆的时候,大家发现爷爷的所有行为说明,爷爷似乎预先知道即将发生的一切——他已经感觉到自己生命的衰弱。奶奶去世后与稻草一起火化,爸爸去世也是与稻草一起火化,村子里的人都会在走后与稻草一起火化。崔道植接到电报后急忙往家赶,但那时的火车速度很慢,他到家的时候,爷爷已经在一处稻田里火化了。崔道植赶到那片稻田,发现爷爷的遗体没有完全烧尽,他看到了爷爷诸多玉一样晶莹透明的骨头,有些像佛教所说的舍利,有好几个。也许,上天在这个特殊时刻向人们昭示,生前一辈子白衣白衫的爷爷有着常人不具有的冰心玉骨,而这种冰心玉骨将会在他的后代中传承下去。村里的老人说,爷爷一定是在等崔道植,等他回来才会完全消失在稻田里。崔道植重新把稻草聚拢起来,傍晚时分燃起稻草,火光过后一切干干净净了。那位可以种出晶莹洁白如玉般稻米的爷爷,让孙子崔道植见证了他的冰心玉骨——爷爷永久地离开了他,离开了这个世界……

默默沉思当中,崔道植总会想起幼年时的村庄,还有母亲消失时的那片玉米地,更会时常想起爷爷生命里最后的冰心玉骨,还有那极富画面感的回忆:爷爷洁白的衣衫总是一尘不染,朝鲜族传统的黑色笠帽高耸着,黑色的背夹里总会有稻草和干柴;爷爷一字一句教他背诵《明心宝鉴》的章节——择善固执,惟日孜孜……人有善愿,天必知之……

冰心玉骨,注定会是一种家族传承。崔道植已经用他全部的信仰和全部的工作历程证明了这样一种传承。而这样的传承,必定会在他的家族中继续传递下去。

崔道植把自己"最美好的青春",那"似箭般的岁月",全部奉献给了人民公安事业

时光荏苒,青春岁月已经匆匆而过。那时,妻子金玉伊只要离开崔道植一段时间,就会不认识他,除非他一次次做自我介绍,才会恢复她仅有的记忆——她只记得崔道植。每天,她都会在养老院食堂用餐完毕后,拒绝返回宿舍,她会逢人就说:"我要回家,我的家在省公安厅,我是干枪弹检验的……"于是,崔道植会带着她围着养老院走上几圈,或是开车带她外出兜几圈,然后再回到养老院大厅,告诉她:"公安厅,到了!"

每天,她会因为回到"公安厅"而非常高兴,然后就会为大家唱着那首《没有门牌号的客栈》:

今天还是走啊走啊,没有定处的身影……

的确,这一段歌词就是崔道植工作生涯的真实写照!最美好的青春!似箭般的岁月,谁能留住它!他把自己"最美好的青春",那"似箭般的岁月",全部奉献给了人民公安事业,也正是因为有崔道植这样老一辈刑警的执著奉献和一代代公安刑侦事业接班人的接力传承,公安刑侦事业才会永葆青春……

第十五章 警察家风

崔道植一家人

　　崔道植从来没有离开过工作，公安部给他下达的任务也是一个接着一个；他因忙碌忽略了老伴儿，老伴儿的病痛也成为了崔道植唯一的心病。三个儿子经常说："我妈这一辈子啊，所有一切都奉献给我爸了。"

　　崔道植的三个儿子都出生在黑龙江省公安厅家属大院，一家人六十年来的喜怒哀乐都与这个大院有关。大儿子崔成滨出生在黑龙江省公安厅家属院五号楼，二儿子、小儿子出生在省公安厅宿舍楼，三人成年后均选择了从警之路。

"我小时候，是恨父亲的……"时至今日，小儿子崔英滨说出了心里话，"我们兄弟三人小的时候，父亲经常不在家，家务重担都由母亲一人承担。"

1970年之前，黑龙江百姓的日常生活尤其艰苦，存秋菜、渍酸菜、柴米油盐、缝缝补补对于任何一位母亲来说都是严峻考验。以棉袄、棉裤为例，家庭中的每个人都需要一件厚衣服和一件薄衣服，厚一些的应对深冬，薄一些的应对浅冬，加之大棉鞋、二棉鞋、单鞋等，家人的衣履都由金玉伊一针一线缝制。

崔道植在黑龙江乃至全国警坛威名远扬，有许多动人的故事和辉煌的业绩，而他却说："如果说这些年我取得了一点儿成绩，那都是党培养教育的结果，并且给了我实现人生价值的平台，让我无时无刻都有一种'报恩'的思想。"作为从旧中国走过来的他，有对至高无上事业的追求，有一颗为党和人民奉献终生的赤诚之心。在他看来，要向党和人民"报恩"，就必须落实到全心全意为人民服务、对公安事业尽职尽责的具体行动上。

没提老伴儿！任何场合，崔道植从来没说过感谢自己的家人，感谢自己妻子的付出。但是，他知道妻子为了他和三个儿子做了许多。所以，他在养老院里细心呵护着老伴儿。崔道植希望，他能在生命的最后一段时光里，给老伴儿一个补偿。

往昔的日子里，补偿也是有的。

将全部精力用在工作上的崔道植，从警生涯中鲜有陪伴家人的时间。青年时，崔道植工作起来经常会通宵达旦，对家庭照顾得很少，洗洗涮涮、缝缝补补的家庭重任全部落在妻子一个人身上。崔道植要么常年出差在外，要么扎进实验室不出来。妻子对他不顾家的做法有时抱怨很深，曾私下不止一次说起过要和崔道植离婚。每当母亲有这种想法时，孩子们就会陪在她身边，做她的思想工作，把父亲在工作中取得的成绩讲给她听，开导她。

对此，崔道植有自己特殊的方法进行补偿。每当崔道植出差回来，他都会亲自下厨做妻子喜欢吃的红烧肉和烧茄子，用这样一种补偿来抚慰妻子的情绪。

"记得当年，妈妈吃爸爸亲手做的红烧肉、烧茄子时，眼里总是含着泪水。"小儿子崔英滨说，"成年后，我理解了母亲的泪水，那里边其实有

作者（左一）在养老院里和崔道植一家人共进晚餐

对父亲的理解与支持，也有她的委屈和无奈。"

和老伴儿搬入养老院的时间里，是崔道植陪伴妻子最为密切的一段时光，两个人从来没有像现在这样形影不离。

我看望崔道植的那天是一个周末，在养老院里和崔道植一家人共进晚餐——一人一份的自助餐。崔道植为老伴儿剥开两只虾，又不断给她夹菜，结果她对食物一点儿不感兴趣，仅仅喝了一碗稀粥，便把自己餐盘里所有的虾、菜、馒头等，热情地推到我面前。看来，她已经开始欢迎我这个"不速之客"了。为了让她开心，我狼吞虎咽地吃光了她给我的所有食物，我们大家一起会意地笑了。

"走，回家！这里不是我的家，我的家在公安厅，我是干枪弹检验的！我是干枪弹检验的！"

晚餐后，她突然有些歇斯底里，像小孩儿一样闹着"回家"，任凭大家怎么说也不回房间。此刻，她忘记了自己的名字叫"金玉伊"，却在潜意识里成为了崔道植；此刻，崔道植脉脉温情地拉着她的手说："玉伊，你不要急，我们回家……"

1996年春节，崔道植一家人合影

时间好快啊！1960年在黑龙江省公安厅一间小会议室举行的那次集体婚礼对于崔道植来说，依然历历在目，1970年、1980年、1990年、2000年、2010年——以十年为一个节点算起来，时间就像呼啸着的高铁列车，站台却为数不多。结婚几十年，崔道植常年在外奔波，往返于各种疑难案件现场，他在每一个现场都会停留很久，耐心观察一个又一个扑朔迷离的细微痕迹，因此金玉伊和他聚少离多；结婚几十年，她经常独自一人带着三个儿子洗洗涮涮、缝缝补补，一次次等待之间也曾抱怨过自己的丈夫，但她始终坚定支持着丈夫的痕检事业；结婚几十年，当老年痴呆症把她裹挟时，她忘记了自己的名字叫"金玉伊"，却在潜意识里成为了崔道植——公安厅里的枪弹检验专家！

于是，在成滨、红滨、英滨三个警察儿子的陪伴下，崔道植陪着老伴儿金玉伊开始围着养老院转圈。一家五口人迎着傍晚的柔风，转了一圈又一圈。行走时，崔道植眼中泛着泪水，成滨、红滨、英滨眼中也泛着泪水。一家人走累了，再次回到养老院门口，小儿子英滨说："妈妈，公安厅到了，我们到家了……"

眼下，除了老伴儿崔道植，她谁也不认识了，包括她的三个儿子。即使崔道植离开她十分钟，她也会忘记他，直到他自我介绍说"我是崔道植"，她才会缓过神来，恢复对这个世界为数不多的记忆。

听闻"公安厅到了"，金玉伊老人显得很高兴，她旁若无人地又唱起了那首几乎唱了一生的朝鲜族歌曲《没有门牌号的客栈》：

今天还是走啊走啊，没有定处的身影；走过来的每一足迹被眼泪浸透……还给我的青春吧，我那最美好的青春！似箭般的岁月，谁能留住它！还给我的青春吧，我那最可爱最美好的青春……

此时，当朝鲜族老人金玉伊唱起这首歌的时候，早已经不是最美青春之时的字正腔圆了。在外人听起来，一定会认为那刺耳的歌声是老年痴呆症患者的病理性反应。但是，崔道植却不是这样认为的，因为那个旋律始终是他心里最美的旋律——她给他唱了一辈子的最美旋律。在崔道植心中，尽管那个旋律已经苍老了、生硬了，但绝对不是病理性反应，那是只有他和她才会懂得的旋律。唱了一生的旋律，也在此刻道出了他们的一生。

崔道植对三个儿子说："明天，我们去拉林，看看她能不能在那里想起什么……"

1952年的拉林，是十八岁志愿军战士崔道植和十六岁卫生站护士金玉伊相识的地方；拉林，是那位曾在朝鲜战场身经百战的连队指导员介绍崔道植阅读方志敏手抄本《可爱的中国》的地方；是那位曾在朝鲜战场救死扶伤的护士长介绍金玉伊加入中国共产党的地方。

拉林的寒风里，崔道植拉着老伴儿的手，走过了一条街又一条街。她依然唱着那首歌曲，却对眼前的一切完全没有感觉。当年的街道还在，但两边的建筑物早已面目全非。崔道植在老伴儿耳畔反复述说着："我们，来拉林了，我们在拉林，还记得你的卫生所吗？就在那一边……"

金玉伊老人注视着卫生所所在的位置，突然安静下来，凝视很久后自言自语说："护士长……田毅……"

这时，她想起了她的入党介绍人。

望着老伴儿弯曲的脊梁，望着她那依然清澈的双眼，崔道植和她一起回到了1952年。此时，十六岁的金玉伊在卫生所里忙来忙去，十八岁的崔道植站在三千名朝鲜族学生面前授课。

1952年12月，朝鲜战场五次战役结束后，身为志愿军某部16团的朝鲜族战士崔道植跟着部队来到哈尔滨附近的拉林整训，由于文化功底比较好并熟练掌握汉语、朝鲜语，崔道植开始承担培训三千名朝鲜族学生的教学任务。这时，朝鲜战场上撤下来的大量伤病人员也集中在拉林，崔道植经常往返于伤员与三千名学员之间。

在朝鲜战场上受伤被誉为"挂彩"，是一件光荣的事情。无论是学校里，还是卫生所里，时刻准备战斗的激情让人感觉可以赢得接下来的一切战斗。不过，受了伤的志愿军官兵，在病房里的脾气还是很大的，按照当

崔道植拉着老伴儿的手，走过了一条街又一条街

时一句话"身上一个眼儿,比朱总司令小一点儿",面对那些"比朱总司令小一点儿"脾气的受伤战士,朝鲜族女护士金玉伊总是很有耐心,她那热情爽朗的笑声缓解了大家的伤痛。

护士长田毅介绍金玉伊加入中国共产党的时候,崔道植还没有想到这样一个优秀女孩儿会是自己未来的妻子,将来会为他孕育三个生龙活虎的儿子。后来,崔道植所在的16团整编交给了黑龙江省军区,变成健康二团。1955年5月,崔道植所在的团集体转业,崔道植来到黑龙江省公安厅工作。直到这个时候,才有人撮合崔道植与金玉伊。

同金玉伊确定恋爱关系的前五年时间里,崔道植先后到中央民警第一干校(现中国刑警学院)、哈尔滨业余职工大学、哈尔滨医科大学学习,快速成长为黑龙江省公安厅刑侦专家。金玉伊也不断外出学习,后来成为黑龙江省医院的脑电专家。相对而言,崔道植比金玉伊更加忙碌,五年时间里,金玉伊没见过他几次。

确定恋爱关系的前五年时间里,崔道植和金玉伊"聚少离多"。"聚少离多"在后来的岁月里成为了他们夫妻关系的常态。

"啪!"

三滨永远记得,四岁时触碰父亲显微镜的那一刻,父亲一巴掌重重打在自己的脑袋上……崔道植永远记得,小儿子四岁那年执意把显微镜当玩具玩时,自己情急之下一巴掌重重打在他脑袋上……那种疼,很疼很疼。那种疼,从头皮传递至脑海深处,最后深深镌刻在三滨的心里。显微镜这个物件,在三滨心里成为了某种符号,他见到它,就会想起那种来自心底的疼。

那时的崔道植没有想到,正是自己这个最小的儿子,在日后继承了他的衣钵,显微镜也成为了三滨的工作伴侣。

1975年的某个周日,崔道植办公桌上,摆放着一枚凶案现场遗留的指纹,还有一台显微镜立在那里。这一天,没人看护的三滨被父亲带到了办公室,四岁的三滨蹦蹦跳跳,很淘气,他的注意力很快落在了那台显微镜上。当时,四十一岁的崔道植与来自四个省份的警察,正研究《人手各部位长宽度与身高、年龄、体态的关系》科研课题。对于搜集到的一万两千余人的指纹,崔道植运用数理统计学,对国人手掌各部位长宽度进行统计分析，首次测得国人手掌各部位正常值和与人体身高、年龄、体态的关系，为利用现场手印分析犯罪嫌疑人生理特点提供了全新重要依据。

这一天，全部工作已临近尾声，崔道植害怕淘气的三滨弄坏了显微镜，于是，才有了那重重的一巴掌。也许是从那一巴掌开始，三滨潜意识里便产生了对父亲的怨恨，对显微镜的好奇心也因此成倍增长。关于人的潜意识，永远说不清但又客观存在。三滨对父亲的"怨恨"，应该不只因为这次显微镜事件，但他对显微镜的兴趣却因这一巴掌而起：你越是打我，不让我看，我越是想看。

三滨对崔道植实验室里的一切东西，都充满了好奇，但那里的一切并不好玩。

崔道植总是沉浸在实验室里，金玉伊经常会让三滨去实验室里叫父亲回家吃饭。他们的家，就在公安厅宿舍楼，家与单位近在咫尺。三滨六岁时，他记得，在一个冬天的周末，母亲把父亲单位分的福利猪肉分割成一小块一小块的，放在阳台上，借着冬日严寒冰冻上。这些活儿，别人家都是父亲做，在他们家永远都是母亲做。作为朝鲜族家庭，有时农村亲戚会送来狗肉，也是母亲分割成一块块，入锅炉熟。父亲唯一的绝活儿是做辣白菜，每到秋天的时候，父亲总会和母亲做好一缸的辣白菜，父亲负责配料，那种配料做出的辣白菜举世无双。

三滨印象中，父亲和母亲也会发生争吵，争吵过后，父亲总会给母亲做红烧肉与烧茄子，母亲吃的时候总是流着泪。记忆中，母亲总是在昏黄的灯光下，一针一线为家人缝制棉衣棉鞋；棉裤分为薄棉裤与厚棉裤，棉鞋分为大棉鞋与二棉鞋，母亲因此总是不停地忙碌着。

三滨记忆里，生活其实是很艰苦的。所谓的分割肉块，一年当中也就那么一次，往往都是为过年准备的，辣白菜、萝卜、大白菜，这些才是生活永远的主旋律。母亲洗菜、洗衣，一年四季连热水都舍不得用，因为过多的热水意味着生活成本的提高。那个时候，省公安厅大院里，家家如此。但与其他家庭比起来，从事现场勘查工作的父亲，远远比别人繁忙，经常不见人影。

崔道植的大儿子出生在这个院子里的五号办公楼，二儿子、三儿子分别出生在这个院子里的一间狭小宿舍。省公安厅的院子并不大，仅有的几条弯弯曲曲的小路许多年来依旧如故。崔道植的三个儿子在那几条小路上奔跑着长大，对于一家人来说，省公安厅大院是他们永远的家。正是在这里，崔道植演绎了一部中国警察的传奇，退休后除了奔波于各种疑难案件现场，正是在这里，他不断攻克痕迹检验疑难课题。

进入公安机关工作后，崔道植的繁忙是没法儿用语言形容的。在早前的省公安厅大院里，草木异常旺盛，办公楼没有现在高，也没有现在多。走进大院里，树木花草总会映入眼帘，崔道植的三个儿子——大滨、二滨、三滨，总会在他周末加班时，或是加班到深夜时到单位去看他，所以他们三个人也成为了这里的常客。崔道植工作繁忙，经常脱不开身，崔道植的妻子金玉伊从拉林卫生所调入黑龙江省医院以后，长期参加各种培训，并很快成为了省医院脑电专家，每天她都要面对摩肩擦踵的病人。就这样，夫妻二人在工作上忙得不可开交，生活上也不可能对三个孩子有过多的照顾，也正是因为如此，大滨从小就被放在姥姥家生活，二滨被放在崔道植的同事家里寄养，所以大滨、二滨都不是在崔道植和金玉伊身边长大的，他们只是偶尔回到家中看看父母，这从另一角度印证了崔道植和他爱人工作的繁忙。

大滨、二滨、三滨曾经一起进入省公安厅大院，他们知道一号楼二楼是父母结婚的地方，兄弟三人一起来到二楼的时候，总会感到一种喜洋洋的气氛笼罩着他们，他们仿佛听到了父母婚礼那天的敲锣打鼓。事实上，崔道植和妻子的婚礼没有敲锣打鼓，也没有过多的仪式，当时他们二人与另外两对新人一起举办了一个很简单的集体婚礼，这个地方对于兄弟三人来说有着不一般的意义，他们有很多关于父母幸福时光的想象。

四十年前，黑龙江省公安厅刑侦处位于目前的省公安厅大院五号楼，现在这栋楼紧邻着哈尔滨市中宣街，五号楼一层楼的左侧是扫黑除恶举报中心，右侧是物资调配中心。扫黑除恶举报中心主要是接待老百姓的举报，遇到黑恶势力的威胁，他们就会来到这里进行举报，而物资调配中心主要是为全省公安民警进行警用装备的补充与调剂。四十年前，这里的一楼、二楼还有地下室都属于黑龙江省公安厅刑侦处的办公用房，其中地下室是法医专门进行尸体解剖的地方。当时负责尸体解剖的法医，是一位黄姓法医，大滨、二滨、三滨都尊称他"黄大爷"。

他们三人面对黄大爷的时候，黄大爷总会笑意盈盈，发出爽朗的笑声，三人却总会感觉他有着某种隐秘。大滨、二滨、三滨见到黄大爷的时候，总是很有礼貌地打招呼，却无法笑出来。黄大爷的办公室和崔道植的办公室挨着，他们兄弟三人曾经进过黄大爷的办公室，也正是因为在这里看到了一些令人终身难忘的东西，他们才会在每次见到黄大爷的时候笑不出来，乃至后来的日子里想起黄大爷时，也充满了一种说不出的滋味。

大滨、二滨、三滨都经历过同样的场景，当他们在走廊里遇到黄大爷的时候，首先是看到他那白里透红且笑呵呵的面容。他们三人出于好奇跑进黄大爷的办公室，在那里他们看到了骷髅，看到了人体的骨骼，吓得他们后脖颈发凉。这样的场景兄弟三人分别遭遇过，他们多次在一起就此深入讨论。他们最为好奇的，是那个地下室，听说那里是解剖室。解剖室是做什么的？二滨曾经笑嘻嘻地对三滨说："那里边，死人都会被黄大爷切成一块一块的……"

夏天的时候，那里总会冒上阵阵凉气，二滨的胆子是兄弟三人中最大的，有时二滨会故意走到地下室，想一探究竟。地下室的门却总是锁着，但他会坐到地下室门口的楼梯上，向大滨和三滨炫耀："来，下来，这里很凉快。"大滨、三滨从不敢下去，那里对他们来说总是有一种说不出的令人毛骨悚然的感觉。

三滨六岁的时候，一天周末，母亲做好了饭菜，让他去叫父亲回家。他来到父亲办公室的时候，里面空无一人，黄大爷的办公室也是空着的，虽然他认为黄大爷的办公室充满了诡异，但对于六岁的孩子来说，似乎已经习惯了那里的骷髅和骨骼，整层楼所有的办公室都没有人，静悄悄的。突然，他听到地下室里发出某种声响，于是三滨第一次尝试着向地下室走去。他心里想，只要发现父亲的踪迹，他就会大声喊出"爸爸"。他一步步往前走着，也许是他的脚步声惊动了地下室里的人，地下室里有人往外走，他正好奇是不是父亲或是其他人出来迎接他，他进行了各种各样的猜想。令他万万没有想到并让他终生难忘的是：他的确看到了一个熟悉的身影，那是黄大爷，他的表情笑呵呵的，但双手满是鲜血。黄大爷正说"三滨，你要找爸爸"时，三滨已经吓得魂不附体，哭声震天。他往上跑的时候摔了一个跟头，爬起来又迅速地跑到了一楼，一边跑一边喊"黄大爷杀人啦，黄大爷杀人啦"。其实，那天有一个重大案件，当时刑侦处的所有人包括崔道植都在观看一名被害人的尸体解剖过程，没想到会有三滨这个

不速之客出现。大家听到三滨的哭喊声时，都笑了，但也充满了对这个孩子的愧疚。

还有一次，三滨去父亲的办公室找他，崔道植正在办公室里聚精会神地看显微镜，他知道父亲工作的时候是不能打扰的，于是他来到了一号楼，在一号楼二楼驻足了一会儿，父母结婚时的场景似乎又浮现在眼前。一号楼也有一个地下室，那个地下室宽敞明亮，门也总是开着，三滨出于好奇，来到了地下室。在地下室里他看到了花花绿绿、各种各样的电线和插头，他觉得好玩并且拔来拔去，拔够了、玩够了，就起身回到院子里。他又来到父亲办公室门口，看见父亲依然在工作，于是便回家了。回家后母亲得知崔道植在工作，便像以往一样把每一样菜夹出一部分，给崔道植单独留好，母亲和三滨吃完晚餐就要睡了，崔道植还没有回来。

2009年10月，崔道植荣获"黑龙江省公安保卫战线最具影响力英模人物"称号

三滨不知道的是，当他吃完晚餐的时候，省公安厅大院已经乱作一团，三滨拔掉的是省公安厅的通讯电缆，省公安厅的通讯因此瘫痪。1979年，时值中国对越自卫反击战，通讯中断这还了得，省公安厅厅长召集各部门召开紧急会议，怀疑是否有苏联特务进来搞破坏。那天晚上，崔道植拎着工具箱，在一号楼地下室进行现场勘查，经过分析提取的多枚指纹，他告诉厅领导，这不是特务搞破坏，现场的指纹是小孩儿的，应该是小孩儿玩耍弄坏的。于是公安厅大院内的所有家属被列成一排，刚说完事情的原由，三滨就勇敢地站了出来，所有人长舒一口气。这一次，崔道植没有打三滨，而是告诉三滨，进了公安厅的院子，可以捉蜻蜓，可以捉蝴蝶，

但不许乱走，不许乱碰。

"回头看这几十年，我对老伴儿、对孩子们的亏欠确实太多了。其中两个儿子出生时，我都没陪在老伴儿身边。"崔道植说。

中国人的父子关系，总是带着一些摩擦与碰撞，令人难以琢磨，甚至还埋藏了一些经年难解的心结。黑格尔认为，父子相处的历程是两个人精神成长的历程，是认知不断迭代升级的过程。作为崔道植最小的儿子，崔英滨成长岁月里的困惑、不解、冲撞与顺从，既没有崔道植协助侦破1997年中国刑侦一号案——白宝山案的轰动，也没有崔道植检验7000余件痕迹物证无一差错的惊人，但这些最终竟神奇地走向了同一个方向——"我渐渐成为了你"。

如果时间倒回到崔英滨的童年，他对父亲的记忆仅仅停留在红烧肉和烧茄子这两道菜的香气上，其余的便模糊了。

"父亲那个时候很忙，后来我计算过，一年365天，父亲大概有200多天在外面工作。"在崔英滨彼时的记忆里，崔道植是别人口中屡建奇功的国宝级痕迹检验专家、中国刑事技术的"定海神针"、公安部特邀刑侦专家，却唯独不像一个父亲，不是他眼中无所不能的超级英雄。

记得采访崔道植的那天早晨，我穿过拥堵的街道，在雾霾笼罩的城市里一路向北，来到松花江江北一家养老院，那里有洁净的天空和清新的空气。在那里，我第一次在养老院中见到了被誉为"共和国刑侦专家"的黑龙江省公安厅刑事技术处原处长崔道植老人家。

数十年来，崔道植持之以恒地研究公安痕迹科学，并成为全国著名痕迹检验专家，被誉为黑龙江公安战线的"瑰宝"。1992年，崔道植荣获国务院颁发的国家有突出贡献的科技专家证书，并享受政府特殊津贴。1994年，崔道植自黑龙江省公安厅退休以来，他退而不休，始终工作在刑侦一线，每年公安部刑侦局、黑龙江省公安厅都要十几次甚至二十几次抽调他参与疑难案件的侦破工作。他于1999年被公安部聘为首批特邀刑侦专家，2006年荣获全国公安科技突出贡献奖，2009年10月荣获"黑龙江省公安保卫战线最具影响力英模人物"称号。

就在我第一次见到崔老的一年前，因金玉伊的老年痴呆症愈发严重，崔道植为方便照顾老伴儿才搬至养老院居住，一并带去了自己的痕迹鉴定

1992年12月，崔道植荣获国务院特殊津贴证书

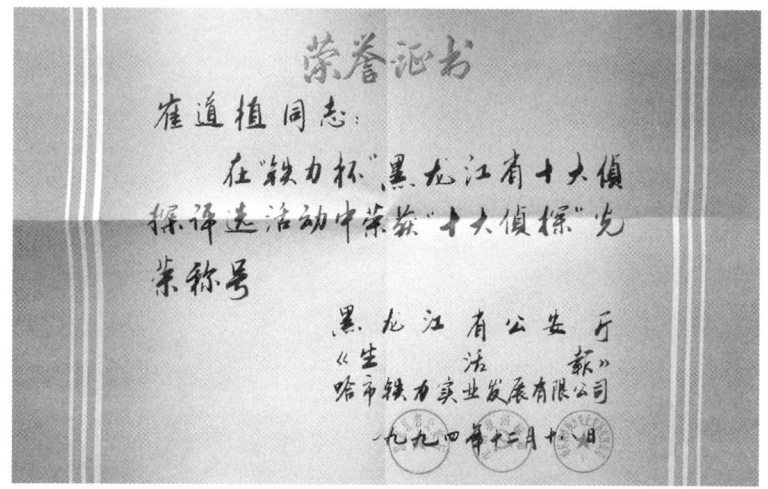

1994年12月，崔道植荣获"黑龙江省十大侦探"荣誉称号

2019年11月，崔道植荣获"龙江最美退役军人"荣誉称号

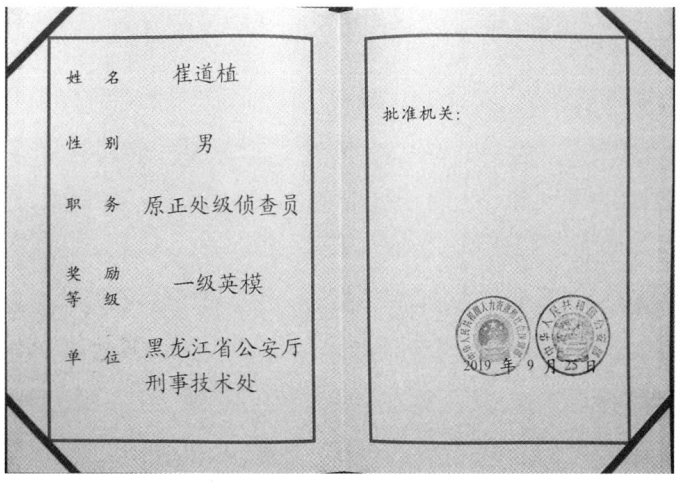

2019 年 9 月，崔道植被评为全国公安系统一级英模

2019 年 12 月，崔道植荣获"全国离退休干部先进个人"荣誉称号

2019 年 7 月，崔道植荣获"全国模范退役军人"荣誉称号

2019年1月，崔道植荣获"龙江公安特别贡献奖"

设备。养老院里，崔道植一边照顾老伴儿，一边以养老院房间作为自己的办公室，不断接受公安部传来的痕迹鉴定样本和材料，鉴定完毕后再通过邮件传至公安部。此外，八十多岁的崔道植每天都在整理资料，他将以往工作中的成功案例做成PPT，留给年轻一代刑事技术人员做参考，他还聚精会神地推进非制式枪支建档课题攻关工作。

2018年中秋节，崔道植带着老伴儿和小儿子来到黑龙江省公安厅刑事技术实验室，他让小儿子安抚老伴儿，自己则和年轻警察一起开展课题实验。中秋节别人放假，崔道植却带着老伴儿来"上班"，他选择这个时间来做实验，就是考虑到每天总是围着他转的老伴儿，在小儿子的照顾下不会给他带来麻烦。当天，崔道植整整工作一天才回家，他研究的课题叫非制式枪支弹头痕迹研究。

养老院里的崔道植一刻也不停歇，给人的感觉是他的身体很好，精力充沛，精神矍铄。事实上，崔道植的身体并不像人们想象中的那么好。自退休开始，心律不齐的毛病一直伴随着他，他的衣兜里总是揣着救心丸，难受的时候就会服药。二十多年，他就这样走了过来。

老年就是老年，人体新陈代谢的自然规律总是让人有种"心有余而力不足"的感觉。崔道植也经常会面临着各种老年病困扰，但他总会想方设法克服这种困扰，尽量不让其影响自己的工作。渐渐地，人们见证了他的执著，也见证了他的毅力。

2017年年初，哈尔滨市公安局刑事技术支队支队长李新明请崔道植帮忙鉴定一枚指纹，当时他并不知道崔道植的眼睛刚刚做了白内障手术。每次李新明找崔道植帮着把关，都是很快收到回复，那天也没例外。那天崔道植给他解惑答疑的时候，眼睛不断淌出眼泪。

李新明问崔道植眼睛怎么了，他说刚刚做完白内障手术。李新明听了，自己的眼泪瞬时落下，自责地说："这个时候，我怎么能让您看电脑呢？崔老，真对不起啊……"

崔道植看到他的样子，反而笑了："没事的，不要多想，不要多想……"

"母亲的双手关节很不好，有严重的大骨节病，这都是因为我小时候家里穷，买不起足够多的煤，母亲常年用凉水洗衣做饭造成的。"提起母亲，崔英滨说，"父亲在生活上对我们缺乏关心，也从不因为工作上的便

利为自己和家人牟利。"

早年，出于对崔道植加班加点、拿出精准鉴定结果的感谢，许多基层公安机关经常会给崔道植送来米面油和山货等，崔道植全部送到单位食堂，用来改善单位伙食，从不用

崔英滨于1990至1993年间在佳木斯当兵

于改善自家生活，他还经常把住宿的年轻民警带到家里吃饭，改善他们的伙食。

父亲对自己孩子的生活不够关心，前途方面也很不"负责"。

崔英滨于1990至1993年间在佳木斯当兵，其间崔道植经常会因为工作去那里办案。崔英滨所在的部队与佳木斯市公安局只有几百米的距离，崔道植从来没有去看望过他，一同去办案的同事和佳木斯的警察也希望在案情结束后，他们父子能见一面，这些好意都被崔道植婉言谢绝了。崔英滨有时会恨父亲，其他战友有能力的都调回了哈尔滨，而他们父子近在咫尺连面都见不到。

崔道植对下属和同事有求必应，曾经因为下属的晋升事情，亲自找领导，甚至写下辞职信；曾经为了下属能有更好的发展空间，他和某公安局领导沟通，主动推荐人才。对于自己的孩子，他只有一句话："我的荣誉，不是你们进步的台阶，路是要靠自己一步一个脚印走出来的。"

2006年，崔道植荣获全国公安科技突出贡献奖，获得40万元奖金，其中10万元归个人支配。对于这些奖金，崔道植没有留给家人一分，几乎全部给黑龙江省公安厅、哈尔滨市公安局购买鉴定设备了，剩余部分用于购买鉴定器材并捐助给了兄弟省市公安机关。就像前文说的那样，当时身为"无房户"的崔红滨，正因为买房子购房款不足而发愁，他想给母亲买一套带电梯的楼房，住上带电梯的楼房是母亲这辈子唯一的心愿。

买房缺钱，但家人没有去"惦记"崔道植的10万元奖金，家人对崔道植将10万元奖金用于工作的做法也没有任何异议。这样一来，崔道植没有动用奖金解决家人困难，而是全部献给了工作。直到2011年，崔红滨才贷款买了一套房子，此时这套房子的价格已经由2006年的每平方米两千八百元上涨至六千元。

"常年点灯熬油进行课题攻关，崔道植获得了很多专利，他完全有机会从中获得巨大经济利益，但他都把这些专利无偿献给了国家。"崔道植的学生、深圳市公安局痕迹检验大队大队长梁传胜说。

崔道植对待工作的勤勉作风，也让自己的家庭拥有了一种特殊的醇厚之风。崔道植以崇高的人格和坚定的意志感染着、带动着自己的家庭，其身体力行的家教模式也打造了非同一般的"警察家风"。崔道植对自己要求严格，对三个儿子要求同样严格。其中小儿子崔英滨继承父业，在哈尔滨市公安局从事痕迹检验工作。

崔英滨原系黑龙江省警卫局现役官兵，同期战友如今都已经是团职干部。当年，崔道植硬性要求他转业至公安机关继承自己的"痕迹检验"事业，而且不让他留在省厅，提出"必须到最艰苦的一线积累工作经验"。

2018年春节，崔道植第一次问小儿子："爸爸让你从事这个工作，后悔吗？"崔英滨回答："只要是爸爸让我做的事情，从不后悔。"

"当我投身

崔道植全家合影

公安工作后，慢慢理解了父亲。这十几年，通过自己的努力和支队领导、同事对我的鼓励、帮助，我取得了一些成绩，也算是没有给老爸丢脸。"崔英滨说，"我们哥儿仨性格上很像父亲，工作上与他一样都很拼。"

截至目前，崔英滨先后荣立个人三等功两次、二等功一次，获得市局嘉奖七次，曾被授予"哈尔滨市公安局优秀民警"、"十佳专业技术能手"、"严打整治先进个人"称号，四次被评为"哈尔滨市公安局优秀共产党员"，连续三年被评为"哈尔滨市公安局优秀科所队长"，2012年被评为哈尔滨市第三十四届劳动模范，2016年荣获"全国优秀人民警察"荣誉称号。

崔道植父子四人，分别是所在单位的行家里手，大儿子崔成滨系省公安厅刑侦总队科技专家，二儿子崔红滨也在省公安厅侦查岗位工作。崔道植的工作作风六十几年如一日，令人敬畏，但有时家里的"争吵"依然会发生，如白银案攻坚的关键时刻，当时八十二岁的崔道植一路乘坐火车赶赴甘肃。崔道植是为了给国家节约交通经费，三个儿子生气地说："爸，我们花钱给你买飞机票，不花国家钱，还不行吗？"

"母亲和我们兄弟三人，都是从内心里敬畏父亲的，虽然对父亲曾有很多误解和不理解，但我们始终知道父亲是在做特别有意义的事情，他身上有太多值得我们学习的东西。"崔道植长子崔成滨说，"可以说，这些年来我们家'爱恨交织'，但在支持父亲工作这一点上，没有一点儿异议。"

"给他当儿子，连埋怨他的资格都没有，他对事业的忠诚和身体力行是对我们最好的教育。"二儿子崔红滨说，"荣誉、职务这类东西，父亲根本不往心里去，他的心思全在案发现场和那些课题研究上，心静无杂念，所以他才长寿，工作起来思维敏捷。"

崔道植在工作与生活当中自奉节俭，他到基层工作从不吃招待餐，往往是自己带一个面包就解决了吃饭问题。长期以来，崔道植始终在破旧不堪的黑龙江省公安厅家属楼里享受着"一箪食，一瓢饮，在陋巷，人不堪其忧，回也不改其乐"的清贫，在自己的实验室里与众多同事、学生谈痕议迹，他的实验室里是一番"谈笑有鸿儒，往来无白丁"的工作氛围。

一台显微镜相伴终身——从办公室到家里，再到养老院，那台显微镜始终陪伴着他。在那台显微镜下面，曾经显现出一起又一起惊天大案的微痕，进而引导基层刑警打开一起又一起疑难案件的突破口。显微镜是崔道植生命的中心，此外的粗茶淡饭只为果腹，单衣短褐只为御寒，在生活上他真正做到了节俭，在价值观上真正做到了视名利富贵如浮云。

必须强调一点，说崔道植脱俗旷达，并不等于说他没有痛苦烦恼，也不是他有意掩盖、躲避痛苦烦恼。崔道植是性情中人，在很多时候他都会眼含热泪，要说情感之丰富、之敏锐，崔道植是超出一般人的。很多与他相关的过往，如果用心体会，便会令人听着听着掉下眼泪。崔道植不愿意回忆过往的东西，也不愿意向他人诉说过去侦办的案件。生命里，崔道植也曾有"大痛苦"、"大烦恼"，但他对待这些痛苦与烦恼的释然态度让人感受到了他生命的坚强，如果他沉溺其中，不能自拔，或者视而不见，自我麻木，那就会成为生活的弱者、愚者、伪者。然而，崔道植最终能以旷达的心态，咀嚼、化解、超越这些痛苦与烦恼，恰恰证明他是工作与生活中的强者、智者、真者。

第十六章　父与子的故事

"三张"案件，在崔道植心中有着特殊的记忆，主要在于此案性质极其恶劣，而且发生在二十世纪八十年代，这起案件的影响不亚于"二王"案件。但是，"三张"案件在崔道植二儿子心中，却是另外一种记忆。那种记忆里，有对父亲的不理解，也有自己的无奈与辛酸。

崔红滨，崔道植二子，即"二滨"。崔道植家里的二滨是三个孩子里个子最高的一个，一米八零的身高与崔道植不到一米七的身高相比，有着显著落差，但父亲的威严在他心中是无可比拟的。除了威严，二滨曾在相当长的一段时间里，对父亲充满了不理解。王杨火车站案发生的那一年，即1986年，二滨无奈离家去当兵，他为了躲避父亲而离开家。

二滨自幼具有美术天赋，他的美术作品经常被家人和老师称赞。王杨火车站案发生的那一年，二滨报考了中央工艺美院，也就是现今的清华美院。二滨在当年考试中，专业课与文化课都过关了，却因为某种原因让别人给顶了下去，作为父亲的崔道植一直不知其中隐情，当时他在哈尔滨宾县忙着给公安部组织的技术侦查培训班上的学生讲课。

二滨出生在省公安厅大院。1968年夏天，二滨出生后不久，黑龙江省医院准备挑选四个人到上海第一医学院学习脑电技术，由于崔道植妻子金玉伊是科里唯一的党员，平日工作也非常踏实，于是被医院选中了。那时，由于全国脑电技术起步晚，整个黑龙江省医院系统也只有省医院应用了这项技术，哈尔滨医科大学下辖医院都没有脑电科，省内脑病患者纷纷来省医院排队就诊。如此繁忙的工作，照顾二滨就不得不成为了金玉伊生活里的次要事情。

因为崔道植和金玉伊工作繁忙，二滨在很小的时候就由崔道植在公安厅的一位老同事照顾，时间久了他就常住在人家家里了。那时民风淳朴，同事间亲密无间，二滨在人家常年生活，一切显得很自然，两家人也亲如一家。但是，大滨心里始终有些疑惑，他是在姥爷姥姥家长大的，二弟也不在父母身边生活，他心里曾经不断冒出这样的疑问：爸爸这个人，是否爱我和二弟？随后一件事情的发生，让他消除了心中的疑问。

一次，二滨高烧不退，甚至出现了抽风现象。崔道植急忙背着他去医院，半天时间后，崔道植背着病情稳定的二滨回来了。冬日寒风里，崔道植背起还很瘦小还没有长高的二滨健步如飞，崔道植背着二滨回来后，把他放在床上，问他："想吃什么？"二滨回答："冰棍儿……"

冬天的哈尔滨，已经没有那种到处走街串巷卖冰棍儿的推车了，省公安厅大院附近也没有如今到处可见的大小超市。崔道植骑着自行车来到中央大街，给儿子买了许多冰棍儿。当他提着装满冰棍儿的袋子来到二滨床前时，一旁的大滨彻底改变了对父亲的印象，他明白了——父亲还是爱二弟的。

二滨考中央工艺美院让人顶了下来，原因在于别人走了后门。二滨的老师在发榜那天看到通知书上没有二滨的名字，气不打一处来。二滨当时问他："老师，还有挽回余地吗？"老师绝望地说："那肯定挽回不了，通知书已经发完了，你今年没有机会了。你的父亲，怎么不给你疏通疏通？"

疏通？因为二滨从小就很淘气，二滨在父亲那里一直不被认可，他是不敢向父亲提出这个要求的，事后他只是垂头丧气地对父亲说："爸，我水平不行，没考上，我要当兵去。"

二滨当兵，是带着气走的，他一心想在军队里建功立业，做出成绩给父亲看。崔道植经常不回家，终日扎在实验室里。后来，得知妈妈患有老年痴呆症，二滨和大滨背地里责怪父亲："痴呆病，不是说人到那个岁数，必然会得痴呆，应该是生活环境造成的。这个生活环境是啥？是孤独，就是身边没有说话的人，你看别人家老两口的精神状态都很好，有事儿没事儿搭个伴，吃完饭出去遛弯儿，有得老年痴呆的吗？没有，大部分患老年痴呆的人，都是伴侣没尽到陪伴义务，对身边的老伴儿照顾得不好，就会心情压抑。妈妈的病就是长期孤独导致的。"

说这些，也就是背后抱怨一下，其实二滨在心里一直敬佩着父亲，尤其是随着年龄逐渐增长，工作经历增多，二滨对父亲的工作也越来越理解了。因为他知道，父亲的心思就是多为党作一些贡献，做任何事情都要对得起党，父亲对他的严格要求与培养也是这样的。所以，父亲把家庭这块儿看得比较轻。随着岁月流逝，二滨也明白了父亲的为人，虽然工作资历深厚，但父亲一没要过官，二没要过荣誉。父亲脑海中没有这些东西，除非组织硬给他，他不要都不行。

　　崔道植的精神境界决定了他对祖国、对党始终持有一颗感恩的心。崔道植从小就失去了父母，他心中始终认为是党和政府把他培养成才的，因此他才会有一颗感恩的心，兄弟三人都很理解。每当兄弟三人回家和父亲一起讨论社会上的一些谣言或对政府的攻击时，父亲就会严厉地说："别听那些，没有共产党，就没有现在的好生活，这改革开放这么多年，我原先挣多少钱，现在挣多少钱，国家是在大跨度发展，对不对？作为中国人，得从心里感谢政府，感谢党。不要听那些负面的东西。三观，要把它放正。"

　　二滨参军后进入40集团军119师，在赤峰当炮兵。最初的训练期限是半年，但二滨训练三个月后，因为身体素质好提前结束了训练。二滨在训练的时候，被某侦察连连长一下子相中了，于是把他调入了侦察连。大军区体制改革前，辽宁省军区有一个特种大队，二滨当时所在的侦察连是该大队的前身，省军区就这么一个特种大队，而且是最厉害的。当时的38、39、40集团军，训练强度极大，二滨表现优异。后来，部队里开展板报比赛，具有绘画特长的二滨获得了一等奖，因此他又被上级选中当文书。

　　连长说："我真不愿意让你走，但是不行，你在这儿埋没才华了，每天摸爬滚打可惜了，做文书有发展前途。"

　　连长真的是舍不得二滨走，晚上还请他到家里吃饭，随后二滨便启程了。二滨这次去的上级部队是一个具有农场性质的部队，开拖拉机、骑马、种地，二滨都干了，文书及出板报之类的工作也照做不误。服从命令听指挥的二滨忙得不亦乐乎。后来，当时的沈阳军区要参加军区比武，侦察连连长很快给二滨所在的部队打电话说："崔红滨，必须得回来，现在带出来的这些兵，没有一个比他身体素质好。"

　　于是崔红滨又回到了赤峰。回到赤峰以后，不到一星期的时间，崔红滨就上靶场了。他第一次重新打炮，就把左耳朵耳膜震破了，但炮打得很准，后来的军区比武也取得了很好的成绩。后来，二滨被保送至黑龙江武警指挥学校，不久被提干，1995年转业以后被分配到齐齐哈尔边防检查站。二滨在部队的优异表现，从来没有向父亲提起过。二滨担心自己岁数大了以后再到地方工作，会很不适应，也不好安置，所以对父亲说想要转业，但崔道植却不同意，并且告诉他："你必须得服从命令，要服从组织安排。哪能自己想转业就转业？"

崔道植没有同意二滨转业，反而给他一顿教育。最后组织安排二滨转业，恰好让他有机会进入公安机关，于是二滨成为了一名刑警。二滨转来转去，最终转到了父亲的"战壕"，也成为了一名警察。

二滨一直努力让父亲认可自己，但一切不大如愿。二滨甚至后来成为一名非常优秀的省公安厅骨干侦查员，父亲见到他的时候仍然会对他劈头盖脸一顿教育。

最初在基层当刑警的时候，二滨对自己获得的第一个三等功的印象极为深刻，他深深记得那个三等功是自己拿命换来的。记得当年那枚奖章到手的时候，他的第一想法就是拿给父亲看，让他高兴高兴。

当时，二滨和一位同事在一商场的二楼抓捕一名逃犯，犯罪嫌疑人发现他们后瞬时从二楼跳了下去。商场的二楼很高，二滨眼看走楼梯来不及了，于是告诉同事让他顺着楼梯追，自己却从二楼直接跳了下去。这一跳不要紧，幸好二滨直接砸在了犯罪嫌疑人身上，否则他的胳膊和腿一定会被摔断的。犯罪嫌疑人在跳下楼后，大腿骨折了，正挣扎着起身想要上一辆汽车逃跑，二滨没有给他机会。二滨这狠狠一砸，直接把犯罪嫌疑人砸晕过去了。

这时，商场里的群众里三层外三层地聚拢过来。"打架啊？""这也太疯狂了吧？""底下那位，醒醒……"大家七嘴八舌的时候，二滨对众人说："警察抓人呢！"

当时，二滨在刑警队负责外协方面的工作，负责的都是来自天南海北的大案。因为有二滨在，刑警队每年都会取得不错的成绩。当二滨拿着第一枚奖章给崔道植看时，崔道植告诉他："不要拿这个太当回事，要继续好好工作。"二滨说："爸，因为这枚奖章，我差点儿没命了。"崔道植笑着告诉儿子："努力做好工作，不会没命的……"

像父亲崔道植一样，二滨在自己的岗位上同样兢兢业业工作着，也像父亲早年那样，很快从一名优秀军人成长为一名优秀警察，并且始终乐观开朗地面对着工作上的各种艰难。

一次，北京某公交站附近，一名齐齐哈尔籍犯罪嫌疑人当街抢夺一位老人的包。老人拽着包不撒手，结果犯罪嫌疑人顺手一刀把老人杀害了，案件性质变为了抢劫杀人。北京刑警来到黑龙江开始调查，并没取得多大进展，最后还是二滨顺着线索摸到北京，把犯罪嫌疑人抓住了。不久，北京一位军人家里被盗，连肩章都被偷走了，接下来又有一位名模家里被盗，几名涉案嫌疑人都是黑龙江齐齐哈尔籍，都是被二滨抓获的。二滨发现这些人都有一个共同特点，都来自齐齐哈尔富拉尔基区，因此北京那时有个口号——坚决不接待齐齐哈尔人，所有的宾馆、旅店都不接待。

二滨也有着父亲崔道植那样的钻研精神，在侦破案件上有自己独到的方法。二滨研究发现，齐齐哈尔富拉尔基区北满特钢的材料特别好，钢口儿非常硬，那些来自富拉尔基区的犯罪嫌疑人就是利用这些材料制作了专门的撬锁工具。那些防盗门，不管怎么结实，在这些工具面前如同一张纸一样脆弱。二滨特意把那些作案工具拿给父亲崔道植看，崔道植觉得犯罪嫌疑人"用心良苦"。

崔道植和二滨研究发现，犯罪嫌疑人制作的撬锁工具总共三节，"咔咔"几下子就能接到一起。接好之后，整个工具变成了一米五六那么长。崔道植和二滨又研究了具体的作案方式，犯罪嫌疑人主要是一边顶着锁眼，一边顶着墙，使劲儿后锁眼就被搪碎了，然后打开门进去。这样的撬门方式，一般钢口儿整不了，钢口儿不好的话整一半就会前功尽弃，因为钢口儿中间是接杆的，不好的接杆一受力就会折断。由于北满特钢质量好，才会有这样的"好"效果。二滨到北京开会时，北京一警察半开玩笑对他说："小崔，你能教育教育你们那里的齐齐哈尔人不？别老上北京来作案！"

二滨也开玩笑说："人家也是为了谋生。"

"谋生，也不能老偷啊！有一个小区，总共六栋楼，被偷了五栋。"

二滨听到这些话，感觉到问题的严重性了，于是没有心情再开玩笑了。二滨把自己的困惑向父亲崔道植讲了，崔道植鼓励他："想想办法，咱们公安还对付不了犯罪分子？何况是撬门压锁的毛贼……"

二滨按照父亲的建议，认真总结了全部案例，并形成了此类案件防范建议，邮寄至全国所有防盗门生产厂家。同时，二滨建议在齐齐哈尔市开展打击此类犯罪专项行动，从而一举将隐藏的犯罪嫌疑人一网打尽。做这些工作的时候，二滨一直默默耕耘着，不求名利，只求实效。事后很多年也鲜有人知道二滨在父亲鼓励下所取得的成绩。

从部队转业时，崔红滨本可以回哈尔滨，崔道植却说："我身边三个儿子，缺你一个在身边不要紧，你就留齐齐哈尔吧。"崔道植的意思是想让他留在基层多经受一些锻炼，多经历风雨，就像后来三滨那样，按照他的要求转业回地方工作。三滨原本可以回省厅，却被崔道植责令进入哈尔滨市公安局痕迹检验大队，崔道植的目的也是为了让老儿子多经受锻炼。用崔道植的话来说："基层案子多，可以开眼界。"

二滨最初在齐齐哈尔工作的那些年，每次回哈尔滨来到母亲金玉伊面前，金玉伊都会在第一时间紧紧抱住他，然后开始哭泣。二滨在哈尔滨以外工作了十五年。其实，他不止一次有回哈尔滨工作的机会，他也很想念哈尔滨的父母双亲和兄弟，但不知为什么，却不想回去。

二滨说："那时候，我潜意识里想念亲人，但不想回去。因为一年可以抓好多罪犯，遇到的都是一些大案、要案，抓人那段时间真有意思，不舍得离开那个岗位。"

其实，二滨的工作充满了危险。最危险的，当然就是抓捕罪犯的过程。1999年，天津发生一起持枪杀人案，天津警方由一个副局长带队，负责案件的侦破，队伍包括一名刑警大队长和五名民警。根据事先掌握的情况，犯罪嫌疑人有当兵经历，枪法很准，手上有一把匕首手枪，就是那种匕首上面有两发子弹的特殊枪械，有扳机。案发之前，犯罪嫌疑人偷完这把匕首手枪以后回到天津，在一个同学那里吃晚饭，恰好赶上天津警方入户开展调查工作。

实际上，这次工作仅仅是入户走访调查，并不是针对犯罪嫌疑人来的。当时，犯罪嫌疑人同学家的房门没关，露出了很小的一个缝隙。当一名警察去敲邻居门的时候，犯罪嫌疑人在屋里听见了外面警察在挨家挨户走访调查。他害怕了，以为是他偷匕首手枪的事情泄露了。等警察过来敲同学家房门的时候，他就把匕首手枪拿了出来，冲着房门"砰"打了一枪。这一枪，当场打死了两名警察，一枪两命。杀人后，犯罪嫌疑人拿着匕首手枪马上逃跑了，最后一路跑到齐齐哈尔，并在火车站旁边一栋七层楼房落脚。

二滨接到天津警方的协查通报后，很快查清了那名犯罪嫌疑人落脚的地方，而且查出了与他同居的姘头。很多时候，二滨努力工作的目的，是想向父亲证明一下自己是一名优秀刑警，最起码是一名合格的刑警。这次，便是他向父亲证明的机会。

犯罪嫌疑人落脚楼房的附近有一家很有名气的包子铺，二滨与来自天津的警察一起到达包子铺的时候，天色已经很晚，众人还没吃饭。二滨爽快地请他们吃包子："都说天津狗不理出名，尝尝我们这里的名牌包子……咱们多吃点儿，一会儿有力气抓人……"

草草用过晚餐，二滨开始与来自天津的警察一起研究抓捕犯罪嫌疑人的事情，研究完了以后就开始行动了。他们到达目的地一看，那栋楼孤零零地立在火车站旁，在夜色中显得很瘆人，也许是因为一名持枪杀人犯居住其中。此前，二滨已经悄悄走访了此楼房七层的住户，与抓捕现场有关的所有细节，二滨都掌握得一清二楚，而且还画好了行动路线图。

那时候，基层警用防护装备并不正规，而且数量有限，当时的防弹背心只有一件，二滨把防弹背心直接让一位年长同事穿上，说："防弹衣你来吧，我不用这个。"还没等同事推脱，二滨就拎着枪上楼去了。

此前，二滨已经了解到，目标嫌疑人居住的房间里总会有一名女子下楼买包子。那时，二滨上楼时恰好遇到了那名女子，二话没说就把她控制住带回警车里。二滨在车里表明了身份，简单讯问相关情况后，二滨把她身上的房间钥匙拿来。拿了钥匙以后，二滨重新出发了。

同事和来自天津的警察都在看着二滨。二滨悄悄上楼，他想用钥匙直接开门，然后实施抓捕行动。二滨知道他们面对的对手绝对不是吃素的，他的判断显然很准确，但他依然承担着最为危险的抓捕任务。当时，犯罪嫌疑人在房间内的警惕性非常高，每次女子下楼买饭或外出，他都会保持着这样高的警觉。女子开门、锁门、下楼，脚步声渐渐远去，那个命案在身的凶手始终紧握着匕首手枪，尤其是女子开门、关门的一刹那，他每一次都会把心提到嗓子眼儿。

钥匙在身的二滨，觉得这时候一手拿着枪，一手拿着钥匙开门，很不舒服，因为他若想打开那扇门，必须轻之又轻，完全不像平时回家那样稀里哗啦把门肆无忌惮地打开，此刻如果那样做，定会打草惊蛇。

那是一扇门，一扇死亡之门，二滨与凶手的较量悄然上演了。一切，取决于安静之中凶手能否听见二滨的开门声，或者二滨的开门声能否不被凶手听见。这，是无声的较量。

二滨把枪收起来，左手按着门，右手把钥匙插进锁孔慢慢拧。二滨一点一点拧着，十分谨慎，慢慢地把门锁拧开了。一切非常安静，二滨自己没有听到任何声响，里边的凶手也没有听到。最后，二滨把门推开了一个小缝，眼看屋里没人就冲进去了。

二滨冲进去的同时，他的同事潘欣也紧跟着冲了进去。事先，他们已经约定好了，二滨负责搜索左边房间，潘欣负责右边房间，谁遇见凶手谁中彩。二滨冲进去的那个房间，凶手恰好仰面躺在床上，就在感觉不妙想拿起匕首手枪的时候，二滨已直接扑上去将他死死压住，凶手的两只手被二滨死死按住了。

凶手落网了，匕首手枪被警方顺利缴获。

还有一次，抓捕一个抢劫犯。

大队长让二滨前往抓捕现场，二滨和一名同事拎着两支枪前去现场。他们在预定位置发现了抓捕目标，犯罪嫌疑人察觉不对，拔腿就跑，然后二人一路穷追不舍，把犯罪嫌疑人追到一死胡同里了。死胡同的终点，是一堵高耸的墙，那堵墙在二滨记忆里异常深刻，因为那堵墙太高了，二滨几次做梦都梦见过那堵墙。二滨知道，如果犯罪嫌疑人跃过那堵墙，就会让其逃脱。狗急跳墙，人急了也一样，那一刻犯罪嫌疑人居然爬了上去，二滨认为自己爬不上去。那是一种无力的感觉，二滨后来做梦就是因为这一点，他在抓捕罪犯的时候向来自信从容，除了那一次面对那堵墙。以至于后来很多次，二滨反复去那个胡同，他一直在思考，那光溜溜的高墙，犯罪嫌疑人怎么能鬼使神差地爬上去？

那一天，犯罪嫌疑人双手已经搭上墙头了，一个引体向上就能翻墙了。二滨马上拔出了枪："你，再往上爬我就开枪了。"对方没当回事，接着爬。二滨鸣枪了，但他还往上爬，于是二滨照他的大腿打了一枪。子弹没打中犯罪嫌疑人的大腿，但打到了大腿旁边的墙壁，一块崩碎的碎石弹射起来，打到犯罪嫌疑人腿部，犯罪嫌疑人一下子从墙上掉了下来。二滨成功将犯罪嫌疑人抓了回去。领导听说了抓捕过程，对二滨连连称赞。二滨却不断感慨："那墙太高了，我实在上不去，于是开枪了……"

还有一次，二滨同队友一起抓捕五名黑社会人员。

当时，五名黑社会人员正坐在一辆车里，一人坐驾驶员位置，一人坐副驾驶位置，两人坐后边，两人中间坐了个女的，总共是四男一女。五人刚刚去某歌厅从事敲诈勒索活动，马上被人举报了。公安机关接到举报后，齐齐哈尔铁锋公安分局的民警率先出警。当时，五人手里有两把猎枪，与铁峰分局的民警遭遇后，他们咣咣打了两枪，随后就跑。当时在市局刑警支队工作的二滨，作为支援力量参与到围捕行动中，齐齐哈尔龙沙公安分局也派人支援，最后将嫌疑车辆围堵到一个古建筑附近。

古建筑地处偏僻，一时间成为了双方交战的战场。三辆警车把嫌疑人的车辆逼停后，五名黑社会人员二话不说直接向车外放枪，警察无奈之下开火予以回击。那个时候，二滨感觉到对方射出的子弹在自己身旁呼啸而过，警察的子弹射向嫌疑人车辆，把那辆车打成筛子一般。犯罪嫌疑人那边最后停火了，他们见到如此勇敢的警察不是害怕了，而是因为打光了所有子弹。最后，五人全部束手就擒，令人惊奇的是，警察与犯罪嫌疑人都没有受伤。

二滨后来对崔道植说："爸，您老是抗美援朝的志愿军，您儿子我在部队开枪放炮，当警察也是经历了枪林弹雨……太危险了，子弹是不长眼的……弄不好我就死掉了。"

崔道植听了以后，说："我觉得，你死不了。子弹射击是讲求角度的，掌握好射击技术和动作，自己多注意点儿就行了，鲁莽是不行的。"

这是一对警察父子间的对话，也是英雄之间的对话。其实，崔道植心里是明白的，他知道儿子工作的危险性，也深深为儿子担心着，但对儿子的一切勇敢做法，他除了赞成还是赞成。懦夫般的儿子，他显然是接受不了的。虽然，他总是很严厉地批评二滨，但内心是认可他的，也是无比爱护他的。每当想起二滨经历那么多枪林弹雨，作为父亲的崔道植是心疼二滨的，他经常会辗转反侧。

二滨很快成为了副队长，有人说："公安机关内部一个单位、一个队伍有没有战斗力，你得看带头的队长能不能干。"当人们提起二滨所在的大队，都会说："你当队长这样棒，你说你底下那帮人能差吗？"有人向崔道植这样提起二滨和他手下的警队时，崔道植无疑是非常欣慰的。

二滨对父亲崔道植的一切要求都是无条件服从，无条件尊重。2006年，崔道植因为全国公安科技进步奖获得了40万元奖金，这在黑龙江省公安厅内部被传为佳话。但作为儿子的二滨却毫不知情，后来的很多年都不知道此事。作为父亲，崔道植也从来没有向他和家人说起这件事情。那时，二滨在哈尔滨还没有住房，当时他看中了距离省公安厅不远的一个居民小区，房价两千多元一平米，但是二滨没有足够积蓄，只能望房兴叹。二滨知道，自己穷，家里更穷。

2009年，二滨终于下决心买了那个小区的一套楼房，这时，房子的价格已经涨到接近六千元一平米。此时，平时只研究抓人办案不研究"经济问题"的二滨，突然明白了买房是可以贷款的，于是向周围亲戚朋友一顿借债。二滨为什么执意要买房子？原因在于，有一次他回家吃饭的时候，电视上正在说房子涨价的话题，母亲看到后说了一句话，让二滨心里特别难受。当时，母亲开玩笑地说："唉，你们年轻，将来一定都能住上带电梯的房子，我们上岁数了，恐怕没啥机会住上带电梯的房子了。"

虽然是一句玩笑话，但二滨听了心里特别难受。二滨听了没吱声，但特揪心。那一年，崔道植家的住房已经老旧不堪，家里陈设虽然一如既往地干净整洁，但也可以用"家徒四壁"来形容。父母养育他们兄弟三人，柴米油盐、衣食住行外加兄弟三人结婚成家，花销巨大，家里几乎没有积蓄。就是在这样的条件下，崔道植还常常拿出工资和家里存款，当作自己的科研经费。在工作面前，崔道植拿出家里存款用于科研，家里的财政状况不是赤字就不错了。在二滨执意要买房子的时候，崔道植还是把家里的存款全部提供给了他。二滨听到母亲说的话，从那一刻开始，他就留意便宜带电梯的房子了，正好遇到附近一处楼盘要开发，五千四百元一平米，后来他上银行一问，自己能贷35万。回家后，二滨并没有和母亲商量，而是直接和父亲说了："爸，我要买房子，花多少钱我都要买。"

这一次，作为父亲的崔道植很支持二滨。

二滨说这辈子就是还一辈子贷款，他也要买这个房。二滨看中的房子总价是76万，钱肯定是不够的，首付都拿不出来，但在父亲与哥哥弟弟、亲戚朋友总动员的情况下，最后二滨凑够了首付。

二滨虽然从小躲着父亲，但他内心从来没有对父亲的一丝埋怨。二滨明白，自己作为崔道植的儿子，连埋怨他的资格都没有。"没资格去埋怨"是二滨发自内心的话，因为父亲的光环对他来说太大，所谓的光环都是父亲自己干出来的。国家给了父亲那么多荣誉，那么多待遇，是国家照顾他。父亲凭借自己的努力做出的这些成绩，让别人由衷地敬佩他，仰慕他。二滨觉得自己无论是作为崔道植的儿子，还是作为刑警队伍中的普通一员，面对父亲的时候总感到自己很渺小，所以他觉得自己跟父亲比不了，也更加觉得自己没资格去埋怨父亲。

二滨有时会想：如果，我的成绩比父亲大；如果，我是英模，或是因为在哪些案件上表现英勇而缺胳膊、缺腿；如果，我在警界的历史上有那么一笔，并且是重重抹上那么一笔；如果，我有很多个光环……也许，我可能会去说说父亲，我的许多事儿，您为什么不管？但二滨知道，自己没有那些荣誉，没有足够的功勋章，没有光环，从年龄警龄的资历来说都不行，对公安工作也没有什么突出贡献，自己跟崔道植这位警察前辈，况且还是自己的父亲，怎么去比？

在二滨的内心深处，他也曾徘徊在埋怨父亲与不该埋怨父亲之间，但都是一瞬间的事情。二滨后来觉得，自己作为崔道植的儿子，只有好好做人，好好工作，才能对得起自己，对得起父亲，对得起工作。作为崔道植的儿子，不能因为自己没有得到他的帮助，感觉自己好像遭遇了什么磨难似的而去埋怨他，不能觉得自己心里受了委屈。二滨知道，自己作为崔道植的儿子绝对不应该那样，所以二滨始终怀着一颗平常心，一直在工作上努力做着，能做多少做多少，而且要做到称职。二滨觉得自己这样做，就是在踏踏实实做人，与思想境界高不高无关，这是作为崔道植的儿子应该具有的朴实和本分。

二滨从小到大，父亲经常给他提起自己的爷爷，讲起爷爷对他的文化教育与启萌，讲起日本人侵华给中国人带来的苦难。崔道植还给他讲过很多为人处世的规矩，比如，小时候家里来了客人，如果是和爷爷一辈的，崔道植必须过去磕头；比如，爷爷外出晚上不回来的话，崔道植和姐姐是不允许睡觉的，必须得等爷爷回来，这其中暗含的是一种对长辈的尊重和敬畏。通过崔道植的讲述，二滨感觉到了祖祖辈辈相传的家风，他也明白父亲给他讲这些事儿不是在单纯地讲故事，说白了就是在教育他，就是为了让他用这些事儿传承崔家家风，通过这些故事让他明白一些潜在的道理。

在二滨记忆中，父亲对外人特别亲，对他们三兄弟特别严，他们三人在外面惹了祸，崔道植一定会让他们在自己身上找毛病。如果他们兄弟想在父亲面前辩解什么，那是没有用的。崔道植对他们是这样，对自己也是这样。二滨记得他们兄弟都参加工作之后，也曾抱怨过工作辛苦或是条件不尽如人意等，但崔道植这样说："如果，你们没有达到自己想要的那种工作环境，或者目前从事的工作不是自己所想所热爱的，我作为你们的父亲，对你们的教育还是不够，对你们的引导不够，对你们尽的责任不够。"

崔道植的这种"教育不够"，按照二滨的理解就是因为他工作繁忙而没有过多时间关注他们兄弟，所以导致他们学习成绩不够好，学习成绩不够好的话，就没有考取一个好一点儿的大学，父亲为此感到惭愧。面对父亲的表态，二滨和哥哥弟弟总会安慰父亲，同时表态会踏踏实实工作，让父亲放心。二滨每每想起父子四人在一起谈话、交心

大滨、二滨、三滨幼年时的合影

的时刻，眼睛总会湿润。

实际上，二滨知道父亲对他们兄弟三人是充满关爱的，虽然父亲工作繁忙，却用自己的方式尽到了父亲的责任，但世事变化莫测，难免有些无奈。比如二滨考取中央工艺美院被人顶了那件事情，崔道植对这个事完全不知道。那个时候，二滨也曾想把委屈向父亲说说，但后来又觉得没必要和他说。日子久了，很多事情渐行渐远，说起来都是过眼云烟了，如今提起来也没有什么意义。所以至今，崔道植并不知道二滨高考时候的遭遇。二滨现在回想起来，他若是当初考到了中央工艺美院，也就是现在的清华美院，他收获的应该就是另一种生活了。

大滨、二滨、三滨最后都是通过自己的努力成为了一名警察，崔道植父子四人共同构建了一个警察世家。虽然学习方面的成长经历各不相同，但兄弟三人却最终都向警察这个职业会合。在他们的潜意识里，这样的结果不能不说是与父亲有着千丝万缕的关系。

大滨从小就愿意摸枪。兄弟三人小时候，崔道植的佩枪是随身携带的。有一次，崔道植上班却忘记带枪了，他穿着另外一条裤子去上班，而携带佩枪的那条裤子挂在柜子里了。二滨和哥哥大滨恰好在家里发现了这把枪，大滨说："咱爸的枪，在家呢，咱们拿出来看看。"

于是，大滨、二滨就将枪从裤子里拿出来玩。就在这时，崔道植意识到了没带枪，匆匆从单位返回家。崔道植从单位返回家后直接进屋，进屋之后发生的一幕让二滨牢记一生。

后来，二滨细细想来父亲当时是很大度的，也是很有方法的。当时父亲一进屋，大滨和二滨特别紧张，因为枪就在手里，大滨瞬间把枪给藏了起来，父亲打开柜子一看枪没了，裤子有翻弄痕迹，似乎明白了一切。这时，大滨、二滨原本认为父亲会暴怒、责问他们，没有想到的是，父亲却表现得很平静，只是自言自语："唉！我那东西放哪儿了？"

父亲转身出去了。他是在给儿子"回头是岸"的机会，他出去后不久又回来了。就是这个时间段，大滨、二滨已经把枪放回去了。两人也都很有悟性，他们理解父亲，他们与警察父亲配合默契。父亲回来后，再打开柜子就笑了，于是又自言自语："我现在穿的这条裤子不合适啊，再换一条吧！"父亲换上了带着佩枪的那条裤子，看着他们兄弟笑了笑，然后上班去了。

崔道植的一切都是那么神秘，他经常在外工作不回家，他们兄弟知道父亲一定是去破解某种神秘去了。一次，崔道植外出工作，一个多月没回家。那时候，大滨在警校上学，已经开始在校住宿，二滨和弟弟还在上中学。一天放学回到家，二滨正好遇见母亲发烧。母亲做不了饭，父亲又不在家。这咋办？二滨问："妈，你兜里有钱吗？"母亲在床上躺着，三滨端来一盆凉水，把毛巾浸泡进去又拿出来拧，然后放在母亲脑门儿上降温。见母亲没有回答，二滨接着问："妈，有钱吗？"这个时候，母亲很费力气地说："我有，钱都在那个包里，挂在墙上的那个包。"

二滨便把那个包取过来，里边的钱并不多，二滨拿出五块钱，他用五块钱买了两个苹果、两个橘子、三个烧饼、三个馒头、一包咸菜。许多年过后，二滨始终清楚地记得当时买的这些食物。二滨把食物拿回家，母亲躺在床上，依然在发高烧，三滨一次次给母亲换冷毛巾也不见起色。母亲没有食欲，吃不下烧饼和馒头，二滨、三滨也吃不下。二滨拿起一个苹果，一点点削皮。削完后，就一块一块往母亲嘴里喂。那时候，二滨虽然年龄不大，但感觉自己的母亲真是苦。说白了就是居家过日子，根本指望不上父亲，母亲曾这样对二滨说过，那是她的心里话，她为此觉得心里苦。那时候，二滨在读高二，一年也见不着父亲几次。每次父亲回来，家里也挺热闹，因为他说不定从哪个省回来，或哪个地市回来，他总能带点儿好吃的。崔道植带回来的好吃的，很快就把二滨、三滨"贿赂"了，兄弟二人心里都很开心。但父亲是"贿赂"不了母亲的，母亲心里的苦总是一如既往。那天喂母亲吃苹果的时候，二滨看着母亲嘴里嚼着苹果，双眼流出了热泪。

崔道植家的邻居中有一位公安厅同事，同样姓崔，也是朝鲜族。三滨出生之后，由于父亲崔道植常年不在家，母亲照顾他们兄弟三人实在忙不过来。大滨便去了五常姥爷姥姥家，并且后来在五常农村上的小学，母亲在家集中精力照顾三滨，二滨几乎被崔道植的同事崔大爷收养了。二滨在他家吃，在他家住，后来，二滨甚至管崔大爷叫大爸。所以在二滨记忆当中，他小时候大多时间并不是在自己家生活，大滨的童年记忆也都集中在五常。

崔大爷老伴儿不上班，有时间照顾二滨。那时候，崔道植没拿多少钱给崔大爷，全凭同志之间的感情。对于当年的这些场景，二滨记住了崔大爷家的恩情，却从来没有向父亲母亲提起过，因为这件事情对于父母来说是有很多内疚、很多无奈的。所以，后来几十年过去了，对于童年这段记忆大滨、二滨、三滨从来都不提，也不想揭开这一段历史，只是把这段岁月永久尘封。

如今，二滨经常会这样感慨："人生最幸福的事情，就是父母全部健在，而且非常健康。"

第十七章　闪电般的二十三年

2020年春节，崔英滨自部队转业到公安机关工作已经二十三年。二十三年来，对于崔英滨来说，发生了太多的事情；二十三年来，对于崔英滨来说，如闪电一般。

不记得从什么时候开始，崔英滨总感觉父亲看着他的时候，会有一种不可琢磨的意味。但他确信，父亲对他的爱是完全没有问题的，崔英滨所认为的不可琢磨，是那种欲言还休，似乎有些话到了嘴边又有说不出来的感觉。这样的感觉，让崔英滨感觉到了一种难以表达的来自于父亲的威慑力。有了这样的威慑力，崔英滨从军与从警的生涯里，始终保持着一种很谨慎的心理，他希望自己的一言一行，不会做出令父亲失望的事情。当然，吸烟则是个例外。

十六年姻缘走向终点的时候，崔英滨心情不是一般的糟糕。他觉得自己很冤，但很多事情又无从说起。他这个人，也许是受父亲崔道植的影响很深，男子汉的粗犷气息还是很重的。生活里的柴米油盐，以及面对一个又一个误会，从一开始的不习惯解释，不善于解释，到最后没有机会解释，一个原本美好的姻缘逐渐走向了不可挽回的终点。这时，崔英滨的全部注意力还是集中在案件现场勘查工作上，完全不能自拔。

一天早晨，崔英滨刚利用一整夜时间做完了一本案卷，他泡了一桶方便面，又点燃了一支烟，听到走廊里响起了熟悉的声音。崔英滨一边看案卷，一边吸烟，刹那间传来的声音让他紧张起来，燃烧着的香烟来不及掐灭，他直接放进了衣兜——因为，他听到了同事与父亲打招呼的声音，父亲崔道植来他的办公室看他了。

崔道植是坚决反对崔英滨吸烟的。虽然崔英滨已经是成人了，虽然他已经是从事刑事技术工作的老警察了。但是，无论年龄多大，他永远是崔道植心中的孩子，无论从事刑事技术工作多久，他永远是身为刑侦专家的父亲的晚辈。任何时候，父亲批评他都会异常严厉，他从来不敢在父亲面前有一点点的反驳。所以，当他听到父亲的声音时，才会瞬间把燃着的香烟处理掉。

崔英滨办公室里的其他同事看出了端倪，有一同事看到这一幕时直接端起烟灰缸，向刚进来的崔道植道歉："崔老，抱歉，我这一大早没少吸烟，我去把烟缸倒了，然后给您泡茶……"

利用这个间隙，崔英滨用力按了按衣兜，确定把里边燃烧的烟头掐灭了。崔道植在这个时候开始和他谈话了，问他婚姻是否可以挽回，是否能够把产生的误会化解掉，并且告诉他不能只是忙于工作，也要善于照顾好自己爱的人，而且不要留有遗憾。那一天，崔道植说了很多，崔英滨一句话也没解释，只是耐心听着，他的内心充满了疲惫。因为他知道，再多的解释也没有用了。这一次，他感觉到了"误会"二字的力量。

面对父亲的苦口婆心，崔英滨感觉自己不孝，但又无能为力，索性把父亲的注意力转移到他这一夜忙碌的没弄明白的案件上，崔道植给他详细指点后又说回到生活层面的问题："我准备和你妈去一趟，登门和亲家沟通沟通，我们老人还是希望你们年轻人的事情，能够有所挽回。"

父亲走了，崔英滨知道父母即使去沟通，也难以挽回一些东西了。崔英滨下班后独自来到他和妻子曾经形影不离、每周必去的电影院，他随便买了一张电影票，又买了一杯巧克力圣代冰激凌。曾经的青春日子里，这是他和她生活里的固定情节，她喜欢看电影，喜欢吃巧克力圣代冰激凌，他则喜欢看她高兴的样子。作为一名刑警，当崔英滨在刑事技术这条路上越走越远的时候，他和她之间的感情也是越走越远了，就比如这曾经最为普通的一起看电影一事，从时间上来说绝对是一个奢望了。繁忙的刑事技术工作，令他失去的，又何止是一场场电影？

那一次，崔英滨完全没有记住影片播放的内容是什么，直到手中冰冷的冰激凌融化为液体。那一次，他走出电影院后，再也没有回头。

谁能知道，一切为什么会变成这样？一切又是怎么变成这样的？"刑事技术"四个字，真的会具有一种特殊的毁灭力量？事实上，在某种特殊情况下，这个答案是肯定的。

记得我在警校时，刑事技术课老师讲述过一个案例。早年大连市某个刑事案件现场墙壁上，留有一枚疑难指纹碎片，无论如何难以进行认定。认定了，一名重点嫌疑人的犯罪证据也就敲定了；否定了，这名嫌疑人的作案嫌疑也许就会被排除，乃至他会被无罪释放。于是，灯火通明的现场一直摆在那里。整整一个月时间，刑事技术人员反复勘查依旧没能发现任何端倪。后来，一位颇具名气的资深刑事技术专家来了，他沉浸在现场很多天，一点点看，一点点研究分析。最后，他发现那枚指纹碎片上，有刷墙刷子留下的、非常非常微小的两个小毛刺，又在灯光照射下形成了投影，这个发现成为了案件突破口。问题最终解决了，犯罪嫌疑人最后被认定有罪。

这样的工作，就是崔道植常年从事的工作，他遇到的各种难题、挑战是远远超过这个案例的。我们可以想象，一位敬业且技术高超的刑事技术工作者，需要付出多少艰辛？又有多少人能够理解其中的艰辛？

妻子金玉伊和三个儿子都是理解崔道植的。当崔道植服从组织要求，让三儿子崔英滨接班从事刑事技术工作的时候，妻子没有反对，崔英滨本人也没有任何反对。崔英滨在佳木斯服役的时候，各项军事科目的成绩都很优异，他为人处世简单而真诚，在战友当中有着很高的威信。作为一名军人，崔英滨的气质特点非常突出，这样的军旅生涯给了他充分的自信。这样的崔英滨，父母感到欣慰，大哥、二哥也为他高兴。也正是在那时，崔英滨收获了最初的爱情。

影，是一个影像，永远镌刻于崔英滨内心深处。崔英滨这一生最为难忘的时刻，是影第一次进入他视野的那一瞬间。影第一次进入崔英滨视野，是一张照片。当时，崔英滨战友拿出了一张照片，上边有几个女同学，崔英滨一瞬间看到了一个女孩儿，便不能忘怀了，于是从这张照片出发，一点点和女孩儿联系，最终他和影确定了恋爱关系。女孩儿家庭状况很好，母亲是哈尔滨有名气的教育专家，父亲也很有声望。

对于这一门亲事，崔道植和金玉伊眼见崔英滨开心的样子，从未多说什么，只是建议他最好选择一位朝鲜族女孩儿。最了解儿子的，莫过于崔道植和金玉伊，他们感觉崔英滨这个孩子虽然忠诚坦荡，但性格比较生硬，虽说算不上朝鲜族男孩儿特有的那种大男子主义，但从他相对木讷又不善言辞的性格特征来说，父母心里始终有些担忧。

有时，再美好的感情也抵不过生活里柴米油盐的考验。对于崔英滨这样一位像松树一样硬朗，却缺乏像杨柳一样柔软质地的人，他和影的感情逐渐出现了一些问题，而这些问题产生的根源，竟还是崔英滨心驰神往的刑事技术工作所带来的。

人生的缘分很难说清，所以崔英滨见到那张照片的一刹那，也许就注定了自己婚姻的走向。记得崔英滨追求影的时候，他回到哈尔滨，只要有时间就会来到影的单位楼下，给她打电话，直到她同意见他。现在回忆起来，崔英滨觉得一切是那么美好，那时他与她正青春年少，他们二人耳畔伴着徐徐清风。

这时，崔英滨还完全没有意识到，对于未来一名执著于刑事技术工作的人来说，他的生活主体不可能只有一场感情戏，他的一切注定会是一条常人难以理解的波澜之路。这一切还有一个重要前提——崔英滨是崔道植的儿子。

崔英滨与影结婚的时候，刚好是他按照父亲要求转业回地方从事刑事技术工作的时间。对于这一点，影及其家人最初的感觉还是很好的，但他们完全没有想到崔英滨在未来的日子里将会面临怎样的挑战。这一点，影的家人估计不足，崔英滨的性格特点也决定了他很少会解释什么。

记不得从什么时候开始，崔英滨总感觉父亲看着他的时候，会有一种不可琢磨的意味。其实，这种不可琢磨，源于父亲期待崔英滨成为一名警察，并且是像他一样成为一名刑事技术警察。崔道植感觉自己的大儿子已经在刑侦总队从事计算机工作，二儿子在一线侦查岗位风风火火，只有眼前这个三儿子从小到大始终具有一种特殊的沉静，他从直觉上判断三儿子英滨适合自己从事的这项工作。将毕生精力投入到刑事技术工作的崔道植，"谨慎细致"四个字始终排在最前边，所以他一直在观察自己的三儿子，观察他是否真的能胜任这项工作。人生的走向问题不是闹着玩的，如果骨子里不适应某项工作，无论对于从业者还是对于工作本身，都会是一场不小的灾难。"刑事技术"四个字已经是崔道植毕生的信仰与追求，即使是自己的儿子他也要深思熟虑。数十年来，崔道植手下的年轻人走了一批又一批，很少有人能够真正静下心来，去面对一个个细小的微痕、一个个难以捉摸的物证。对于留不住人的问题，崔道植曾经和乌国庆有过讨论，乌国庆说："一年四季，抛家舍业，加班加点，谁愿意干？"

谁愿意干？崔道植决定要引导自己中意的三儿子干！

当时，崔英滨在部队已经做出一定成绩，并调入黑龙江省警卫局工作。警卫局办公室里阳光充足，工作与生活是比较有规律的，崔英滨立足自己的工作也有很多思考，执行上级命令与推进工作过程中，都获得了很大的乐趣。那是一个原本很好的工作岗位，后来的同期战友有被提为师级干部的，普普通通的也都成为了团职干部。如果继续留在部队，崔英滨面临的工作驾轻就熟，生活也会有完全正常的规律，最起码工作时在工作，休假时在休假，会有足够时间陪妻子看电影、吃冰激凌，会有足够时间体味柴米油盐中的每一个细节。而作为一名刑事技术警察就完全不同了，紧张忙碌的工作节奏无法形容，工作挑战也是常人难以想象的。

大哥崔成滨已经知道崔英滨转业到公安机关工作，也深知父亲这一辈子从事刑事技术工作的艰辛，曾悄悄建议弟弟到省公安厅刑警总队工作，但父亲崔道植知道后为此大发雷霆。正常来说，崔英滨转业到公安机关从事刑事技术工作，如果留在省厅要相对轻松一些，工作环境、条件及未来行政级别晋升都要好许多。但是，作为父亲的崔道植坚决不同意，把他留在哈尔滨市公安局就是想让他多接触一线的案例，从而积累经验快速成长。父亲都想到这一步了，怎么还能允许其他人半路掰道岔？

崔英滨很懂事，他在拒绝大哥的好意时说："大哥，到公安机关工作，如果不能从事刑事技术工作，如果不能接下咱爸的衣钵，我就不会来了，请大哥放心。"

记不得从什么时候开始，崔英滨总感觉父亲看着他的时候，会有一种不可琢磨的意味；但他清楚地记得，自从踏入刑事技术岗位的那一天开始，父亲看着他的时候，便没有了先前的不可琢磨，每当谈起刑事技术工作中的诸多具体细节，父亲就会和他打开话匣子。崔英滨来到新单位工作的时候，同事们有的是警校科班毕业，有的虽然年龄比他小却已经是刑事技术勘查老侦查员了。崔英滨开始着急了，自己与别人有着巨大的差距，他知道自己这个样子下去是绝对不行的，也是没办法向父亲交代的。

"在这个社会，每个人都要有一技之长，你从小是喜欢当警察的，但在你很小的时候，从有这个愿望那天开始，我就希望你成为一名刑事技术警察，这个工作虽然很累、很辛苦，但这项工作能够带给你快乐，当然这个需要你用时间和工作成果慢慢体会。"

记得刚刚从事这项工作的时候，父亲语重心长地和他聊，崔英滨听起来也是很感兴趣的，尤其是向来外表平静且不善表达的父亲，很庄重地对他说："这份工作是很有意义的，可以通过你的技能为死者申冤，为冤屈者伸张正义！"

许多年后，崔英滨渐渐发现父亲所言是正确的，他从内心感谢父亲，因为他在一次次现场勘查工作里，逐渐发现了自己工作的特殊意义，尤其是在通过自己认认真真的工作，破获一起又一起案件，最终惩处罪犯，为社会作出贡献的时候，崔英滨感觉到了自己身上的责任和所从事工作的价值。

工作层面的崔英滨进步神速，他也完全陶醉于其中。但是，生活层面的他，却慢慢变了，逐渐开始让妻子不理解了，一个不可避免的悲剧也正等待着他。崔道植从事刑事技术工作数十年来，回家的时候从来不会提起与案件有关的一切，即使后来崔成滨、崔红滨陆续加入警察队伍，崔道植也没有向他们过多提起工作，后来由于崔英滨从事的同样是刑事技术工作，所以崔道植才和他有了工作上的交流。

婚姻开始的时候，也是崔英滨从事刑事技术工作的起点。其实，从这一刻开始，崔英滨的幸福与否已经由所从事的工作决定了，只是他和妻子没能发觉这一点而已。就像父亲崔道植一样，崔英滨不会向家人提起与案件有关的一切，以及因为那一切带给他的喜与悲，还有那一切给他带来的情绪上的起起伏伏。与崔英滨有关的很多事情，在那一刻开始已经渐渐改变了，只是很多人没有发觉，尤其是当时的妻子。

崔英滨结婚后一直和岳父、岳母住在一起。由于岳父、岳母年龄比较大，崔英滨起初只要有时间就会做各种家务，比如做饭、洗碗的家务活儿，基本都是他承包了。对此，崔英滨也是心甘情愿的。这些日常家务活儿，也是崔英滨曾经的幸福所在，但这些幸福很快就被繁忙的工作冲淡了。

崔英滨渐渐变了，尤其是他越来越多的沉默，往往会令妻子感觉他有些不可琢磨，而那样的时候，崔英滨的全部情感都已经沉浸在各种各样的案件当中了。某种程度上，崔英滨也是有着一般朝鲜族男孩儿的大男子主义特点，他总是认为自己既然和妻子成为一家人，感情就像是进了保险箱一样稳妥，很多事情不需要解释。

第一个让崔英滨惊心动魄的案件，是一起非常血腥的案件。那起案件，崔英滨不可能和妻子交流，从工作保密角度看，也不能说；从其血腥程度和恐怖程度看，更是不能说，这样一起案件带给他的感受及情绪上的变化，当然也是不能和妻子进行交流的。

1998年，哈尔滨市道里区正阳河小区发生了一起诡异的案件，一户居民家中两位六十多岁的老人惨死家中。第一次接触死人案件，第一次出警参与现场勘查工作，崔英滨最初满是热情。现场，应该是怎样的？与崔英滨的好奇与急切不同，他的师父李新明却是一脸的严肃，崔英滨一路上问了他很多问题，李新明也没怎么搭理他。到达案件现场后，崔英滨惊呆了——室内到处都是血迹，两位六十多岁的老人早已死亡，男的尸体倒在地上，头颅被切割下来，在一个大铝盆里放着，女的在卧室的木门上吊着，脖子上套有一根麻绳。

当时看到这个场景，崔英滨心里很害怕，尤其是师傅李新明让他去检验装有头颅的铝盆时，他几乎崩溃了。最初进入现场的几个小时内，崔英滨大脑几乎是空白的。作为一名刑事技术勘查新手，崔英滨完全沉浸在一个菜鸟特有的恐惧之中。总之，师父李新明让他干什么，他就干什么。两位老人被杀，首先要寻找凶手。女的虽然是上吊死亡，是自杀？还是他人杀害后伪造现场？抑或是被人胁迫而自杀？这里需要解决的问题很多很多，而且都需要拿出确凿证据，去说明一切。

在那个狭小的房间里，只有李新明与崔英滨两个人忙碌的身影，还有两位没有声息的被害人。崔英滨当时心想，父亲一定不止一次在这样的案件现场工作，原来这就是父亲所从事的工作。来时路上的好奇感觉顿时消散了，崔英滨浑身上下很快被汗水湿透了，他没有时间与精力思考太多，眼睛一刻不离开李新明的一举一动，他要认真学艺。

"对于这样的现场，如果是崔老在这里勘查，一切驾轻就熟，很快会像回放录像一样，让这间房间里曾经发生的一切得到展现。"李新明一边工作，一边向崔英滨提起他的父亲，"英滨，要胆大心细，这样的现场对我们刑事技术工作人员来说，很常见。"

"英滨，你去检验一下装有头颅的铝盆，重点看看有没有嫌疑人遗留的指纹。"

当李新明向崔英滨提出这个工作要求的时候，当年的那种崩溃心态让崔英滨永生难忘。

既然是看看四周是否留有犯罪嫌疑人的指纹痕迹，就需要把注意力全部集中在那个带血的铝盆上。崔英滨认真观察着，思考着，努力判断哪个位置可能留下指纹，具体应该用什么样的方法显现和提取指纹。

崔英滨当时毕竟是个新手，他集中精神，一心想发现一些痕迹。慢慢地颤抖着，英滨用双手把铝盆拿起来端详，当时铝盆四周早就被死者的血液覆盖了厚厚一层，看不出有任何指纹痕迹。崔英滨只看到他自己留下的手套印痕。由于崔英滨的手套沾染了大量血迹，很快变成了血手套，一瞬间，崔英滨突然感觉异常恶心。这个时候，原本把注意力集中在盆子边缘的崔英滨，眼见着一无所获，正灰心失望时，他把注意力不由自主地转移到盆里被害人的头颅上。刹那间，崔英滨与被害人的眼睛呈对视状态，他浑身上下猛然鼓起一身鸡皮疙瘩。崔英滨感到很恐慌，身体不由自主地颤抖起来……

现场勘查结束后，师父李新明告诉崔英滨，其实自己早就检验完那个血盆了，只是想让他体验一下凶杀案件现场，锻炼他的心态和适应能力。通过长时间的现场勘查，他们最后得出结论，老太太有间歇性精神病，老太太杀了她的丈夫后，上吊自杀。

最初经历的这起案件，令崔英滨连续许多天缓不过神来。上世纪九十年代末期，各类恶性刑事案件高发，枪击、杀人等严重暴力案件现场一个接一个出现，崔英滨很快忙得不可开交了。这样的工作状态，也令他和妻子之间再也不可能有花前月下的生活了。因为工作的关系，他已经和妻子渐行渐远。周围人慢慢认为，崔英滨这名刑事技术警察很没有情趣，而且常常沉默寡言。

无论案件侦破工作多么艰难，无论多么繁忙，无论崔英滨回到家里多么慵懒或多么沉默，妻子最初还是能默默接受的。但崔英滨接下来不断下滑的状态，最终成为了压垮他们夫妻生活的一根稻草。其中，有崔英滨不善交流的性格使然，但问题的核心是因为一起刑事案件。从警生涯里，崔英滨曾多次经历这样的案件，案件本身并不算什么大案，但却成为了崔英滨一生的致命伤，从根本上改变了他的生活轨迹。

1998年秋天，哈尔滨市道外区一个棚户区连续发生系列盗窃案件，犯罪嫌疑人小六子时常会鬼鬼祟祟进入平房人家，而后不留一点儿痕迹地离开，系列案件久久未能侦破。这个时候，初出茅庐的崔英滨来到现场。这样一起案件，就是提供了一个擂台——年轻警察崔英滨与惯犯小六子战斗的擂台。

系列案件在那个棚户区造成的恐慌不必细说，给一户户人家带来的损失也不必细说。当时所有案件现场呈现出一个非常奇怪的现象，那就是刑事技术人员无论怎样勘查现场，在现场始终找不到犯罪嫌疑人进出的脚印痕迹。难道是飞贼？

案发现场没有脚印痕迹，始终是系列案件的共同特点，大多数人认为犯罪嫌疑人对足迹进行了伪装，比如用塑料布之类的东西包裹双脚等。最初，崔英滨也没看出什么门道，他专门找到父亲崔道植咨询如何突破案件。

"好的方法就是，只有把自己全身心沉浸在现场里……不要着急，要一点点来，学会用犯罪分子的思维，去思考……"

崔英滨把父亲的叮嘱记在心里，令自己全身心沉浸在现场里。虽然案件一时间没有进展，但他内心是兴奋的，他认为按照父亲叮嘱的那些话去做，一定会有所收获。那个破旧的院子，他去了一遍又一遍，在里边点燃了一根又一根香烟，耐心体会着犯罪嫌疑人的心理状态。

作案时间都是夜间，犯罪嫌疑人来无影去无踪，谁都弄不明白到底是怎么一回事。为了体会犯罪嫌疑人的心态，崔英滨一次次在夜里来到现场周围转悠。就这么几起盗窃案件，撬门压锁的毛贼，真的抓捕不了吗？当崔英滨一个人全身心专注一件事情的时候，生活中的许多细节就会被慢慢忽略了。崔英滨与妻子的生活互动，短时间内骤减，妻子最初没有察觉到他的变化，对他繁忙的工作也是支持和理解的。

一天下午，崔英滨突然有了一个想法，他觉得自己有了某种突破，但需要验证一下，这样的验证曾经经历了一次又一次，但最后都没有结果。崔英滨立即叫上同事返回现场。他惊喜地发现，这一次与以往不同，他的推断很有可能已经接近真相了，犯罪嫌疑人很有可能是从房顶进出现场的，每次作案都是如此，进出现场都是如此！

果然，崔英滨用仪器在房顶发现了一系列可疑足迹。兴奋之中，崔英滨立即在房顶上，着手研究犯罪嫌疑人的逃跑路线。当他最终准确发现犯罪嫌疑人的逃跑方向，并顺着足迹前行的时候，一处石灰瓦房顶突然塌陷，他整个人瞬间跌落在房间内的地面上，随后便昏了过去……

崔英滨在同事的呼唤中醒来，当时他不能站起来。后经诊断，他的第一腰椎压缩性骨折。在后来的日子里，这次重伤又导致他出现了腰间盘脱出的病症。一般人都知道腰间盘突出与腰间盘膨出，而腰间盘脱出是比二者更加严重的腰间盘难题。疼痛，至此成为了崔英滨每天的"必修课"，他需要带着疼痛工作，需要带着疼痛与生活打交道，他始终下意识地告诉自己：疼痛的时候一定要忍住，不要影响自己和别人之间的交流。

根据崔英滨的发现，案件很快被侦破了。惯偷小六子很快落网，由于他人瘦小，在那些老房子顶上上蹿下跳没有任何问题，而崔英滨的体重却超过了那一处房顶的承受能力。崔英滨立足现场侦破了很多案件，这起案件并不算多么突出，却成为了他记忆里最为深刻的案件，因为这起案件给他带来的病痛，对他本人和他的家庭生活产生了不可估量的影响。

腰部受伤后，崔英滨总是感觉疼痛难忍，但他只是对妻子说自己有点儿疼。虽然剧烈的腰疼一直折磨着他，但他始终没有耽误工作。崔英滨很少向他人提起自己的病痛，大家也不知情。这样，崔英滨回到家的时候就会经常躺着。原来一直积极做饭、烹饪、忙于家务的他，完全像是变了一个人。妻子开始不理解他了，感觉他懒了、变了……崔英滨也没多做解释，而且疼痛往往令他与她交流时，失去了本该有的耐心。夫妻之间，原本就有很多琐屑事情需要交流、需要化解，当生活里逐渐失去正常交流后，麻烦也就来了，崔英滨和妻子开始逐渐产生了距离感。后来又发生了很多事、很多误会，一对原本很好的爱人，最终没能抵得过是是非非的侵扰。2014年，崔英滨和妻子相识十六年后最终分开了。

腰部的疼痛，导致了生活上不可治愈的痛。崔英滨岳母后来是因为脊椎疾病去世的。岳母的最后时光，崔英滨始终不离其左右，照顾她。岳母去世之前对他说："我终于理解你说的那种疼了……"

2015年，崔英滨进行了腰部手术，忙前忙后、做饭送饭的事情都是前妻在帮忙。崔英滨母亲多次住院治病，也是她提供了很多帮助，但是两个人却再也没能走向复合。总之，两个人有很多误会没有解开，而且恐怕永远也不会解开了……

从事刑事技术工作后，崔英滨始终有种急躁的情绪，他希望自己在业务上能够尽快取得成功，他希望自己不会让父亲失望，他希望每一个案件现场自己都能做到绝对的尽职尽责……他唯独没有把自己和妻子的生活做一个完美的规划。

最近两年来，我和崔英滨始终保持着密切联系。由于单位人手少，他的值班任务和现场勘查任务很重，大多数时间他都是在加班或是值班。有时我给他发短信，七八个小时之后才收到回复是常态，因为他经常像父亲崔道植一样，或是沉浸在一个现场里，或是沉浸于一枚痕迹物证的检验鉴定中。

我接触了很多崔英滨的战友、朋友和同事，他们都说崔英滨从警后变化特别大，主要是没有了个人时间，尤其最近这些年，崔英滨从不参加任何同学聚会、朋友聚餐，以及各类社会交往活动，他的心中似乎只有各种各样的案件，各种各样的现场，大家想他就会去单位看望他，在办公室里找个空闲时间和他一起吸吸烟，一起聊聊天儿，几杯茶水后各奔东西。

崔英滨的工作状态，已经越来越像他父亲崔道植那样。有许多朋友劝崔英滨："除了工作，还要有生活，还要有爱……"他往往会回答："曾经有过就可以了，未来的伴侣就是工作，就是显微镜……"

别人这样说的时候，也许是起高调，但真正了解崔英滨的人都清楚——他这个人很执拗，怎么说就会怎么干！

第十八章　大雪无声

在崔道植眼中，情到深处，落下的眼泪不再是泪水，而是鹅毛大雪。崔道植眼中掉落的泪水，洁净、晶莹，像片片飘落的雪花，是一系列冰凌之花的绝妙组合。泪水和雪花虽然本质上都是水，但崔道植的泪水却呈现出了雪花状态。当崔道植眼中飘落鹅毛大雪时，便会产生属于自己的真诚故事。

在崔道植眼中，我一次次看到了这样的鹅毛大雪。

与崔道植老人家一千多个日夜的密切互动，百余万字采访笔记，让我一步步走进他的内心世界。从仰慕到感动、由震撼到洗礼，我越发感到，崔道植就是一束光，这束光可以温暖所有遇见他的人。在我眼中，崔道植有着旺盛的战斗力和坚定的信仰，崔道植眼中的鹅毛大雪是那么洁净、晶莹，就像白雪之中冰凌之花的绝妙组合，散发出来的光芒是那么温暖、炽热。因此，透过老人家眼中的鹅毛大雪，完全可以让人感觉到他心中的火焰。

洁白与火红，互相映衬，是崔道植特有的精神气质。

"七一勋章"颁授仪式上，人们对崔道植印象最深的，应该是他腰杆笔挺、步履矫健。八十七岁的老人，能有这样的精神面貌，源于他对事业的执著、对正义的坚守、对美好的向往。沉静的面容，从容的神色。无论何时，崔道植总会给人一种心无波澜的感觉。其实，崔道植心中那团燃烧着的红色火焰，从未熄灭。

崔道植性格如水，不争名利而润万物；崔道植性格如雪，洁白而悦人心目。多年办案，崔道植帮助他人获得了不少功勋章。崔道植为人低调，没有一丝表现欲。崔道植克己奉公，时时刻刻体现布衣情愫。外地办案，能坐火车就决不坐飞机；总是自己带着面包，从不接受宴请；这么多年，从未向党组织提过任何要求。崔道植经常自掏腰包搞科研，而且把获得的科技进步奖奖金，全部交给党组织。退休后，很多司法鉴定机构请他去兼职，哪怕挂个名字就会给他一百万年薪，但都被他果断拒绝了。

崔道植不争荣誉、不求扬名、不贪功利，那么他到底图什么？他的这句话，道出了答案："我的一切都是党给的，党给我的已经足够了，我每天所想的，就是要为党去做些什么……"由此，我们不难看出，崔道植并不是无欲无求，在他内心深处有着超越常人的愿望，那就是回报党恩、探寻真相、追求真理。这，就是崔道植不渝不悔的执著追求；这，就是共产党人的高尚情操；这，就是崔道植心中那团火恒久燃烧之源。

崔道植独自承受过人间大苦大悲、大灾大难，并在这样的磨难中振作、崛起，历经数十年岁月，依然展现出常人难以企及的光芒与境界。因为在他内心，有一份坚定、执著的信仰。正是因为这份信仰，支撑他独自走出大苦大悲、大灾大难，进而在磨难中振作、崛起。崔道植作为一名中国共产党党员，他用自己的一生证明了自己是一名合格的优秀的中国共产党党员。

一年冬天，崔道植经历了一场鹅毛大雪。那个大雪弥漫的早晨，崔道植四点半起床，依然保持着往常的生活习惯。首先，他把米粥煮上，然后喝杯热水，穿好棉衣和运动鞋，不到五点便一个人来到空旷的大街上。崔道植慢慢跑着，在风雪中前行，他感觉到了别样的舒适。从省公安厅出发，崔道植一路慢慢跑，跑到了老伴

"七一勋章"获得者崔道植

儿退休前工作的省医院，然后折返回省公安厅。然后，再一次跑到省医院，再跑回来……

哈尔滨的深冬，天亮得晚。夜色中，崔道植一路小跑，因为他的体态瘦小，没有人会察觉到，夜色中这个慢慢跑的身影，是一位临近八旬的老人。但，就是这样常年坚持运动，让崔道植收获了健康的身体，让他有足够的体力去加班加点，去侦破一起又一起疑难案件。崔道植回到家的时候，老伴儿已经为他煮好了鸡蛋，烧开了大枣水，还配好了一碟辣白菜。洗漱完毕，老两口开始一起吃早餐。

"几点的车来着？"

"十点二十。"

"别忘了，带救心丸。"

"昨晚，你已经帮我放进包里了。"

"哦……"

"今天，雪大，你别送我了。"

"送，一定送。"

"我不在家，你要好好吃饭，最好出去走走，不要总看电视，或者在房间里睡觉。"

老伴儿沉默了，认真品尝着辣白菜的味道。房间里很安静，只是不时发出两位老人喝粥或咀嚼辣白菜的声音。这一天，崔道植要去北京工作。类似的出差，是崔道植从省公安厅退休后很常见的事情。崔道植离开家后，这个原本就很安静的老房子，变得更加安静。

那一天，鹅毛大雪在哈尔滨火车站广场上空飞舞。火车站人流依然很大，雪花也很密。崔道植的步伐依然那么匆匆，完全看不出他是临近八旬的老人。他一如既往身着短款风衣，手提公务包，老伴儿金玉伊跟在他身后。人流中的崔道植和金玉伊，显得十分普通，只见两个匆忙的背影，在大雪中前行，他们老两口在拥挤的人流中穿梭。崔道植步履匆忙，金玉伊紧跟着，不时小跑着才能跟上他。

崔道植每次外出办案，原本都由老伴儿金玉伊将他送到机场或火车站。人生里那些看似平常、循环往复的事情，终会迎来最后一次。

崔道植神情严肃，此刻外出办案的他，满脑子都是案情，丝毫不顾老伴儿在其身后紧赶慢赶的状态。当崔道植穿过检票口，回望检票口处的老伴儿时，露出充满温暖的神情。停下脚步站稳的金玉伊老人，呼吸有些急促，微笑着，一脸的温情。

崔道植说："回去吧，回去慢些。"

金玉伊机械地摆摆手，点点头。崔道植望着她，皱了皱眉，然后转身……

金玉伊突然喊了一声："老崔……"

崔道植转身，随后听到金玉伊问他："救心丸，带了吧？"

崔道植有点纳闷："带了，你已经问我好几次了。"

金玉伊说："带了就好，带了就好！"

金玉伊又机械地摆摆手。

崔道植若有所思，转身走进人流。

火车启动的时候，崔道植开始翻阅案件资料。车窗外雪花飞舞，金玉伊神色铁青地走在火车站广场。周围的一切仿佛在飞速流动，一辆出租车突然停在她身边。出租车司机问她："用车吗？去哪里？"她回答说："机场，我去机场。"

出租车司机有些疑惑，眼前这位老人有些木讷且行动不便，便下车打开车门，扶着金玉伊坐上车后座。出租车内，金玉伊默不作声，司机不时通过后视镜观察她。金玉伊突然拿起手机，给崔道植发了一条内容空白的短信。

火车车厢内，崔道植收到信息后，感到奇怪，立刻给老伴儿回了一条短信，问她是否已经到家，但很久没有得到回复，这令他有点儿担心。于是，他把案件资料放进包里，又整理了一下床铺，便端坐在桌子旁，望向窗外的雪花。崔道植心想：老伴儿这个时候应该到家了吧？这样的雪天，她不会又出去买东西了吧？她回短信一向很慢，是不是没看见自己发的短信？

这时，崔道植的电话响起，电话那边的老伴儿再次发问："老崔，你带救心丸了吗？"崔道植立即回答："我带了，你已经问了很多次了。"

"哦，带了就好。"

"你也快到家了吧？"

"家？我的家在哪儿？诶？我这是要去哪里？"

电话突然被金玉伊挂断了……

崔道植立即拨打电话，可语音提示对方关机了。

崔道植分别给三个儿子打电话，说了刚刚发生的蹊跷事情。崔英滨得知情况后，迅速开车来到父母住处，却不见母亲踪影。接下来，崔道植的三个儿子兵分三路，但凡能够想到的地方找了个遍，但谁也没能发现母亲，三人急得满头大汗。

金玉伊的手机没电关机了，但她并没有感到恐惧和不安，她反复告诉司机，说要去机场。此刻，金玉伊已经意识不到崔道植的焦急，意识不到三个儿子正在四处寻找她。当司机把她送到飞机场后，金玉伊直接给了他几张百元钞票，还坚持说不要找零，便下了车。司机发现，她下车后孤零零站着，机场没人接应这位老人，她的状态很明显不对劲儿。司机感觉她应该是患有老年痴呆，于是问道："阿姨，您买机票了吗？"

"我在哪里，这是哪里？"

听了金玉伊这句话，司机直接打开车门，再次将老人扶上车。

"阿姨，您家在哪里啊？我送您回去，您这是走丢了。"

直到这时候，金玉伊才有了一丝恐惧，但她已经想不起来自己是谁。司机载着她原路返回，又聊了很多启发她的话，但她都是答非所问，话语间她曾告诉司机说："我是崔道植……"

司机准备报警的时候，金玉伊又说了一句："我的家，在省公安厅……"

司机直接朝着省公安厅方向开去，当出租车出现在省公安厅后院家属区的时候，英滨恰好就在门口焦急地等着。

后经过诊断，金玉伊患上了老年痴呆，也就是阿尔茨海默症。

即便这样，崔道植也没有耽误执行公安部的鉴定任务，他没向其他人说起家里刚发生的事情，而是耐心地做完该做的工作，然后迅速返回黑龙江省公安厅。一回到家，当崔道植看到老伴儿金玉伊的一刹那，感觉她已经不是之前的那个她了。

那个检票口，就像是人生的一个渡口。崔道植在那个渡口，登上了一艘特殊的时光之船，他与老伴儿金玉伊在渡口分别的那一刻起，便步入了殊途。

那次鉴定任务，给崔道植留下了很深的印象。他怎能不惦记家中的老伴儿？但他又怎能拒绝这次重要的鉴定任务，半路折返回家？家，不能回，崔道植选择要圆满完成鉴定任务。那一次鉴定任务，有很多故友同行，当时谁也不知道崔道植内心承受着怎样的煎熬。当崔道植认真进行工作时，很多民警正怀着期待的目光注视着他。走进鉴定场所之前，众人列队迎接他，且满怀希望地等待着他的结论。

鉴定任务完成后，崔道植便以最快速度返回哈尔滨。自此之后，崔道植意识到老伴儿需要自己给予特殊照顾了，但他心里想得最多的，还是自己的那些工作。看着老伴儿经常语无伦次，他很伤感，却也无可奈何，他认为自己应该接受这个局面，他明白自己今后要尽可能照顾好老伴儿。起初，崔道植没有为老伴儿的情况流泪，但是，在后来某个瞬间，他眼中的泪水还是忍不住流出来了，像鹅毛大雪一样。

"我得出差，但她这个样子，我出差不在家，她会不会不安全？"

这是崔道植反复思考的问题。他选择的不是放弃出差，陪伴在老伴儿身旁，而是依然出差，坚持到现场办案！

不安全？不安全怎么办？应该想出什么样的解决办法呢？这些问题，在崔道植脑海中频繁出现。之后的每个早晨，崔道植不敢外出跑步了。那次出差前的跑步，变成了他最后一次晨跑。崔道植和老伴儿变得时刻不能分离。

一个清晨，吃完早饭，崔道植给老伴儿穿好棉衣，系好围巾，两个人出门了。崔道植带着老伴儿，来到一个铁匠铺子，他递给铁匠一张纸条，上面写着他们家窗户的尺寸，又叮嘱了铁匠很多话，随后又详细告诉了铁匠自己的家庭住址。崔道植和铁匠聊着，老伴儿像个孩子似的，在他身后转来转去。有时，老伴儿又突然站定，用略微严厉的语气对崔道植说："救心丸，你带没带？"

两天后，铁匠来到崔道植的住处，一间位于五楼的老房子。铁匠给每一扇窗户都安装了铁栅栏。铁匠干活儿的时候，老伴儿金玉伊的表情还很开心，她看崔道植指挥着铁匠，脸上露出了微笑。金玉伊还给铁匠倒了一杯茶。铁匠对崔道植说："给窗户外边安装铁栅栏的活儿没少干，但安装在房间里的这种，今天是第一次。"

"这不，主要为了她安全嘛……"

铁匠看了看金玉伊，明显感觉到她在神志方面有问题。铁匠能够看出来，左邻右舍以及很多老同志也都能看出来。在所有人眼中，金玉伊是老年痴呆症患者，一个典型的老年痴呆症病人。

大儿子成滨说："爸，我妈这个样子了，您好好陪着她吧。毕竟，年轻时候您总是出差在外，现在她病了，您不要再外出办案了。"

二儿子红滨说："爸，您要是再接到办案任务，如果还想出去办案，您就把我妈送到我这儿来。"

三儿子英滨说："以后，谁再让咱爸外出办案，我和谁急。我坚决不同意。"

听了老大和老三的话，崔道植沉默了，然后对二儿子说："我知道，你每天早晨不吃饭，如果送到你那里，你能给你妈煮粥、煮鸡蛋吗？"

二儿子说："煮，一定煮。"

一个周末，三个儿子来了，他们看到每扇窗户都加了铁栅栏，而且从父亲那里得知，这是为了防止患有老年痴呆症的母亲出现不测。大家议论铁栅栏的时候，金玉伊还扶着铁栅栏笑着，像个孩子一样。

每扇窗户装了铁栅栏，而且安装在室内，看起来不美观，令人感到压抑。三儿子英滨问："为什么不安装在外面呢？"崔道植说："万一你们母亲发病，打开窗户大喊大叫，或是直接弄坏了玻璃，还是不大好吧！"

铁栅栏虽然安装在里边，但通过缝隙也可以透透风。而且，每个铁栅栏上都有锁链，想擦玻璃的时候可以打开。总之，看起来设计得还算符合崔道植风格，精细且有创意，用起来"方便"。

金玉伊笑着，笑得是那么地单纯。三个儿子议论着，也没多想。但随后一场大雪，让大家对这个铁栅栏有了不一样的解读。

一个冬天，刚过完年的元月十一号凌晨五点四十五分，黑龙江东北边陲的一座煤城突发爆炸案：一辆运送煤矿工人的通勤车发生爆炸，近三十人死伤，现场惨不忍睹。

刑警乌甲、犯罪嫌疑人井士和崔道植度过了一个不一样的早晨。刑警乌甲是一名普通侦查员，爆炸案发生当天恰好他值班。接到警情的时候，他还在刑警队宿舍小憩。在极寒天气下出警，乌甲内心还是有点儿怨言的，但他必须咬紧牙关奔赴案发现场。

这一天早晨，犯罪嫌疑人井士挂着双拐早早出门，他对自己的生活充满了绝望，决定在太阳升起之前走向地狱。因为曾经做过腿部手术，钢板还镶嵌在大腿骨里边，井士走路只能依靠双拐。井士离开家的时候，点燃了自家厨房的柴火，当他挂着双拐来到胡同口的时候，火苗已经从他家窜出来，烧向左邻右舍。没多久，胡同里的人们便乱作一团，井士头也不回，任凭身后火光四射。那一片民房，住的都是矿工，好在是早晨，大部分矿工有早起的习惯，这场火灾没有造成人员伤亡。没人注意到悄悄离开的井士，人们都在议论着，这火到底是怎么烧起来的。矿上的通勤车已经在远处浮现，渐渐地越开越近，直到最后停靠在井士身边。有几个人也在等车，但他们并没有礼让井士的意思。这一次，井士没有像以往那样抱怨，或是因此产生不好的情绪。井士故意等大家先上车，自己最后慢慢上车。车上并不拥挤，还有空余座位，井士寻到一个座位坐下。车上的人们有说有笑地聊着，井士认为他们的聊天声音很刺耳。最终，井士引爆了随身携带的炸药。

案发时间五点四十五分，当时仍是黑夜，被引爆的通勤车瞬间发出了红黄色火焰。乌甲很快到达现场。井士的尸体被标记为六号……

这天早晨，乌甲、井士各有各的事儿，但他们的事儿又和五六百公里之外的崔道植联系在一起。这天早晨，哈尔滨又下起了鹅毛大雪，崔道植不再外出跑步了，洗漱完毕后，用笤帚扫地，用麻布擦桌，然后把老三样早餐摆在桌子上：辣白菜、米粥、鸡蛋。早餐开始前，崔道植和老伴儿来到窗前，他们一起透过铁栅栏，望着窗外的鹅毛大雪，老伴儿露出欣喜的表情。这时，她把注意力放在了铁栅栏上，她表现出了不悦。在赏雪的某一刻，或许她感到这个铁栅栏有点儿遮挡视线，于是摆出一副很不高兴的表情。

就是在这个早晨，崔道植接到了分管刑侦工作的黑龙江省公安厅副厅长的电话。因为崔道植的住址，就在省公安厅后院的家属区，电话打过来不久，接他的车就到了。此行目的地，就是早晨刚刚发生的那起爆炸案的现场。这时候出现场，家里安装的铁栅栏也就派上了用场——崔道植必须把患有老年痴呆症的老伴儿留在相对安全的环境里。

话虽是这么说，道理也是这么个道理。但是，当崔道植走出家门的一刹那，他的眼中还是掉下了泪水。崔道植离开家的时候，对老伴儿做了一番详细的叮嘱，但老伴儿表现得心不在焉，这让崔道植很是放心不下她。从老伴儿患病开始，她对他的依赖变得格外紧密。崔道植走到哪里，老伴儿都会跟到哪里，他一旦脱离她的视线，她就会大喊："崔道植、崔道植……"

案发现场，崔道植必须前往，他不打算向任何人提及老伴儿这种情况。出门之前，老伴儿已经开始声嘶力竭地呼喊："崔道植、崔道植……"

崔道植没有回头。

"一会儿啊，你再喝点儿粥。中午啊，你就喝剩下的粥，我的鸡蛋没有吃，你中午吃掉它……"早晨的这些叮嘱，崔道植像对付不谙世事的小孩儿一般说给老伴儿。此时，老伴儿已经连一个不谙世事的小孩儿都比不上。崔道植忽然感到，这些叮嘱是没有意义的，但他还在努力叮嘱，似乎自己一遍又一遍地重复，内心才会踏实一些。但崔道植的这些话语，对于老伴儿来说，是完全没用的。

真正能发挥出作用的，就是那些铁栅栏了。那些铁栅栏，能够确保，无论她怎样哭闹，也不会出现什么安全问题。家门，已经被崔道植用钥匙反锁住了，她是出不来的，所以也不会再有走丢的隐患了。家，成为了老伴儿的牢笼。

后来的日子里，每当回忆起那个铁栅栏，崔道植的三个儿子都会感受到一种钻心之痛。

崔道植决绝地走出了家门，眼中流下了无奈的泪水。离家前，老伴儿声嘶力竭地呼喊他，这一画面镌刻在他的心里，老伴儿的声音也一直在他的耳畔回响着。崔道植是一位高度敬业的刑事技术警察，但他对待老伴儿的这种做法，却显得冷酷无情，带有几分残忍。

崔道植上车后，分别给三个儿子打了电话，让他们抽空回家轮流照顾母亲。三个儿子都是警察，白天也都很忙，一般没有时间回家照顾母亲。老大崔成滨就在省公安厅工作，离家近一些，但他只能上午十点左右抽出时间。当他打开家门，看到母亲像极了一个受了委屈的孩子，母亲已经不认识他，冲着他哭闹着，喊着："崔道植、崔道植……"

这样残忍的一幕，崔成滨给两个弟弟打电话说了，三人心中充满了对父亲的不满，但又无法改变父亲什么。兄弟三人彻底明白了，父亲的铁栅栏就是一场阴谋，是一场针对母亲的阴谋，他们最初看到铁栅栏的时候，也没多想什么。但当这个铁栅栏的作用真正发挥的时候，他们兄弟三人都感觉到了钻心的痛。

三个儿子的痛也好、怨也罢，崔道植全都抛在了脑后，经过五个小时的奔波，他来到爆炸现场。一分钟也没有休息，一杯热水也没有喝，崔道植直接进入现场开展工作，他忘记了家里的一切，全身心投入到现场勘查之中。那是一个血腥的爆炸现场，崔道植手中握着一把笤帚，一点点搜集爆炸残片。早晨，他还在家中拿着笤帚打扫家里卫生，下午却拿着笤帚在爆炸案现场工作。

寒风中的小镇，正被一种恐怖气氛笼罩着。早晨，先是一排民房燃起熊熊火光，接下来又是一辆煤矿通勤车发生爆炸。这一天早晨，犯罪嫌疑人井士出于报复社会的目的，离开家的时候点燃了大火，登上通勤车后又引爆了自制爆炸装置。崔道植到达现场的时候，民房大火早已经被扑灭，包括乌甲在内的一帮刑警和勘查人员经过初步排查，在犯罪嫌疑人井士家中发现了爆炸物。这一起案件，警方认定犯罪嫌疑人是谁并不复杂，最大的困难在于，在那些破碎的尸体中，如何确定哪一具是犯罪嫌疑人。

天气特别寒冷，气温已达零下三十度。崔道植带领众人把现场分成六十个部分，然后逐一进行细致清理。

"太冷了，您回指挥部吧。"

大家一次次对崔道植这样说，但崔道植依然坚持在现场认真工作，哪里勘查工作不细致，或是有问题，崔道植会立即指出来并予以纠正。那一天，崔道植只是早晨在家喝了一碗粥，直到后半夜，在这期间都没有吃东西，周围人完全没有意识到这个问题。乌甲等人，也都在忙自己的工作，他们都无暇顾及崔道植的吃饭问题。崔道植本人也没把吃饭和休息放在心上，而是将全部精力投入到勘查现场中。就这样，崔道植在很短时间内便摸清了犯罪嫌疑人所使用的爆炸装置等信息，他在这个过程中不顾严寒和休息，忘我工作。乌甲等众刑警都为崔道植的敬业精神，竖起了大拇指。

经过讨论，大家普遍认为三号尸体就是犯罪嫌疑人。

当这个结论在后半夜两点得出来的时候，所有人都松了一口气，众人都认为就此可以收兵回家、打道回府了。乌甲同样认为，他可以回去补觉了。这时，崔道植却提出："犯罪嫌疑人做过骨科手术，腿上应该有一块钢板，而三号尸体没有这个特征。"

当时在场的每一名民警，包括乌甲在内，已经被冻得满脸通红了。有人觉得，犯罪嫌疑人已经被认定了，尸体也都面目全非了，差不多就可以结案了！乌甲和个别人表现出了很大的不悦，但崔道植怎么能接受"差不多"呢？接着干！

乌甲等人心生不满的时候，谁又知道，崔道植内心其实比任何人都想快点离开现场，因为家里还有令他牵肠挂肚的老伴儿！

就这样，接下来的工作一直持续到了第二天天亮，结合搜集到的尸体碎片，一点一点进行整合、分析，最终崔道植确定六号尸体才是真正的犯罪嫌疑人井士。

得出结果后，崔道植立即启程回家。就在出结果前不久，乌甲的怨气又加深了，说："原本后半夜两点就可以结束工作，结果熬了一个通宵。"一位陪同崔道植来到现场的年轻侦查员，听到乌甲的言论后，顿时不高兴了，他没有用不严谨、不实事求是之类的话语驳斥乌甲，而是说："你干了一夜，崔老快八十了，他老人家也干了一夜。"

乌甲后来回忆说，这句话点醒了他。乌甲以往觉得自己很了不起，破案、抓人之类的事情基本上都是手到擒来。但是，经历了这次爆炸案，他被崔道植的精神、气质和工作态度所折服，觉得自己的灵魂也经受了一次洗礼。那位年轻侦查员的话语，让乌甲瞬间羞愧难当。他开始抱怨了一个白天，然后又持续到第二天天亮，怎能还去埋怨一位年近八旬的刑警老前辈呢？况且，崔道植可是在实事求是地进行鉴定工作，是在纠正我们的错误研判啊！后来乌甲经常会对比自己年轻的刑警说："繁忙的工作里，一定不要忘记沉淀自己、反思自己。"

乌甲是个好刑警，虽然他有时会心浮气躁和不成熟，但他知道自我反思，这样的刑警是值得党和国家培养的。乌甲当时还不知道，就在自己和年轻侦查员说话的时候，崔道植老人家正处于担心老伴儿的不安情绪之中，他们二人之间的话语，崔道植没有留意，也不会去在意。

在回家的路上，崔道植满脑子都是对老伴儿的愧疚。案子结束了，他才在回家的路上给三个儿子打电话，询问是否给老伴儿熬粥了，是否煮鸡蛋了。当崔道植从儿子成滨那里得知，他离开家后老伴儿发生的情况，他的眼中瞬间掉下了泪水，像雪花般晶莹剔透。

这次出现场归来，崔道植决定把家搬到养老院。崔道植认为，如果自己不在家，老伴儿可以得到他人照顾；另一方面，自己工作起来，也比较方便。

铁栅栏事件发生后，兄弟三人对父亲的意见开始爆发了，但迫于父亲的威严，他们只敢有提意见的想法，却无力改变父亲什么，也无法在父亲面前表现出过多的抱怨。兄弟三人只是在父亲面前，礼貌地提出："您这样把母亲锁在家里，是不是有点儿残忍？"

父子四人之间的谈话气氛有些凝重，崔道植最终没有说什么，他们最后都把注意力集中到了金玉伊身上。金玉伊要是没得这个病，她最善于化解三个儿子对父亲的不满情绪了，虽然她也曾对崔道植有意见，但终究选择了理解和支持他。现在，金玉伊已经没有能力去化解父子之间的"矛盾"了。

当崔道植提出要搬去养老院的时候，三个儿子全部表达出了反对意见，三人的意见出奇一致："让外人看了，多不好！毕竟还有我们三个兄弟在，父母怎能去养老院？"

这时，三儿子英滨把话题转移到父亲身上："您都一大把年纪了，还像年轻人一样工作，不累吗？真要有个三长两短，可怎么办？"

崔道植眼神异常坚定："累是累，但能用这些年积累的经验，为党和国家多做点儿事，就是累死，也值得！我的一切，都是党给的。这些话，我一直都在重复，你们也需要慢慢品……"

这时，崔道植的家庭教育又成功压制了三个儿子的不满和怨气。这种家庭教育，源自崔道植作为一名优秀共产党员所具备的强大气场。在这种家风环境里，任何牢骚、抱怨在他面前都会败下阵来。崔道植是他们的父亲，更是他们的人生导师。崔道植常常对三个儿子说，"工作上取得的成绩不是你一个人的，要戒骄戒躁"，"工作上要知畏戒、守纪律，别动歪心眼儿"，"只要党需要，无论什么时候都要全力以赴"，"一名合格的警察，破几起案子很正常，任何时候都不要觉得自己了不起。"

崔道植的很多话语，深深镌刻在

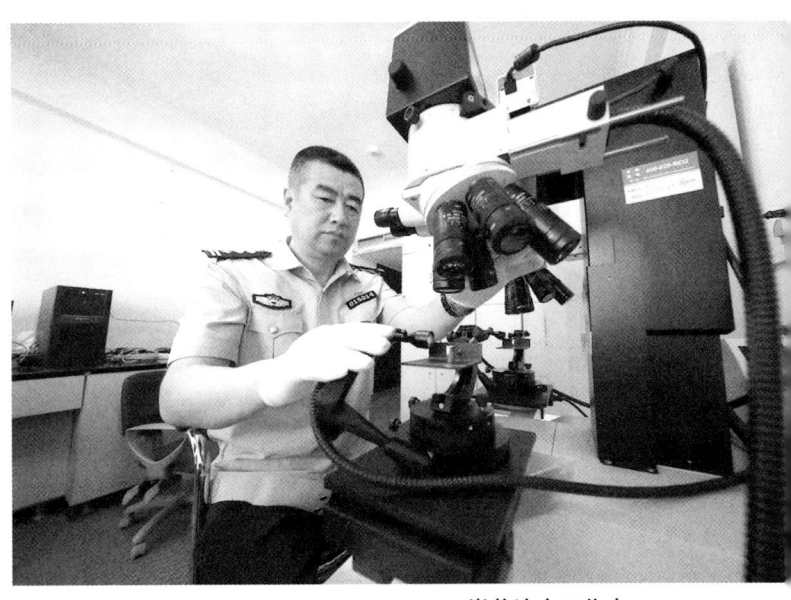

崔英滨在工作中

三人心里。随着岁月流逝,崔道植的很多言论依然不停地镌刻到三人心里。面对父亲,三人始终怀有各种各样的不理解,但每一次不理解得到化解后,他们就会加深对父亲的理解,加大对父亲的支持。他们明白父亲有很多工作要做,明白为什么父亲对一辆老旧的永久牌二八自行车特别钟情,一骑就是数十年;明白为什么父亲能将全部发明专利捐献给国家,而且主动拿出几十万元奖金用于公安刑事技术创新;更明白为什么父亲退休后本该同母亲相依相伴,却依然不顾身体健康,不知疲倦地坚持在刑侦一线战斗。

  崔英滨从军校毕业后进入省公安厅警卫处,成为了一名现役军官,终于实现了儿时梦想,开始了军旅生涯。可梦想刚刚起步,崔道植却要他转业接他的班,从事痕迹检验工作。梦想刚刚开始就让他放弃,英滨打心眼儿里不愿意。一天夜晚,一向低调的崔道植,拿出了他的一枚枚奖章,耐心地给英滨讲起了奖章背后的故事。最后,崔道植语重心长对他说:"儿子,做公安工作吧,公安事业需要刑事技术人才,好好锤炼,你一定会大有作为!"

  父子之间这样的谈心,对崔英滨来说是第一次。这一次坦诚交流,为英滨从警的信念打下了基础。这是一个令英滨永生难忘的夜晚,一夜长谈,彰显父爱如山,让他真正走进了父亲的精神世界,也让他懂得了父亲的良苦用心,更让他明白了父亲对公安事业的无限热爱。英滨意识到,父亲的工作虽然很辛苦,但很有意义,父亲很伟大。在英滨内心深处,他第一次把父亲和"伟大"这个词紧紧地连在了一起。

  那个夜晚,父亲打开了陪伴自己多年的公文包给英滨看,那个包里放着他们兄弟三人的童年合照,还有一幅红滨上小学时候画的肖像画。这幅画已经被塑封,画的就是崔道植。崔道植告诉英滨:"夜里加班看指纹、看各种痕迹的时候,或是工作上遇到困难的时候,我就会凝视这张照片和这幅画,有时我会笑出声,有时会流出眼泪。"

  在这次谈话之前,英滨认为忙于工作的父亲对自己的成长,是不关心的,但在那个夜晚,父亲向他提起了很多他小时候的事情,他才明白父亲一直在关注、关心着自己,父亲比其他人更加懂自己。父亲回忆起过往岁月,让英滨不断流下热泪。父亲在那个夜晚和他一起回到了曾经的岁月,回到了省公安厅宿舍门前。一次,兄弟三人,看着几辆警车呼啸进入公安厅大院，汽车卷起阵阵尘土。那时，母亲对他们说："公安厅大院一旦'热闹'起来，爸爸就不能回家了。"

公安厅宿舍门前，大儿子崔成滨、二儿子崔红滨呆呆地望着警车、尘土，英滨却把注意力集中在了一只蜻蜓上，然后去捕捉蜻蜓。公安厅宿舍楼内，母亲正在家包饺子。兄弟三人回到家的时候，英滨手里拿着一只蜻蜓。"哥，我发现我的蜻蜓被谋杀了，我现在进行尸体鉴定。"英滨在显微镜前说道。

成滨、红滨非常捧场地来到显微镜前："你发现了什么？"

"目前还没发现有价值的痕迹，这只蜻蜓没有任何体表伤，死得非常可疑。"

"那……你继续好好研究吧。"成滨说。

"好的，那我加班工作了，今晚不回家吃饭了。"

有模有样学着父亲的做派，英滨小时候经常这样"调皮"。父亲的显微镜下面，经常有他"抓获"的蚂蚱、蜻蜓，还有他从"犯罪现场"发现的电线、木屑等。崔道植夫妻二人经常会为此津津乐道，但对于英滨本人来说，随着岁月流逝，他早已忘记了这些童年趣事，可父亲始终牢牢记着这一切。现如今，金玉伊因为患上老年痴呆，逐渐忘记了一切，过去的事情就像被逐渐擦去的粉笔字，留下的越来越少，而这些事崔道植始终没有忘记。

黑龙江省公安厅宿舍楼下，崔道植呼喊："玉伊、玉伊……"金玉伊手里拿着没包好的饺子探出头。崔道植说："去案件现场，今晚不回家吃饭了……"金玉伊答道："可是，今天包饺子啊，你上楼吃点儿再走！"

没等到崔道植回答。一辆警车，飞驰而去。

1997年，崔英滨转业来到公安机关工作后不久，崔道植用自己精湛的技艺给他上了从警第一课。当时，五大连池市发生了一起抢劫银行金库案件，参与案件侦破的全体刑警正围绕现场提取的一枚可疑指纹开展工作，却因迟迟不见突破而感到疲惫。崔道植到达现场后，果断排除了这枚指纹是犯罪嫌疑人所留的可能性。那时，众人还没从惊诧之情回过神来，崔道植已经确定了这枚指纹的归属，系一名与案件无关人员所留。接下来，崔道植又通过现场发现的弹头确定了枪支种类，警方因此顺利抓到了犯罪嫌疑人。

这起案件堪称一起特大疑难案件，但依靠崔道植得以轻松告破，父亲高超的刑事技术惊呆了崔英滨。就此，他和父亲的事业轨迹交汇在了一起，他打内心希望自己成为一名优秀的刑事技术警察。他暗下决心，一定要把父亲为之付出毕生精力的公安痕迹检验事业传承好、干好。崔英滨的显微镜下，再也不是蜻蜓、蚂蚱。他以显微镜为武器，开始了同邪恶的博弈。

加入警营后，父亲崔道植对崔英滨的影响，除了工作上的指导外，更多的是一种无形的鞭策。在崔道植影响下，崔英滨逐渐形成了认真、细致、不怕苦、不服输的工作作风。如今，崔英滨已在刑事技术这条路上走了二十多年，检验痕迹物证2800余件，为近百起案件的成功侦破提供了依据，他本人先后荣获"全国优秀人民警察"、"全国百佳刑警"等称号，还获得了公安部科技进步三等奖。当崔道植第一次看到英滨的获奖证书时，感到特别欣慰。

历历在目的往事，稍作回忆便可化解父子之间的"纠葛"。父子之间获得的成绩与荣誉，任何时候都可以激励他们继续克服生活和工作中的困难，一起携手前行。于是，才会有年近九旬、身着黑色风衣的崔道植，时常走在茫茫黑夜、走在星日交替之间、走在黎明之后的艳阳里，才会有他的"蜀道难"，才会有他在养老院继续演绎的侦探传奇，才会有他的抗疫故事。

一生只信共产党，一生只爱一个人。2020年1月，老伴儿金玉伊永远地离开了崔道植。本就少言寡语的他，变得更加沉默，他把全部忧伤情绪宣泄在工作中。有一段时间，崔道植脖子疼得难以忍受，兄弟三人立刻驾车载着他去医院。路上，崔道植强忍着疼痛靠在后座上，嘴里嘀咕道："这次病得太重了，我还有很多工作没做完，是不是留给我的时间不多了？"

那一刻，看着父亲憔悴的面容，兄弟三人的心里特别不是滋味。于是，他们三人之间进行了一次特殊谈话。

成滨说："这次，看着咱爸憔悴的模样，我心里特别不是滋味。"

红滨说："在我印象中，咱爸总是雷厉风行，走路特别快，不知疲倦。"

英滨感叹道："这么多年，咱们有时候埋怨父亲，说他对不起咱妈，对不起咱们的童年。可是，咱们作为他的儿子，又何曾认真地体会过他的艰辛啊？"

兄弟三人都不由自主地掉下了泪水，犹如雪花般晶莹剔透……

崔道植总是"好了伤疤忘了疼",当病情稍微得到缓解,便再次投入到紧张的工作中,他把这次患病当成了余生短暂的提醒。崔道植对三个儿子说:"我要利用好最后的时间,给刑侦事业再作一些贡献。"

那段时间,崔道植手里没有案件,就会整理自己从警以来经手过的经典案件、科研课题,最终逐一制作成教学课件,递交给公安部。他说:"这是我献给建党100周年的礼物。"所有人都知道,那是他一生的心血、一生的积累,更是他对党的最直接、最忠诚的内心告白。

十八大以来,崔道植的故事还有很多,难以一一叙述。2019年7月,中央退役军人事务工作领导小组授予崔道植"全国模范退役军人"称号;同年9月,崔道植被人社部、公安部授予"全国公安系统一级英雄模范"称号,并被中央宣传部等部门授予"最美奋斗者"称号;同年12月,被中央组织部授予"全国离退休干部先进个人"称号……

崔道植手里没有案件时,就会整理自己从警以来经手过的经典案件、科研课题,最终逐一制作成教学课件

第十九章　生命的错觉

崔道植和老伴儿金玉伊在养老院里散步

老伴儿金玉伊去世前两天，突然望着崔道植流泪。

"要和我说什么吗？你……想说什么？"

那一刻，老伴儿金玉伊一直流着眼泪，一直望着丈夫崔道植流眼泪；那一刻，崔道植感觉老伴儿似乎不再是一位老年痴呆症患者，尤其是她那清澈、灵动的泪水让人看了，似乎可以感觉到她已经恢复了正常人的神志。起初，崔道植对于老伴儿恢复神志的状态，认为是自己的错觉，但仔细端详后，感觉又不像是错觉。

于是，崔道植重复问她："要和我说什么吗？你……想说什么？"

这个场景，发生在老伴儿去世前两天。患有老年痴呆症多年，老伴儿的一举一动已经完全不像正常人了，甚至已经很难在日常生活里发现她过去的影子。那一刻，崔道植却惊讶地发现她有了昔日的神采，正在惊讶的时候，正在等着她有所回答的时候，她突然像明白了一切，摇摇头，尔后还是望着他流泪。

金玉伊望着崔道植摇了摇头，尔后还是望着他流泪——那个时候，崔道植完全没有想到老伴儿会在两天后永远离开他，也完全没有想到老伴儿在那一刻，是在用泪水与摇头，向他做最后的告别。崔道植是一位平日里很少讲话的人，似乎没有任何事情能让他纠结或是多说上一句话。但是，老伴儿最后的流泪和摇头，在后来我和崔道植老人家通话的时候，他一遍又一遍重复着……

"对你爱的人，一定要尽心，一定要尽心。心中的爱，只要有机会，就要充分表达出来……不要留遗憾。"当崔道植后来向我提起那一幕时，他也流出了清澈的泪水。崔道植对我这样说，也曾这样叮嘱他的三个儿子。事实上，崔道植不止一次这样说，他在以往的岁月里也一直这样教育引导三个儿子。

细细算来，截至2020年春节，我和崔道植老人的密切接触已经四年多了，每次去养老院看望崔道植和他的老伴儿时，我都会有一种朝拜的感觉，通过他们这一对老夫妻，完全可以感到一种人性深处的真爱。崔道植与老伴儿都是内心纯净的人，他们

第十九章 生命的错觉

249

作者在养老院对崔道植（右）进行采访

对所从事的事业忠诚无二，即使老伴儿金玉伊患有老年痴呆症，也完全可以透过病态表象，看出她过往的素养。她为丈夫歌唱，为丈夫跳舞；她也为来访的客人歌唱，为来访的客人跳舞。尤其是，她的每分每秒都体现出一种任何人无法替代的对丈夫的

作者每次与老两口相约见面时，他们总是早早地手拉着手，站在养老院大厅等候

依赖感，她和崔道植手拉手时总是下意识地抓得那么牢，抓得那么亲密。崔道植总是走得很快，她总是一路小跑着跟随。

每次与老两口相约见面时，他们总是早早地手拉着手，站在养老院大厅等着我。崔道植总是把自己的衣衫清洗得格外干净整洁，他把老伴儿的衣衫清洗得同样干净整洁，加上两位老人很高的人格素养，见到他们的一刹那我总会有一种清风拂面的感觉。每次见面的时候，崔道植的老伴儿总是一如既往地在见到我的一刹那将我紧紧抱住，像是见到多年未曾谋面的近亲。患有老年痴呆症的金玉伊，大多数情况下见到来访者，都会来一个这样的拥抱。

"拥抱"、"歌唱"、"跳舞"……再有，有时她会逢人就说："我是公安厅的，干枪弹检验……"老人家还有很多类似的行为，曾有人凭借这些行为将其单纯地解读为病态，但我却透过金玉伊的行为，读出了这位老人的热情礼貌和人格涵养，以及在暮年之时将自己幻化为爱人崔道植，幻化为一名警察的原因所在。作为一名文字工作者，这是令我特别难忘的一段机缘。2019年夏天，是我和两位老人相识的第二个夏天，那时我完全没有意识到那个夏天会是崔道植爱人金玉伊生命里的最后一个夏天。我没有意识到，崔道植没有意识到，他们的三个儿子没有意识到，还有更多关心他们的人也没有意

识到。

生命，总会给我们很多错觉。点滴生活里，我们感受着错觉带来的温暖的时候，却没有意识到那一瞬间的宝贵，似乎一切总会再来，阳光总是灿烂，亲人总会陪伴，温暖也总会再来。错了，我们往往太乐观了，往往不知生命相聚最深处即是离别。

"老年痴呆，也许反而让母亲无忧无虑，身体因此会更好一些……"2019年春天，我和崔红滨聊天时，他还一度这样乐观认为，他的乐观也是很多人的乐观。但是，2019年年底，我们所有人一起见证了时光的残酷。

2019年夏天，我到养老院拜访两位老人，有时我会走在他们中间，左手拉着崔道植，右手拉着他的老伴儿。崔道植是急性子，我和他老伴儿总会在他老人家的带动下走得很快，那种感觉里有种说不出的感动与幸福，现在想来是那么令我难忘，多么希望时间能够倒流到那一刻，让我们在那一个特定时空里走慢一些，让幸福的感觉永远停留在那一刻。

我想，这是我的感觉，也一定是所有接触过并用心爱着两位老人的人们的共同感受吧！

每个人的生命里，总会有一些刻骨铭心的日子。2020年春节，是崔道植感觉最不一样的春节，陪伴他数十年的老伴儿永远离他而去了。2019年12月16日，全国离退休干部先进集体和先进个人表彰大会在京举行，崔道植作为会议代表出席会议并作了发言。崔道植出发前，老伴儿的状态看起来虽然不是很好，喝粥喝水还可以，但在崔道植回到哈尔滨后，他发现老伴儿不大喜欢吃饭了，接下来老伴儿的状态不断下滑，直到最后突然离他而去。

崔道植的老伴儿总是一如既往地在见到作者的一刹那将作者紧紧抱住，像是见到多年未曾谋面的近亲

正月初七，崔道植不顾儿子们的劝阻，执意要回养老院，他还惦记着自己的那些工作。他认为回到养老院那个房间里，就会感到老伴儿依然和自己在一起，心灵上便不会孤单。崔道植虽然这样想，但儿子们还是提前取走了母亲在养老院

崔道植在1992年黑龙江省公安厅运动会中，获得了老年组第一名

房间里的所有生前物品，他们担心父亲睹物思人进而影响身体健康。

正月初七一大早，从崔红滨家小区出来，崔道植一路沉默不语。崔红滨陪伴着他，车子经过哈尔滨香滨路又来到中山路，望着不远处老伴儿金玉伊曾经工作过的黑龙江省医院，崔道植让儿子把车开过去，经过省医院大门时，老人眼中泛出了泪花。

从老伴儿工作过的省医院继续行驶，到自己工作过的省公安厅，大约一千五百米左右。自青年时代开始，无论是在单位加班，还是平日里正常的居家生活，只要不出差，崔道植一定会早早起来，从省公安厅跑到省医院，再跑回省公安厅。一般情况下，只要时间允许，他就会跑上两个来回。也许正是因为这个习惯，崔道植在1992年黑龙江省公安厅运动会中，获得了老年组第一名。这个习惯，崔道植一直坚持着，直到和老伴儿一起搬到养老院居住。

2020年春节，肆虐的新型冠状病毒让街道上空无一人，像极了往昔岁月里，崔道植一次次于无人街道上晨跑的情景。汽车行驶的时候，崔道植仿佛重新在那熟悉的路上奔跑起来……

不加班的时候，崔道植会早早地把米洗净，或是煮粥或是焖饭，把米

放入锅中，便匆匆离开家。妻子在熟睡，儿子也在熟睡，他在一个个寂静的早晨，奔跑在无人的街道上。就是这一段熟悉的街道，他从青年跑进壮年，从壮年跑进老年，奔跑带给他的感觉令他难以忘却。

这一条路，连接着妻子的单位和自己的单位，所以奔跑在这一条路上，崔道植是倍感亲切。这条路的终点，就是哈尔滨火车站，而在省公安厅与省医院的中间位置，也是机场大巴发车的位置。从年轻时候的妻子到暮年时的老伴儿，崔道植每次出差都会有她的陪伴、送行，有时家里忙得无法分身，她也会陪他走到街口，摆着手，直到他的身影消失在那条路上。

"对你爱的人，一定要尽心，一定要尽心。心中的爱，只要有机会，就要充分表达出来……不要留遗憾。"这句话，是崔道植和妻子六十年相爱的真实写照。年轻时彼此工作繁忙，导致他们生活里很少有交集，后来退而不休的崔道植依然四处奔波，彼此生命里最应相互陪伴的老年岁月依然是聚少离多；但是，只要有机会，他们彼此的爱意就会得到充分表达。这种爱意，和常人比起来，虽然从时间角度来说比较短暂，但其中蕴含的深情是常人难以读懂和体会的。

崔道植和老伴儿手拉手走在大街上

只要有犯罪现场的地方就会有痕迹，一条条痕迹背后总会隐藏着一桩桩

崔道植和金玉伊相互陪伴的六十余载，也是清贫中相濡以沫的六十余载

不可告人的罪孽。痕迹或深或浅，罪孽或轻或重，崔道植始终倾注毕生精力与之较量。崔道植和金玉伊相互陪伴的六十余载，也是清贫中相濡以沫的六十余载。崔道植忍受着常人难以忍受的孤独、寂寞、枯燥，在一起起疑难刑事案件侦破工作中屡建奇功，并始终谦卑如一。这些工作成绩的背后，更是包含着妻子和三个儿子无条件的理解与支持。

这一条路，满载着人生里太多宝贵的记忆。一个又一个迎着朝阳奔跑的日子，崔道植一边跑着一边思考案件，一边跑着一边想念着妻子和三个儿子。从青年跑进壮年，从壮年跑进老年，直到妻子最后永远离开了自己……

这样的时刻，不禁令崔道植回忆起儿时在玉米地里奔跑。这些跨越时空的奔跑，都曾充满着期待，但有奔跑就会有结局和终点，儿时的奔跑最终没有寻到母亲的身影，而这数十年后的奔跑，他和心爱的妻子也最终走到了离别。儿时的失望中，他可以在玉米地里痛哭流涕，又可以在见到一只蝴蝶后破涕而笑；如今的失落却与儿时完全不同，似乎没有什么可以化解他的忧伤与落寞。这个时候，崔道植想到的竟然是工作……

崔道植让儿子把自己送回了养老院，他要在那里继续工作，他要用工作化解一切忧伤。就像他在全国离退休干部先进集体和先进个人表彰大会上所言："我生命里的每分每秒都属于案件，属于现场……"

崔道植回到养老院时，恰好赶上疫情暴发，整个养老院很快进入封闭状态，全体老人既不能到一楼大厅会见亲属，也不能到二楼健身中心活动，老人们都只能待在自己的房间里，因此感觉无聊。养老院的工作人员想了很多办法去丰富老人们的生活，但工作人员发现崔道植在此期间没有表现出任何情绪，工作人员每天去看望他或是在给他送饭的时候，发现他始终都在电脑前或显微镜前静静地忙碌着，他也从不会和别人过多讨论什么。

每一天，养老院工作人员都会拍一张崔道植工作的照片，通过微信发给他的三儿子崔英滨。崔英滨按照父亲要求，入警后始终在哈尔滨市公安局从事痕迹检验工作，刻苦钻研业务，一心准备接过父亲的衣钵。他对父亲说："爸，我会集中全部精力提高工作技能，此外，照顾好您的晚年生活也是我的追求。"

2020年年初，金玉伊离开的时候，崔英滨与妻子离婚已经六年了，他始终觉得自己没有处理好婚姻问题，让父母伤心难过了。因此，崔英滨心里对父母始终有一种愧疚感。这些年一个人生活，崔英滨一方面专心研究业务，另一方面全力以赴照顾父母。崔英滨曾对我说："将来，父亲在养老院的这个房间，我将会接班……"

"父亲和母亲之间的感情，对我来说，是非常好的榜样。父亲多次告诉我，对于自己的爱人，一定要尽心。心中的爱，只要有机会，就要充分表达出来……不要留遗憾。我尽心了，我表达了，但我还是失败了……我对不起父母，也对不起曾经的她……但，一切都过去了，一切已经不可能重来……"

第二十章　坚强与真诚

上世纪七十年代，哈尔滨的冬日寒风里，曾出现母子四人的身影。

一位母亲，和三个儿子。这位母亲带着自己的三个儿子，她一只手里拉着一个，后背背着一个，怀里还抱着一个。就是这样一种状态，母子四人在一个又一个寒气逼人的早晨，总会在熙熙攘攘的人群当中去挤公交车。曾有那么一次，母子四人被拥挤的人群挤下了车。望着公交车吃力地关上门，然后呼啸而去，这位母亲流下了伤心的泪水。

公交车里的人就像"豆馅儿"一般，拥挤在一起，那些"豆馅儿"被公交车薄薄的铁皮包裹着。上世纪七十年代，每条线路上只有为数不多的几辆公交车，因而每一辆公交车停下又启程之前都会被"豆馅儿"无限填满。"豆馅儿"实在是装得太多了！人们争先恐后上车的时候，就是一场物竞天择的残酷竞争，尊老爱幼之类的礼仪便会被他们完全抛在脑后。

那一次，这位母亲流泪的时候，她感觉自己太无助了。

那个年代，这位母亲在家庭和工作上面临着很大压力，虽然娘家人有时也能帮助她一点点，但家庭中大多数的重担还是由她自己担着，而她作为一名省医院的医生，工作上的事情也很多，并不轻松。

在那个冬日里，她第一次去找了丈夫单位的领导，诉说了生活的艰辛，她说："真的有一种坚持不下去的感觉，怎么能让他照顾一下家庭？"她得到了很耐心、也很贴心的解释，从领导对丈夫积极的评价里，她感到自己对家庭的付出，是一件无奈、也是一件特别有意义的事情。领导说："小崔这个人，工作特别上进，你也是一样的。你们夫妻二人，都是这个样子，很可贵……但，生活里的事情……"

她那无助的泪水流过后，总会以理解丈夫而收场。她对丈夫很少有当面的抱怨，以至于丈夫始终感觉，妻子数十年来基本没让他在工作上分心，偶尔的那点儿争执与泪水，在夫妻二人幸福的时光长河里完全可以忽略不计。

崔道植的妻子和三个儿子

若干年后，三个儿子都已经长大成人，当这一幕被提及时，外人都觉得金玉伊很苦、太辛苦了，但作为母亲的她却总是微笑面对。她对生活没有任何抱怨，对那些把她挤下公交的人们，也没有任何责备，她总会笑着对三个儿子说："如果你们觉得我认为那段日子苦，那就错了，我多么希望回到那段时光里，回到背着一个、抱着一个、领着一个儿子的时光。"

在崔英滨的记忆里，童年是那么地漫长，漫长得无法形容，却从来没有感觉到一丝的苦。那时，正是母亲用她的坚强，独自承担了一切，进而没有让三个儿子感觉到一丝苦。生活里的苦，在三个儿子心里没有留下任何阴影。但是，三个儿子理解母亲的付出，知道他们兄弟应该怎样爱母亲，以及怎样理解父亲、支持父亲。作为儿子，崔英滨感觉父母给他的爱，永远多于他所能回报的，父母凡事总是对他给予理解与支持。

"按照你的性格，谈恋爱最好找一位我们朝鲜族女孩儿。"

这是父母一直和他强调的话语，崔英滨在这方面没有听从父母的建议。时光渐渐流逝，崔英滨慢慢知道父母才是最了解他脾气秉性的人。

在崔英滨记忆里，童年的小床始终靠着一扇窗，透过那扇窗，是童年记忆里的满天星光。望着那星光，他曾一次次期待父亲回家开门的声音，却总是在不知不觉中沉沉睡去。在童年记忆里，满天星光并没有与美丽有多少关系，因为他最期待的，是父亲开门时候的声响。

由于父亲崔道植经常不在家，崔英滨和两个哥哥经常到父亲单位看望他，父亲对待同事的礼貌和对待工作的认真态度，对兄弟三人来说印象极为深刻，同时也是对他们最好的教育。崔道植有一个"弱点"，兄弟三人也继承了下来，比如父亲不善于与人交流，不善于搞一些当下人们常常讲的所谓的高情商动作。扎扎实实、踏踏实实，成为了父子四人的主旋律。

然而，父子四人之间仿佛也总是隔着一堵墙。这堵墙，并不代表隔阂，因为父子四人的心灵始终是相通的。这堵墙，让他们从来不会因为一些琐屑或情感起伏之类的事情，进行过多交流。事实上，崔道植始终如一的繁忙工作状态也不允许这样。如此一来，生活里的一些缺憾还是因此产生了。比如，崔成滨在刑侦总队常年加班加点工作，很快成为业务骨干，却因忙碌很少兼顾家庭，与妻子不断产生矛盾，他没有和父亲过多解释，父亲也不大可能会给他出谋划策，帮助他化解家庭矛盾。再比如，崔红滨考中央工艺美院时被人顶下来，他并未对父亲说出真相，只是打起行囊走进军营。又比如，崔英滨原本在部队服役，前程似锦，父亲却不容分说，让他转业回地方从事在外人看来无比枯燥的刑事技术工作，目的就是为了贯彻领导要求，让刑事技术人才队伍能够后继有人。

崔英滨在生活层面的经历、得失，与父母对他的劝解直接相关。因为在感情方面，他没有按照父母要求结合自己性格特点选择伴侣；在事业层面，他严格按照父亲要求从事刑事技术工作——这两方面的一个拒绝，一个服从，对他的人生走向产生了巨大影响。

面对枯燥乏味、困难艰险，应该怎样表现出坚持？习近平总书记在

2020 年元旦贺词中说，越是艰险越向前。疫情肆虐，其中的艰险不只属于中国，更属于全人类。病毒在传播，更深的爱也在传播。抗疫，让国家、民族心手相连。我们的国家与民族更加自信与成熟，病毒的冬天意味着民族的春天。艰险之中，整个民族没有做情绪的俘虏，没有被情绪左右，原因在于有许多坚强与真诚的人在传递正能量。这种坚强与真诚，存在于各行各业。

身为人，坚强与真诚无比重要。

有一种说法：我们的爷爷没有输给战争和饥饿，我们的父亲没有输给贫穷和变革，我们当下这一代也一定无愧于这个时代……崔道植恰恰是这一过程的参与者与见证者。当人们见到 1934 年出生的崔道植时，也许会有一种错觉，比如人们会认为他是一位时空旅行者，因为在漫长的岁月里，他经历了太多。但是，所谓漫长的感觉，仅仅是外人的错觉。对于崔道植本人来说，他觉得时间尽管如光速一般过得很快，从童年苦难、战争、饥饿，到改革开放后的蒸蒸日上，再到当今时代的欣欣向荣，崔道植始终感觉一切就在一刹那间。人们应该怎样在时间中度过？崔道植自己的答案，以及三个儿子的答案，是如出一辙的，那就是保持坚强与真诚。

作为一名中国共产党党员，崔道植把"中国共产党"五个字看作了一种信仰，而且是一种刻在内心深处的信仰。谈到崔道植的健康高寿经验，三个儿子不约而同地指出，父亲的一切都是源于信仰。也正是因为如此，崔道植整个职业生涯与人生历程，都呈现出与众不同的仙风道骨，让他在一次次外出办案时只带一个面包、一瓶水，不接受任何人的盛情款待；让他在临近九旬时，怀着为国家省钱的初衷，拒绝火车软卧与飞机票，而是坐着廉价的绿皮火车奔赴甘肃白银；更为重要的是，崔道植的性格决定了他会以自己特殊的方式，严格教育三个儿子，比如三个儿子从小读的书目包括《志愿军英雄传》、《钢铁是怎样炼成的》、《毛泽东选集》、《周恩来传》……至今，崔成滨依然珍藏着这些书，尤其是那本《志愿军英雄传》，陈旧、磨损得看起来像是一本古书。

前一段时间，崔英滨来到位于哈尔滨市香坊区的一起案件现场。他很快就通过现场足迹判断出犯罪嫌疑人的身高、体态等特征，警方按照他作出的鉴定结论迅速捕获了犯罪嫌疑人。如今，类似的一幕幕已经成为崔英滨工作的常态，勘查工作顺利与否也决定着他每天快乐与否。

那是崔道植生命中最艰难的时刻。面对老伴儿的突然离去，面对忧伤和痛苦，向来有着很强情绪调整能力的崔道植，似乎一时间失去了抵抗力。但是，在这样一个时间节点，崔道植仍要去执行一个非常艰难且充满挑战的鉴定任务。那个鉴定任务，就是来自那起发生在八九十年代的系列抢劫强奸杀人案件。

那枚血指纹呈现在显微镜下，所有人的目光都聚集在崔道植身上，他们不知道崔道植正沉浸在失去老伴儿的悲伤里。

如果一个人陷入忧伤和痛苦，应该怎样挺过去？除了面对忧伤和痛苦，还要面对一项项复杂且繁重的工作，又该怎么办？面对忧伤和痛苦，大多数人很难构建起抵抗力。那种忧伤和痛苦，对于普通人来说，是一种不折不扣的折磨，一位临近九旬的老人能否挺过这一关？数十年的从警生涯，检验鉴定7000多起案件，其中包括1200多起疑难案件，崔道植从来没有退缩过，也从来没有因为陷入短暂的忧虑而踟蹰不前。

崔道植的过往，每一步都是负重前行。这么多年来，但凡请他出山的案件，要么是惊天大案，要么是疑难要案，每当在案件侦查陷入迷雾时，崔道植便来拨云见日；每当山穷水尽时，崔道植就来指点迷津。面对诸多的疑难案件，当侦查工作陷入僵局、让人一筹莫展的时候，最后崔道植迈出关键一步，令案件侦破工作柳暗花明。

刑事技术工作，为破案提供侦查方向和证据支撑。一纸鉴定书，判定善与恶、是与非。一念之间，人命关天。崔道植的每一次落笔都重逾千钧。人们都知道崔道植对7000多起痕迹物证鉴定无一差错，而这背后，是远超7000次的艰难比对，是无数次地推倒重来。

崔道植的压力不仅来自高强度的工作，还有来自年龄和疾病的挑战。崔道植曾在七十岁高龄，辗转三天，行程达到2000公里，赶赴案件现场，勘查结束后因血压升高被直接送进医院；八十多岁，崔道植依然频繁地执行疑难鉴定任务，包括奔赴甘肃白银参与侦破高承勇系列强奸杀人案。崔道植退休的时候就已经患有心脏病。这些年来，他吃下的救心丸不计其数。多少次加班加点，多少次案件攻坚，都是他在一粒粒药丸陪伴下完成的。

一名优秀的共产党党员，必定在危急时刻闪耀出信仰光芒。崔道植这些年的艰难跋涉、不懈求索，三分靠药顶、七分靠精神。就是这种精神，让崔道植闪耀出了自身的人性光辉，展现出了人民警察的职业风采，诠释出了中国共产党人的精气神韵。

那是崔道植生命中最艰难的时刻。崔道植所有的忧伤和痛苦，全部来源于老伴儿的永久离去。1960 年，崔道植把金玉伊娶到省公安厅宿舍；2020 年春节前夕，她永远离他而去。六十年的时光，他们夫妻之间发生了太多难忘的故事。崔道植一次次离开家，把自己沉浸在各种血腥罪案现场；而另一边，她一次次独自承担着家庭重担，把自己沉浸在各种繁杂琐事里。脑海中涌现出一幕幕往日场景，崔道植除了愧疚还是愧疚。因为这种愧疚，崔道植才会如此忧伤和痛苦。

从和老伴儿金玉伊相识，到她离开人世，崔道植明白了什么是弹指一挥间。温暖的阳光照进房间，崔道植双手紧紧握在一起，闭上眼睛，他将过去的时光紧紧地攥在了掌心里。向来坚强、从容的崔道植，不可避免地陷入忧伤与痛苦之中。为此，三个儿子担心，崔道植本人也担心。三个儿子担心父亲走不出忧伤和痛苦，崔道植担心自己也许会很快跟随老伴儿去了。

此时，崔道植要独自面对心灵上的煎熬。养老院房间里，只剩下他自己的衣物、被褥，还有他视为命根子的显微镜、枪弹痕迹展平器、笔记本电脑等。

忘记吧，忘记吧！接下来的余生，只有自己一个人了。崔道植闭上眼睛，不断劝自己放下，但昔日和老伴儿在一起的很多画面还是不断浮现出来。

相识六十余载，崔道植始终保持着给老伴儿写信的习惯。他们那两双手，彼此为对方书写了数不清的信件。此刻，崔道植和老伴儿的双手还在以一种特殊方式紧紧握在一起。

人们常说，老来夫妻就怕一个人先走，一个走了，另一个日子就不好过了。当时八十六岁的崔道植，也是这样认为的。这一生，他感觉老伴儿对自己有很大恩情，她为他付出了太多。这时，崔道植还有很多工作上的牵挂，他想通过高强度工作去消耗自己的余下人生，他希望在这样的消耗中为公安事业的发展创造出更多价值。

三个儿子知道父亲在工作方面的心思，于是费尽心思让父亲在接下来的日子里，少一些烦恼，过得轻松一些。三个儿子召开了家庭会议，他们想了一个办法，那就是把房间里与母亲有关的一切物品全部清除干净，母亲的照片、衣物、用过的东西等，统统拿走。三个儿子希望父亲尽量忘记所有与母亲相关的东西，尽快从悲伤情绪中走出来。三个儿子显然是好心好意，可是，崔道植经常默默紧握双手，不经意间陷入沉思和回忆。

　　作为一位年近九旬的老人，崔道植不同于一般的老人，他不想自己一直活在过去。在他的心中，还有很多工作上的牵挂。这些牵挂，不允许他一直处于悲伤，不允许他浪费剩下的生命时光。崔道植心里非常清楚，他需要一如既往地集中精神，集中精神把手里那些疑难工作作个了结。每次陷入沉思与回忆时，崔道植便强迫自己沉浸在工作中，借工作消愁。

　　"这个时候，还能为国家工作，也是为抗疫做贡献吧。这个时候，还能为国家工作，个人的忧伤和痛苦又算什么？"崔道植双眼盯住显微镜，心里这样想着，耳朵却在听着新闻广播。

　　崔道植一心二用，一边听着广播了解紧张的"抗疫"信息，一边进行着鉴定工作。忘我工作的时候，崔道植的情绪很快出现了转换，那就是由失去老伴儿的悲伤，转换成了对武汉疫情的牵挂。这样的变化，可以看出一位八十多岁老人的坚强的意志力，可以看出他极为优秀的政治品质。

　　生活里，有的人是感性的，有的人是理性的，崔道植却是一个理性与感性夹杂，并让二者完美并存的智者。无论身处理性状态，还是感性状态，崔道植的外在神情总是呈现出一种超乎常人的镇静。

　　崔道植一边工作，一边为武汉疫情担心。突然，他抄起电话，给大儿子成滨打过去："帮我个忙，捐款，我要为抗疫捐款……我这里有五万元……"

　　和老伴儿住进养老院的时候，崔道植每月的退休工资是7129.59元，老伴儿那边是4000元多。由于老伴儿患有阿尔茨海默症，生活自理能力很差，崔道植选择了一家条件好一些的养老院，每个月连吃带住需要花费7000元左右。这样一来，老两口每年可以积攒下一些钱。加上之前的积蓄，崔道植的存折上终于有了一些数字。

　　崔道植老两口直到晚年，才真正有了点儿积蓄，尽管数字并不多。数十年的岁月，养育三个儿子的费用花费了不少。青壮年时期，崔道植和老伴儿娘家两边亲属都生活在贫困的农村，他们两口子常年资助着亲朋好友。对于这样的资助，夫妻二人从来没有出现过分歧。三个儿子也从未对父母有过任何意见。甚至在三个儿子分别结婚时，他们的婚礼都十分简朴，房子和家具在当时显得有些格格不入，但是三个儿子对此没有任何怨言。

当崔道植抄起电话，给大儿子成滨打过去说要为抗疫捐款时，成滨没有任何反对意见，他理解自己的父亲。因为父亲崔道植心系党和国家，成滨无比尊敬和深爱着自己的父亲。

在这个特殊生命节点，崔道植用自己的方式渐渐走出了忧伤和痛苦，他把全部注意力集中在了一张桌子、一台显微镜、一盏孤灯之上，这是他的生活常态。家中的灯光、办公室的灯光、养老院的灯光，以及外出办案宾馆房间的灯光，但凡有崔道植工作的夜晚，总会有一盏通宵明亮的灯，一盏与他相伴的灯。在老伴儿刚刚离去的这段日子，崔道植房间的灯光又在深夜里倔强地亮着。灯光下，年近九旬的崔道植独自一人忙碌着、探索着……在他眼中，指纹能说话，弹壳不再冰冷。

崔道植所从事的刑事技术工作，在很多人眼中是那么的枯燥乏味。但他一干就是一辈子，可见，他忍受了多少孤独寂寞。数十年来，崔道植一心只想着工作，他把家庭重担交给了妻子，他把自己封闭在实验室里，封闭在各个疑难案件现场里，他在显微镜下度过了许多时光。

崔道植的世界多姿多彩，他在自己的世界中与邪恶厮杀、为公道正名。每一次揭开真相都让他心潮澎湃，每一次鉴定成功都让他热血沸腾。他常说，"工作是美丽的，让我一直工作就是最大的人生享受。""每侦破一起案件，我就年轻一回。"

这就是"七一勋章"获得者崔道植的坚强与真诚！

第二十一章 革命人永远是年轻

除了崔老，我的生活里还有三位很传奇的耄耋老人。有一位程老是水利专家，1929年生人，武汉大学毕业，建国初期就来黑龙江支援边疆。他给我看了大学毕业后他在北上列车上写的诗文，题目是《严寒炼丹心》。还有一位靳老，是我国第一代计算机专家，1930年生人，早年在唐山工学院毕业，在清华大学当过助教，在北邮当过老师，后来也是为了支援边疆，在一个大雪纷飞的日子来到哈尔滨安家落户。这两位老人不仅健康高寿，也和崔老一样头脑清晰，思维敏捷。程老每天晨练，在树林里嘹亮地清唱经典爱国歌曲；靳老则每天慢跑一万米，风雨无阻。

清晨，我还经常和一位九十二岁的老熟人在东北林业大学校园里一起慢跑。她的身体特别好，无论冬日严寒还是夏日酷暑，她都坚持每天慢跑，虽然家住没有电梯的七楼，但她每天上下三个来回，还会给家人做精致的一日三餐。和我说起自己做的手擀面、油饼、糖饼、发面饼、豆馅饼时，她笑得很开心。她年轻时是东北菜女厨师，也是我爷爷的徒弟。

新中国成立前，我爷爷是北京老字号厚德福黑龙江分号的顶级名厨。建国后，被特招入当时的黑龙江省贵宾楼做撑场大师傅。1954年，黑龙江省省会从齐齐哈尔迁到哈尔滨。1958年，齐齐哈尔重新建设湖滨饭店作为政府接待宾馆，我爷爷又成了湖滨饭店的撑场大师傅。提起我爷爷，这位女徒弟总是感喟不已。她说我爷爷是特别了不得的厨师，不仅做菜手艺精湛，而且从来不摆大厨架子，经常端盘子上菜打扫卫生。爷爷一次能端七盘菜，胳膊上摆一溜，那是老练的服务员都做不到的技术活。

我爷爷是黑龙江厨师行业里第一个加入中国共产党的。作为一名厨师，作为一名党员，他和崔老一样，经历过旧社会的苦，更加体验到新社会的幸福，因此工作起来极具奉献精神。

1920年，爷爷出生于北戴河畔的冯庄。冯庄族人源于明朝末年守边关的山东莱阳府战士，"打虎亲兄弟，上阵父子兵"始终是家训。虽然没有人出将入仕，但都是忠诚的士兵。冯庄是抗日战争时期那一带唯一没有出过汉奸的忠义之村。

爷爷年少时，和冯庄族人一起抗日打游击，他们的一次战果被收入县志。也正是那次战果，他们不得不远离家乡，爷爷投奔在外地的哥哥，最后在厚德福饭庄做了学徒。离开冯庄那天，母亲给他烙了一张饼，还有一双她亲手缝制的布鞋。爷爷给母亲跪地磕头，把饼还给了母亲，把布鞋揣在怀中……那双布鞋，爷爷珍藏了一辈子，直到生命的最后。

爷爷从跑堂做起，成了厚德福名厨孙师傅的第九个徒弟。作为关门弟子，爷爷完美传承了孙师傅的技艺。1943年秋天，一个汉奸到厚德福想吃霸王餐，点完一桌山珍海味后，又要求做一道"升官发财"的菜，说如果做不出来就不给饭钱。爷爷把白菜改刀切成佛手状，用五花肉做了一个棺材，上锅蒸制后又淋上明亮的芡汁。此菜上桌后，爷爷声如洪钟般对那个汉奸说："是不是升官发财，交钱！"汉奸没有了气焰，老老实实交了饭钱。

1944年深秋，我父亲出生的第二天，爷爷上街去买豆油，恰好遇见那个汉奸在街头抓壮丁，爷爷被他抓了去。奶奶在月子里哭泣无助，孙师傅到处打点，才把爷爷弄回来。爷爷对孙师傅非常尊重，每年春节前都要提前给孙师傅做一坛他最爱吃的泡菜，在除夕那天早晨奉上。

正是因为有着这样的人生经历，爷爷的工作状态和崔道植一样，就是拼搏奉献。虽然爷爷仅仅是一个厨师，但他凭借着工匠精神和对新中国的无限热爱，全情投入工作之中。后来，党和国家领导人来齐齐哈尔，住在湖滨饭店，都是爷爷上灶服务。周总理来湖滨饭店的时候，和爷爷聊天，问他家里的情况，爷爷说他有六个儿子，总理哈哈笑着说："好啊，多子多福……"

爷爷作为从旧中国走来的穷孩子，对新中国、对中国共产党充满了感情。正是在爷爷的一再要求下，我父亲十七岁上就被送到部队参军。父亲到部队报到时才知道，他服役的这支部队抗日战争时期起兵于冀东地区，里边有很多北戴河老乡。部队的生活条件虽然艰苦，但他的精神世界异常丰盈，无论在哪个岗位，都力争把工作做到完美，哪怕是当司号排长，军号水平在沈阳军区也是数一数二的。

爷爷对父亲的表现非常欣慰。父亲当年在部队也是早早入党，部队生活成为父亲一生中最为刻骨铭心的记忆。时至今日，他的银行卡密码都是部队番号。

我小时候是学校的鼓号队员，拿着一把军号在队伍里滥竽充数，我总说我自己这把军号是坏的，所以我才吹不好。结果有一天，父亲拿起那把军号，在我家阳台上吹出了惊为天音的嘹亮号声，甚至把住在附近的几个叔叔都引了过来。他们说："这号声，一听就是我大哥吹的……"

父亲指着自己嘴唇上隐隐约约的伤痕告诉我，这是他早年在部队练习军号时磨的。父亲那振聋发聩的嘹亮军号声，让我第一次明白了什么是工匠精神。

我经常和崔老讲起我爷爷，也经常用家传手艺给崔老做一些猪蹄熏酱，我们一起品尝历史的味道，一起聊着很多与国与家有关的事。

每年除夕和崔老的生日，我都要和崔老通上一个电话。当然，平日里我们的交流是很多的，有面对面的，也有打电话的。但每年除夕和生日这两个电话，总是与平时不那么相同，总有一些仪式感在里边。所以，每年的这两次通话总是令我印象特别深刻。

2024年春节，崔老在电话里对我说："昨天我们这儿提前举办了联欢会，有独唱、合唱、三句半、蒙古舞，很热闹的。我唱了一首《唱支山歌给党听》，因为我的一切都是党给的……我们在这儿过得很愉快，请你放心……你是我永志不忘的知心朋友，春节快到了，提前给你拜年，祝你龙年快乐，身体健康，阖家幸福，万事遂心……"

"永志不忘"这四个字让我愧不敢当。我只是通过一些微不足道的文字，记录了崔老工作和生活的碎片，在很多方面远远不够深入。比如说，我并不真正懂得崔老从事的技术探索，崔老的《疑难痕迹图像处理系统》《枪弹痕迹电脑识别系统》等等，我只是满足于人云亦云，想要细致入微地写明白，明显超出我的能力了。

但这就是崔老的表达方式，他对事业、对家人、对朋友，总是言重情深，总是一片赤诚。赤诚，就意味着简单无邪，无繁有简。崔老的赤诚，源于他内心深处的价值取向。比如谈到最喜欢的书，崔老总会说《钢铁是怎样炼成的》，比如谈到最钦佩的偶像，崔老总会提起胡修道这个名字。《钢铁是怎样炼成的》，是崔老当年加入志愿军的时候，一位老兵送给他的；后来他一次次递交请战书上战场，则是因为他的内心和胡修道这个名字有着很多相通。崔老多次给我讲朝鲜战场上那些英雄的故事，甚至利用绘制现场勘查图的方式，勾画出当年战场的场景——

上甘岭的早晨，胡修道独自往返穿梭于3号阵地、10号阵地，这些阵地上的战友都牺牲了，他独自一人，手榴弹、机关枪轮流上阵，一次次猛揍敌人。敌人把坦克开了过来，对着阵地就是一顿猛轰，敌人的飞机疯狂地往下扔炸弹。胡修道的周围像开锅一样，到处是爆炸声、泥土、弹片横飞。可胡修道犹如神助一般，打退了敌人一次又一次进攻。到了黄昏，敌人铺天盖地般压了过来，胡修道扔完最后一颗手榴弹，拿起步枪准备拼死一搏的时候，突然喊杀声震天，军号嘹亮，大部队来了！这一天，胡修道在敌人大炮飞机的狂轰滥炸下，独自一人打退了敌人四十余次进攻，歼敌二百八十余人，守住了3号、10号阵地。

崔老说起这些，总是热血澎湃："美国为什么在朝鲜战场上碰得头破血流？美军为什么攻不动上甘岭？那是因为，在每一条战线上，都有着无数像胡修道这样的志愿军战士。这是用血肉筑起的钢铁长城，这是用意志筑起的钢铁长城，这是中国共产党的信仰力量，美帝国主义什么时候都不可能攻破！"

讲完这些故事，崔老会说："生在和平年代的中国人，如果不懂得这些故事中蕴含的意义，如果不懂得一碗饭、一个馒头的可贵，是很遗憾的……"

崔老的热血澎湃可爱又可敬。德者寿，而大德背后一定要有热血支撑。正是这种热血，才有了崔老退而不休，靠着速效救心丸一路走来的奇迹。

有一首歌叫《革命人永远是年轻》，我觉得这就是崔道植的写照。从警的人生，有着特殊的人文环境、工作环境，与其他职业有着明显区别。客观来说，这种环境不利于养生。

我1998年参加公安工作的时候,是在黑龙江省齐齐哈尔市公安局。当时市局老干科的统计数字显示,寿命超过七十岁的退休民警数量不多。也就是说,在当时的齐齐哈尔市公安局,是绝对的人过七十古来稀,公安民警的人均寿命并不高。这样的情况,似乎是那个年代公安机关特有的。写这些文字的时候,我又向当年市局老干科的工作人员致电核实,得到的答复是,当年公安民警人均寿命就是那个样子,但同时表示,二十多年后的今天,公安民警的人均寿命大幅度提升,八十多岁的退休民警已经非常常见了。

八十多岁的退休民警虽然常见,但依然奋战在一线的大师级刑警,却是绝无仅有的。尤其是崔老,除了高寿,他的精力、体力、能力似乎也用之不竭。

崔老平时吃的东西,有鲜明的朝鲜族特点,辣白菜、大酱汤最为常见,如果工作忙随便填填肚子,那就方便面卧鸡蛋。就是这么简单,糖果坚果干果等零食一概不吃,也很少喝茶。最开心的消遣就是吃根冰棍,超市里最便宜的那种。

崔老和老伴儿一起在养老院生活的那几年,每天都要吃根冰棍,每次吃冰棍都像孩子一般开心。记得我第二次去养老院看望崔老的时候,他从冰箱里拿了一根冰棍给我,第一次却没有。说明我第二次拜访时他才相对接受我一些,才会拿出自己的最爱和我一起分享。

我也特别喜欢吃冰棍,哈尔滨著名的马迭尔冰棍,我曾一口气吃过七八根。小时候一到夏天,推着车走街串巷卖冰棍的老奶奶就出来了,戴着白帽子,车上的冰棍箱子大多漆成蓝色或白色,一边推车一边吆喝。冰棍五分钱一根,雪糕一毛钱一根。每每听到吆喝声,孩子们就坐不住了。不过,那个年代,五分钱、一毛钱对于孩子们来说也是一笔不小的财富,能吃上一根五分钱的冰棍就已经相当满足了,一毛钱一根的雪糕绝对是奢侈品,难得吃上一根。

我一边吃冰棍一边告诉崔老,我儿时的梦想是,等长大后有工资了,一定要买一箱子冰棍吃个够。崔老哈哈笑着,打开冰箱,又给我拿了一根。我顺势看看冰箱里面,冷冻室里除了冰棍,啥也没有。崔老说:"今天这些冰棍都是你的。"

崔老跟我聊指纹鉴定的时候,我随口问了一句:"崔老,您手上有几个斗？"

崔老伸开十指："十个。"

我一听就激动了，伸开手掌说："我也是十个！"

我俩十指相对，击掌大笑。

那一刻，崔老就像吃冰棍一样开心；那一刻，即便是患有阿尔茨海默症的崔老的老伴儿也被我们的笑声感染了，和我们一起开心地笑着。

崔老说："我有一本书，分析拥有不同斗型纹的人性格方面的特点，回头我找一本送给你。这样的分析，破案不一定有用，但读起来很有意思……也许，我们这样十个斗的人，性格上比较接近，都追求完美。"

崔老说的完美，绝对是指工作层面。他生活起居的极简状态，似乎很难和完美相联系。住进养老院的时候，崔老已经八十四岁了，每天最大的快乐居然就是吃根冰棍。写到这里，我觉得应该放上一个微信表情——笑哭。

崔老平时也不怎么注意休息，工作起来几天几夜黑白颠倒是他的常态。很多学生徒弟和接触过他的年轻刑警都说，熬夜谁也熬不过崔老。崔老的心脏不太好，始终怀揣速效救心丸，感觉不舒服的时候，吃两粒继续工作。而且，很少有人知道他心脏不好，救心丸从来都是他自己去药店买。很多时候，除了加班加点，崔老还要长途跋涉去勘查现场——大家要是知道崔老一直靠速效救心丸顶着，谁还敢找他啊？写到这里，还应该再放上一个笑哭的表情。

我想，崔老一定是非常认可我，才把他服用速效救心丸的秘密告诉了我。后来，我把这个秘密写到很多报道里，也就不是什么秘密了。这么做，一方面是想让我的作品更完美，另一方面，也带着点儿私心，就像崔老的儿子或徒弟们一样，怕崔老的身体吃不消，希望更多的人知道这个情况，心疼一下崔老，那些能够自己做的检验鉴定，就别麻烦崔老了。

崔老心脏难受的时候，吃两粒救心丸就好了。感觉稍微舒服一点儿，他也会露出开心的表情，就仿佛吃的不是药，而是冰棍。

不论吃冰棍还是吃救心丸，崔老感受到的快乐，是简单的，也是纯真的。这根冰棍对崔老来说，并不仅仅是一根冰棍，它让崔老在纷繁复杂的工作与生活里，始终保持着一份童真。对于崔老来说，快乐的媒介是一根冰棍的小确幸，而对于你我来说，快乐的媒介也许是驻足看一片风景，也许是假日里的一杯啤酒，也许是一本书……总之，在内心深处留存一份快乐与真实，然后把你的"心"定在这里。这应该算是一种积极人生态度的基点。

崔老很少参与应酬，曾经有很长一段时间，崔老给人的感觉是不合群的。别说同事朋友间的饭局，哪怕外出办案，崔老也从不接受哪怕是一汤一菜的款待，饿了就拿出自带的面包吃上几口，然后继续投入工作。对于崔老的这种倔强，大家渐渐习以为常，也逐渐明白了他的秉性，没有人不对他心生敬畏。

叔本华的《孤独论》中说：在这世上除了极稀少的例外，我们其实只有两种选择，要么选择热闹，要么投入孤独。人们对社交的渴望，是源于对孤独的恐惧。人们首先需要学习承受孤独，因为孤独是幸福安乐的源泉。只有当一个人独处的时候，他才可以完全成为自己。

崔老选择的路，是一条孤独的路。除了出于工作需要与他人互动，大多数时候，他都是独处状态。

狗肉炖豆腐是黑龙江刑警偏爱的一道汤菜。这道菜里有汤有肉有豆腐，上桌时淋上辣椒油，加以香菜点缀，美味又不贵，配上大馒头或米饭，非常适合刑警狼吞虎咽后接着上路办案。但身为朝鲜族的崔老，却从没吃过这道菜。崔老八十五岁那年夏天，曾经在养老院附近一家朝鲜风味小饭馆请我吃午饭。我能看得出来，崔老是喜欢朝鲜族风味的，但与养老院近在咫尺的这家小店，他一定没有来过。为了请我午餐，崔老才第一次走进这家餐馆。当时我点了狗肉炖豆腐，给崔老盛到小碗里的时候，崔老的语气略带惊讶："狗肉还能这样炖啊？还能加豆腐？"

身经百战的黑龙江刑警崔老，竟然是第一次吃狗肉炖豆腐。崔老告诉我，在他小时候，他们朝鲜族人家里吃狗肉，都会和左邻右舍分享，但肉就是肉，汤就是汤，没有像这样加豆腐的。从狗肉炖豆腐这个细节上看，崔老心里全部是工作，他成天东跑西颠外出办案，竟然连基层刑警的"标配"都没吃过。采访过程中，也有很多基层刑警告诉我，请崔老来办案的时候，他们考虑到崔老是朝鲜族，多次为崔老安排朝鲜族特色饭菜，但无一例外都被崔老拒绝了。

崔老的快乐，仅仅是孤单中品尝一根冰棍，没有任何喧嚣与嘈杂。

崔老担任处长的时候，单位是有专车的，但他上下班永远都是骑着一辆擦得干干净净的自行车。这一点，多少让其他专车接送上下班的同事们不适，甚至不安。这种在当时看来不合时宜的倔强，这种在当时看来不入流的特立独行，崔老做到了，而且一直坚守。岁月沉淀下来的，是崔老独一无二的坚持和纯粹，是他思想境界的清澈。

远离喧嚣，远离嘈杂；保持清澈，保持纯粹；公私之间界限分明，小确幸里自有大自在。"党让做什么就做什么，党不让做什么就不做什么。"这是崔老经常挂在嘴边的话，也是崔老不折不扣严格践行的座右铭。这样的坚持，形成了一个简单的生命状态，令他身心沉静，远离无谓的热闹，远离无谓的消耗。

"满足，我很满足。"这也是崔老经常挂在嘴边的话。童年的苦难，让崔老始终牢记着新旧社会的对比，始终牢记着中国共产党给他的温暖，这种温暖成为了他心里的星星之火，照亮了他一生的道路。崔老自幼就是懂得感恩的人，他永远知道自己的幸福生活来自中国共产党，永远带着一种深情面对工作、面对生活。

一名共产党员的信仰，需要在人间烟火中锤炼，更需要在忠奸美丑中砥砺。崔老用自己的坚持，印证了一名合格党员干部的纯粹信仰，而这样的纯粹又构成了一种简单的生命逻辑。

后　记

崔道植在老伴儿金玉伊去世后，曾经想让长子崔成滨通知我一下，而且我是他们家庭葬礼期间唯一想通知的人，但崔道植担心会给我增添额外麻烦而最终没有拨通我的电话。当我在雾霾浓重的冬日里得知这个消息时，我的内心顿时变得沉重而压抑，脑海中不断浮现出这一年来的各种采访画面——两位老人春夏秋冬携手前行……

"走，回家！这里不是我的家，我的家在公安厅，我是干枪弹检验的！我是干枪弹检验的！"记得一次次，崔道植老伴儿金玉伊突然歇斯底里——做警察妻子五十九年，她已经在潜意识里成为了"公安厅里的枪弹检验专家"！

她，是一位警察丈夫的妻子，同时也是三位警察儿子的母亲，在生命的最后时光，她已经把自己看作一名警察。所以，她的离开，其实是一位特殊的"警察"离我们而去……

这位八十四岁老人的身影永远消失在了哈尔滨深冬的寒风里。崔道植和他的三个儿子一起隐瞒了这个消息，父子四人于2020年1月11日默默为他们生命里最重要的亲人送行，没有邀请任何亲朋好友到场。

2019年12月16日，全国离退休干部先进集体和先进个人表彰大会在北京举行。中共中央总书记、国家主席、中央军委主席习近平在人民大会堂亲切会见受表彰代表，大会表彰了150个离退休干部先进集体和450位先进个人，崔道植在大会上作了发言。崔道植参加完这次活动返回哈尔滨后，老伴儿金玉伊的身体和精神状态突然日渐衰弱，虽然经医生全力救治，但最终没能挽救回老人的生命。

葬礼结束后，接下来的周一，崔道植独自回到养老院继续进行自己的工作，房间里的各种刑事技术鉴定设备将会是他余生的伴侣。由于担心崔道植睹物思人，三个儿子把养老院里与母亲有关的一切物品提前全部取走了，但在崔道植打开电脑准备制作一起案件PPT的时候，刹那间他热泪横流。那是因为，若在以往，此刻老伴儿会热情地为他递上老花镜……

崔道植老人家独自回到养老院，虽然表面上一直努力通过工作转移注意力，也常常和大家说情绪起伏不是很大，会很快恢复正常生活。但养老院院长李颖发现，崔道植嘴上不说什么，心里还是很难受的，她也常常与他沟通，并提出给他换个房间、换个环境，劝他不能每天用工作来排解对老伴儿的思念……

提起崔道植，养老院里的每一位工作人员和每一位老人都由衷地敬佩他。院长李颖与崔道植沟通商量调换一个新房间，原因是避免他触景生情。开始，崔道植不同意，他是怕给养老院添麻烦。崔道植越是这样，李颖越是感动，于是特意找了一个收拾布置完毕的房间让他居住。这样一来，崔道植便答应了。

2020年3月12日，崔道植搬进了新家。养老院工作人员帮他把各种刑事技术鉴定设备搬入新房间，并劝他安心工作，保持良好的状态和心情，过好今后的生活。大家看到崔道植心情逐渐好转，都很欣慰。

疫情带来的隔离生活，让崔道植和三个儿子不能经常见面，但父子四名警察都在各自案头上忙碌着。那段时间，崔道植每天依然工作到很晚，除了处理一些工作上的问题，主要是针对以往侦破的案件和过去的生活，书写一些心得体会，并将一些典型案例整理成册或编成通俗易懂的PPT课件，留给下一代刑事技术人员做参考。崔英滨这一边，除了执行扫黑除恶工作组交办的案件任务，只要有时间还会加入到社区志愿者行列，工作与生活中表现得积极热情，充满了阳光。

在这样一部长篇纪实文学作品的最后，我由衷感觉到：对于一个坚强与真诚的人来说，幸福从来不是问题！

借用加西亚·马尔克斯《百年孤独》中那句经典表述"生命中曾经有过的所有灿烂，终究都需用寂寞来偿还"，我们可以逆向思考，这样评价崔道植：生命中曾经有过的所有寂寞，最终都以灿烂来偿还。但是，崔道植的孤独不同于常人的孤独，崔道植的灿烂也不同于常人的灿烂。崔道植所经历的孤独、灿烂，与他骨子里的那份坚强与真诚有关，更与忠实的信仰和感恩之心紧密相连。所以，崔道植一直工作和生活在幸福里。

崔道植自幼就是一个懂得感恩的人。成年后，崔道植有了自己的信仰，接下来数十年如一日，践行着这份初心。崔道植感恩党，感恩人民，感恩社会。2020年8月10日，黑龙江省副省长、公安厅党委书记、公安厅厅长李毅在省公安厅履新后的第一次会议上，针对政治建警工作，号召全省民警坚定不移听党话、跟党走、感党恩。崔道植的工作经历无疑是黑龙江公安机关最鲜明的旗帜，他为黑龙江公安民警和全国公安民警树立了生动的榜样。

共同的信仰，共同的感恩情怀。这一年中秋，李毅同志和崔道植深情握手的一刹那，一种真挚的信仰之力默然间彼此传递，无言中却有着情真意切的心灵共鸣。

目前，崔道植身体状态稳定，他依然能够保持正常的工作状态。工作之余，他也非常关心党中央、黑龙江省省委及黑龙江省公安厅党委的各项决策部署，看到党的事业在错综复杂形势下依然保持着勃勃生机，身为一名老党员的崔道植倍感欣慰，也备受鼓舞。崔道植更是欣慰地看到，黑龙江省公安厅新一届党委在李毅同志带领下，高度讲政治、重实绩的同时，积极倡导清流之风，这蕴含着黑龙江公安工作未来蓬勃发展的强大动力。李毅同志看望崔道植时，反复嘱咐他："工作、生活上有什么需要解决的，随时找我。"李毅同志还特地给崔道植留下自己的电话号码："若有急事儿，直接给我打手机。"李毅同

2020年国庆、中秋佳节之际，黑龙江省副省长、公安厅厅长李毅前往崔道植家中看望他

志的一言一行，感染了崔道植的心灵、润泽了崔道植的心田，着实让他感受到：组织的温暖时刻在身边。崔道植的信仰，充满铁质气息，柔软而又有温度；崔道植的信仰，可以春风化雨，像一束阳光温暖他人，为他们指引前进的方向。这种信仰的本身就是一种政治引领，它不是口号，是行动，具有极强的感召力和引领力，令政治建警工作由表及里走入每位民警心灵深处。

为强化崔道植同志先进事迹和崇高精神对黑龙江省公安队伍的教育引导作用，全方位推动崔道植同志理想信念与工匠精神在全省公安队伍中有效复制，以崔道植为榜样做好政治能力、业务素质、工作本领的培育传承，李毅向全省公安机关发出号召："培植培育一大批敬业、乐业、专业的'崔道植式'技术人才，传承道植力量，做大工匠、当老黄牛，虚心、潜心、专心学习技术，掌握本领、提高能力，推动全省公安事业以科技赋能、靠科技打赢。"

2020年年初，疫情暴发后，崔道植所在的养老院进入防疫封闭状态。崔道植利用自己发明的指纹修复系统，在养老院的房间里，通过九天九夜的连续工作，成功比对出一枚来自疑难案件现场的变形指纹，进而侦破了系列疑难案件。这枚变形指纹，可利用的面积只有半个花生米大小，崔道植硬是凭借丰富的经验和顽强的意志力，比对出八个同一特征，一举将疑难案件办成了铁案。当八个特征全部被标注完毕的时候，崔道植觉得昏昏沉沉，走路有些趔趄。同在养老院的邻居刘阿姨，退休前是省医院药剂师，她为崔道植测量过血压，发现他的血压很低，善良的刘阿姨焦急地说："这样下去，是很危险的……"

于是，刘阿姨立即让他吃药，然后又加配中药调理。很快，崔道植就恢复了往日的神采，又投入到了工作中……

崔道植的传奇，今天依然在继续。

冯　锐
2020年10月19日

图书在版编目（CIP）数据

中国神探：共和国刑警崔道植／冯锐著．—北京：群众出版社，2024.7.—ISBN 978-7-5014-6399-2

Ⅰ．K828.2

中国国家版本馆 CIP 数据核字第 2024V54S73 号

中国神探——共和国刑警崔道植

冯　锐　著

策划编辑：	杨桂峰
责任编辑：	杨桂峰　季伟
封面设计：	王紫华
责任印制：	周振东

出版发行：	群众出版社
地　　址：	北京市丰台区方庄芳星园三区 15 号楼
邮政编码：	100078
经　　销：	新华书店
印　　刷：	天津盛辉印刷有限公司
版　　次：	2024 年 7 月第 1 版
印　　次：	2024 年 7 月第 1 次
印　　张：	17.75
开　　本：	787 毫米×1092 毫米　1/16
字　　数：	280 千字
书　　号：	ISBN 978-7-5014-6399-2
定　　价：	69.00 元

网　　址：	www.qzcbs.com
电子邮箱：	qzcbs@sohu.com

营销中心电话：010-83903991
读者服务部电话（门市）：010-83903257
警官读者俱乐部电话（网购、邮购）：010-83901775
啄木鸟杂志社电话：010-83903494

本社图书出现印装质量问题，由本社负责退换

版权所有　侵权必究